U0552497

"广州律智"法律服务丛书

刑辩实务采撷
广州律师案例精选

广州市律师协会 编著

PRACTICAL COLLECTION OF
CRIMINAL DEFENSE: SERIES ON
LEGAL PRACTICE OF
GUANGZHOU LAWYERS

法律出版社
LAW PRESS·CHINA

——北京——

图书在版编目（CIP）数据

刑辩实务采撷：广州律师案例精选／广州市律师协会编著. -- 北京：法律出版社，2025. --（"广州律智"法律服务丛书）. -- ISBN 978-7-5197-9903-8

Ⅰ. D927.651.521.05

中国国家版本馆 CIP 数据核字第 20251FA673 号

刑辩实务采撷
——广州律师案例精选
XINGBIAN SHIWU CAIXIE
——GUANGZHOU LUSHI ANLI JINGXUAN

广州市律师协会 编著

责任编辑 宋佳欣
装帧设计 贾丹丹

出版发行 法律出版社	开本 710 毫米×1000 毫米 1/16
编辑统筹 法商出版分社	印张 16　　字数 238 千
责任校对 王 丰　郭艳萍	版本 2025 年 7 月第 1 版
责任印制 胡晓雅	印次 2025 年 7 月第 1 次印刷
经　　销 新华书店	印刷 河北晔盛亚印刷有限公司

地址：北京市丰台区莲花池西里 7 号（100073）
网址：www.lawpress.com.cn　　　　　　　销售电话：010-83938349
投稿邮箱：info@lawpress.com.cn　　　　　 客服电话：010-83938350
举报盗版邮箱：jbwq@lawpress.com.cn　　　 咨询电话：010-63939796
版权所有·侵权必究

书号：ISBN 978-7-5197-9903-8　　　　　　　定价：63.00 元

凡购买本社图书，如有印装错误，我社负责退换。电话：010-83938349

"广州律师协会业务研究丛书"

总编辑委员会

主　任
黄　山

副主任
林泰松　邓传远　陈健斌
余　苏　聂卫国　刘晓军
白冬红

委　员
（排名不分先后）

王卫永　王立新　方　昀
李　纲　陈广鹏　陈茵明
林翠珠　郜　超　刘响亮

本书编委会

（人名排序不分先后）

主　编

唐以明

成　员

杨　晨　苏丽云　朱海波

张　卉　黄伟麟

编　辑

梁淑娴　陈向荣　张志钰

序　言

广州是中国改革开放的前沿阵地,是中国经济最活跃、法律服务最完善的地区之一。改革开放40余年来,广州律师勇立潮头、开拓进取,从最初只有几十人发展壮大到如今超过2.8万人,主动融入发展大局,服务高质量发展、高水平对外开放,为国家战略实施和经济社会发展保驾护航,成为法治中国、法治广东、法治广州建设的重要力量。

特别是近年来,广州律师坚持党建引领,践行执业为民,积极履职尽责,勇于担当作为,在各自的执业领域精耕细作,开拓创新、敢于攻坚,不断提升执业素质和专业化水平,为经济社会发展提供优质高效法律服务,努力成为党和人民满意的律师。为鼓励和引导广州律师精进专业,不断提高法律服务质量和水平,广州市律师协会各专业委员会分别选送广州律师经办的优秀业务案例汇编成书,以进一步推动律师业务总结和经验交流,推进法治进步和社会文明。

本书共收录广州市律师协会普通犯罪刑事法律专业委员会近年来办理并取得良好效果的经典实务案例36篇。全书以刑法分则危害公共安全罪,破坏社会主义市场经济秩序罪,侵犯公民人身权利、民主权利罪,侵犯财产罪,以及妨害社会管理秩序罪等5大类罪名为标准,划分为5章,专业覆盖面较广,同时,在所涉领域中典型性较强。

为了增强案例的可读性和实用性,本书案例由作者大致按照当事人和辩护人(诉讼代理人)基本情况及案由、案情介绍、本案争议的焦点、双方的意见、辩护(代理)结果和理由、办案机关意见、办案总结和意义7个部分撰写、编排、反复打磨,经编委会多次审改后定稿。可以说,每一篇案例都是刑辩律师智慧和经验的总结与提炼。我们希望打开本书的读者,都能够从中得到启发。同时，我们也欢迎读者批评指正，多提宝贵意见，帮助我们改进工作。衷心感谢为本书编写辛勤付出的每一位作者和每一位编委会成员，感谢法律出版社为本书编写提供的指导。

奋进新征程，建功新时代。广州律师将胸怀"国之大者"，厚植为民情怀，自觉把习近平法治思想贯彻落实到工作全过程和各方面，把个人的价值追求同党和国家事业的发展紧紧相接，积极投身全面依法治国的伟大实践，不断开创律师事业发展新局面，为全面建成社会主义现代化强国提供更加优质的法律服务、为法治作出更大的贡献。

第十届广州市律师协会普通犯罪刑事法律专业委员会
2024年9月30日

目 录

一、危害公共安全罪

杨某涉嫌危险驾驶罪被不起诉案　　　　　　　　　　　　张贤么／3
——事实不清，证据不足

二、破坏社会主义市场经济秩序罪

郑某涉嫌合同诈骗罪，拒不执行判决、裁定罪被不起诉案　　韩　燕／11
——"非法占有目的"的实践认定
陈某涉嫌虚开增值税专用发票被无罪释放案　　　　　　　　姜先杰／17
何某涉嫌走私国家禁止进出口的货物被不起诉案　　梁莉怡　梁子晴／22
李某某涉嫌集资诈骗被改判犯非法吸收公众存款罪案　　　　邢志强／29
——1700亿元惊天巨案的罪与非罪
李某涉嫌诈骗被改判犯合同诈骗罪案　　　　　　　　　　　徐钰萍／37
——如何认定合同诈骗罪与诈骗罪的区别
卢某坚等人走私普通货物判处缓刑案　　　　　　　　　　　徐钰萍／44
陈某假冒注册商标判处缓刑案　　　　　　　　　　　　　　张　卉／52

三、侵犯公民人身权利、民主权利罪

林某厚一家三口涉嫌故意伤害致人死亡被不起诉案 ············ 陈舒媚 / 61
陈一（化名）涉嫌故意伤害已过追诉时效被释放案 ············ 马远斌 / 68
何某某故意杀人被核准死刑案 ······························· 邓国锐 / 76
——浅析专家意见和证据链条的重要性
安某故意伤害被轻判案 ······································ 郭素静 / 86
李某来过失致人重伤判处无罪案 ················· 陈　彪　胡堉颖 / 94
——因乘客跳车致驾驶员涉刑的无罪辩护评析
江某某故意伤害致人死亡被减轻处罚案 ······················· 江明辉 / 103
某甲涉嫌强奸被不起诉案 ···································· 骆俊麒 / 109
李某涉嫌故意杀人被不予核准追诉案 ·························· 张颖慧 / 115
翁某琴故意伤害致人死亡二审发回重审改判案 ················ 陈一天 / 121

四、侵犯财产罪

陈某涉嫌诈骗无罪案 ·· 陈　征 / 133
——以受骗主体和受骗过程为辩护切入点
甲涉嫌职务侵占罪被不起诉案 ······························· 郭佳宜 / 139
陈某某诈骗被变更犯罪金额并减轻处罚案 ····················· 黄　彪 / 145
王某某诈骗判处缓刑案 ······································ 黄泽珊 / 150
张某某涉嫌诈骗被无罪释放案 ······························· 李金铭 / 157
被害单位广东某实业有限公司成功控告员工彭某犯职务侵占
　　罪案 ··· 李文源 / 161
杨某等人诈骗案 ································· 王　志　蔡晓庆 / 166
——分案处理共同犯罪时，主从犯认定的辩护困境与思考
陈某盗窃被判缓刑案 ·· 杨明亮 / 173

王某某涉嫌诈骗被改判轻罪案 …………………………… 杨树筠 / 178
——关于在刑事诉讼中死抠证据，坚持罪与非罪的辨析
梁某某诈骗案 ………………………………………………… 钟其胜 / 186
——辩护的第六空间，涉案财产之辩

五、妨害社会管理秩序罪

范某涉嫌寻衅滋事罪被不起诉案 …………………………… 黄伟麟 / 193
刘某某涉嫌帮助信息网络犯罪活动罪被不起诉案 ………… 邓国锐 / 198
李某涉嫌协助组织卖淫罪、介绍卖淫罪二罪被二审改判一罪案
 ………………………………………………………………… 方永源 / 208
黄某某涉嫌贩卖毒品被不起诉案 …………………………… 黄坚明 / 213
——贩卖毒品案疑点分析及无罪辩护对策
吴某涉嫌贩卖毒品被撤回起诉案 …………………………… 唐以明 / 218
林某贩卖毒品被改变量刑建议获轻判案 ………… 王楚豪 黄昭湖 / 223
朱某涉嫌敲诈勒索罪，行贿罪，非法转让、倒卖土地使用权罪
　等罪获轻判案 ……………………………………………… 徐顺源 / 229
肖某掩饰、隐瞒犯罪所得获轻判案 ………………………… 朱洁清 / 234
——掩饰、隐瞒犯罪所得罪"情节严重"的认定及作案工具的
　处理
杨某某涉嫌帮助信息网络犯罪活动罪获轻判案 …………… 苏丽云 / 240
——浅析帮助信息网络犯罪活动罪的核心问题与辩护思路

一、危害公共安全罪

杨某涉嫌危险驾驶罪被不起诉案

——事实不清，证据不足

张贤么

一、当事人和辩护人基本情况及案由

当事人：杨某，男，1978年2月出生，汉族，文化程度本科，被刑事拘留前无任何违法犯罪记录。

辩护人：张贤么，广东金本色律师事务所律师。

案由：危险驾驶罪。

二、案情介绍

公安机关认定：2021年8月某日凌晨，杨某在明知李某饮酒的情况下，放任李某驾驶其名下的某牌号小型轿车。凌晨1时许，李某持准驾车型为"C1"的机动车驾驶证，饮酒后驾驶该轿车途经广州市某区某路口时，被执勤民警查获。民警现场依程序对李某进行呼气酒精测试，测试结果达到80mg/100ml以上的醉驾标准，李某对结果有异议并拒绝签名。随后执勤民警将李某带至广州市某区医院提取其血液样本备检。经送广东正孚法医毒物司法鉴定所检验，鉴定意见为：从送检的同案人李某血液中检出乙醇（酒精）成分，其含量达到了120mg/100ml以上。犯罪嫌疑人李某的行为属于醉酒驾驶机动车，涉嫌危险驾驶罪，犯罪嫌疑人杨某涉嫌危险驾驶罪（从犯）。

三、本案争议的焦点

本案争议的焦点是作为车主和坐在副驾驶位上的杨某，在驾驶人李某

上车前是否知悉李某已经饮酒，是否知悉后仍指使李某驾驶车辆上路。

四、双方的意见

公安机关认定杨某的行为构成危险驾驶罪并向检察院移送审查起诉，辩护人认为：杨某的行为不构成危险驾驶罪，本案指控杨某构成危险驾驶罪事实不清，证据不足。

五、辩护结果和理由

（一）辩护结果

检察官收到辩护人提交的证据和辩护意见后将该案退回公安机关补充侦查，公安机关根据检察院的要求进行了补侦，并对杨某进行了补充讯问。辩护律师第二次到检察院查阅补充侦查案卷后认为补充侦查并未收集到任何不利于杨某的证据，再次提出补充法律意见，建议检察院依法作出不起诉决定。

（二）辩护理由

1. 法律对认定危险驾驶共犯的条件须厘清

《刑法》第 25 条规定："共同犯罪是指二人以上共同故意犯罪。二人以上共同过失犯罪，不以共同犯罪论；应当负刑事责任的，按照他们所犯的罪分别处罚。"醉酒型危险驾驶罪的主观方面从该罪名的意旨来分析，一般是间接故意，因此醉酒型危险驾驶罪存在共同犯罪问题上有间接正犯、教唆犯、帮助犯三种情形。

间接正犯是通过利用他人实现犯罪的情况。在危险驾驶罪中主要出现在两类情形中。第一种情形是行为人明知他人已经完全处于醉酒状态，即他人已经丧失或者部分丧失了辨认和控制自己行为的能力，仍然强制醉酒者驾驶机动车，由于此时的醉酒者是限制刑事责任能力人或者无刑事责任能力人，这种情形下该行为人应当以间接正犯追究其刑事责任；第二种情形是行为人在驾驶者驾驶机动车前或者在驾驶机动车的过程中乘其不备，偷偷在驾驶者的饮料中混入酒精，驾驶者饮用后达醉驾标准，而驾驶者对自己喝酒的事毫不知情，此种情形中行为人的行为也构成间接正犯。这样的行为人以坑害驾驶者为主要目的，在司法实践中危险驾驶间接正犯的案例是较少的。目前主要存在的是教唆犯和帮助犯的情形。

危险驾驶罪中的教唆犯一般发生于双方一起饮酒的过程中，单纯的劝酒或共饮行为不能认定为危险驾驶罪的共犯，不具有可罚性。如果一方在喝酒时没有对对方实施劝酒行为，但是喝完酒后，一方鼓动对方开车，对方在鼓动下醉酒驾驶，则实施鼓动的一方应定为教唆犯。

如果甲为了利用乙的醉酒驾驶行为给交通秩序制造混乱或报复社会，或者想利用乙的醉酒驾驶致乙于重伤、死亡或其他非法目的，不停地劝乙饮酒，饮酒过程中或饮酒后用言语刺激乙去醉酒驾驶，则甲为教唆犯。

危险驾驶罪中的帮助犯大多数是提供车辆的行为人，典型的案情一般就是甲明知乙已经处于醉酒状态，仍向其提供车辆，从而使乙在醉酒状态下驾驶机动车的，甲构成帮助犯。公安机关指控杨某构成危险驾驶罪的共犯，就是认为他属于帮助犯的情形，且认定为从犯。

2. 阅卷后初步分析，是否入罪的关键是杨某是否明知李某上车前已经饮酒或应当知道其已经饮酒

阅卷并听取当事人意见后，辩护人认为，在本案中李某驾驶车辆过程中被交警查车，经检验酒精含量超过 80mg/100ml，其行为认定为危险驾驶罪是没有问题的。但在本案中杨某没有驾驶该机动车，只有直接控制车辆所有人、管理者、驾驶人在明知行为人饮酒而指使、教唆、强令对方驾驶自己控制下的车辆，才能认定为危险驾驶罪的共犯。也就是说，在李某危险驾驶前提下，杨某必须明知李某在驾驶车辆前已经饮酒，且在李某来到杨某车辆停放的地点后指使、教唆、强令李某驾驶自己的车辆，才构成危险驾驶罪的共犯。

3. 公安机关仅仅截取了杨某和李某的部分微信记录就认定杨某上车前就知悉李某饮酒是错误的，辩护人积极向检察机关提供完整微信记录恢复完整过程

首先，杨某和李某是朋友关系。事发当天晚上，杨某和李某两人是不在一起饮酒的，杨某是和其他人一起饮酒的。公安机关仅截取了部分微信

记录，辩护人将杨某与李某的全部微信记录包括微信语音留言全部予以提取并提交给检察院，从该完整的微信记录并不能认定杨某知道李某当天晚上喝过酒，且当天晚上两人的全部沟通都是通过微信进行的。虽然驾驶人李某在公安机关供述中认为自己已经喝酒，且已经通过微信发了酒吧的定位给杨某，就认为杨某知悉其喝酒的事实，但由于杨某当时也在与他人一起饮酒，双方并没有就此进行进一步沟通和确认，无法得出杨某知道李某在驾驶车辆前饮酒的事实。

其次，李某来到杨某车辆存放处的目的是取走她存放在杨某车内的物品，看到杨某已经醉酒，就表示由自己来驾驶。当时李某行动自如，脸色如常，言语正常，无任何酒气，在场的其他人均没有感到她的状态有任何异常，且有相关证人的询问笔录予以证实。在杨某没有反对的情况下，李某驾驶车辆载着醉酒的杨某在驾驶途中被查获。其他与杨某共同饮酒的人均叫代驾离开现场。故从现场的情况来看，更不能证明杨某应当知道李某已经饮酒。

4. 结论

指控杨某犯危险驾驶罪事实不清、证据不足。在本案中很明显可以看出杨某在上车前根本不知道或应当知道李某有饮酒的情形，如果知道其饮酒，在其他一同饮酒的朋友均叫代驾的情况下，他不可能不去叫代驾。在本案中指控杨某涉嫌危险驾驶罪共犯的事实不清、证据不足。

六、人民检察院的结论

广州市某区检察院认为经该院审查并退回补充侦查，该院仍然认为广州市公安局认定的犯罪事实不清、证据不足，现有证据未能证实被不起诉人杨某明知李某可能醉酒，仍指使、教唆、强令李某驾驶机动车或提供机动车给李某驾驶，本案不符合起诉条件。依照《刑事诉讼法》第175条第4款的规定，2022年3月28日决定对李某不起诉。

七、办案总结和意义

危险驾驶案在目前司法实践中在很多地区稳居刑事案件数量的前三位，

指控驾驶者的案件非常多，但这个案件不仅指控驾驶者，还指控车辆的所有者，是较为少见的。根据法律的规定，如果车辆所有者明知他人饮酒仍将车辆交给他人驾驶，如存在指使、教唆、强令的情况是有可能构成危险驾驶罪的共犯的。律师办理本案的关键在于是否能够切断共犯的联系，在本案中就是两点，一是杨某是否知悉李某上车驾驶车辆前有饮酒的事实，二是杨某知悉李某饮酒是否仍指使、教唆、强令李某驾驶车辆。

  笔者通过认真询问杨某，查阅案卷，并要求杨某完整提供了其与李某当天的全部微信记录，证明李某仅仅发了一个酒吧定位，并无其他有关李某饮酒的内容，故本案止步于第一个构成要件，即杨某不知道李某上车驾驶车辆前饮酒，共犯的证据体系即被攻破，本案无罪的结果显而易见。

  最后仍要提醒大家，危险驾驶是行为犯，入罪的门槛还是很低的，一般在道路上驾驶车辆被警察查获检测酒精含量达到80mg/100ml即可能被追究刑事责任；另外，有车的朋友，即使自己不酒后开车，也注意不要将车借给喝酒的人驾驶。

二、破坏社会主义市场经济秩序罪

郑某涉嫌合同诈骗罪，拒不执行判决、裁定罪被不起诉案

——"非法占有目的"的实践认定

韩 燕

一、当事人和辩护人基本情况及案由

当事人：郑某，广东某管理有限公司等几家企业的实际控制人、经营者。因涉嫌合同诈骗罪于 2021 年 12 月 28 日被传唤到案，后法院向公安机关移交郑某涉嫌拒不执行判决、裁定罪的材料。

辩护人：赵宏彬、韩燕，广州金鹏律师事务所律师。

案由：合同诈骗罪，拒不执行判决、裁定罪。

二、案情介绍

（一）合同诈骗罪

郑某于 2015 年取得中山某地块使用权，后与广州甲公司（以下简称甲公司）签订租赁合同，约定郑某于 2018 年 2 月向甲公司交付使用。在此期间，为保障厂房建设，甲公司要求郑某将从银行贷出的约 700 万元建设工程款转入共管账户，后甲公司拒不配合工程款的拨付，导致厂房交付迟延，损失扩大。甲公司向中山市第一人民法院（以下简称法院）民事起诉要求郑某支付迟延交付厂房的违约金，并查封了在建厂房。该案件于 2020 年年底进入执行程序，郑某及其妻子相继提起了执行异议、执行异议之诉，前述执行被中止。

因甲公司私扣工程款，郑某只得另行筹集资金建设厂房。2019年，以厂房为依托的相关企业取得布匹印花、化学品生产项目资质。2020年11月，厂房竣工验收合格，具备交付条件。后郑某发函通知甲公司接收厂房，甲公司拒不接收。2021年2月，郑某取得厂房不动产权证书。经多次发函无效后，郑某于2021年8月发函解除与甲公司的租赁合同。

2021年5月，中山乙公司（以下简称乙公司）通过中介李某联系上郑某、方某（郑某一方的中介），多次洽谈后订立了涉案厂房租赁合同，乙公司于2021年7月陆续合计支付300万租赁押金、租金。2021年10月，乙公司实际进驻厂房后，以郑某隐瞒涉案厂房被查封为由向中山市公安局报案，称郑某涉嫌合同诈骗罪。该案于2021年10月30日立案。郑某于2021年12月28日被传唤归案，后被刑事拘留。公安机关认为，郑某隐瞒、虚构事实，具有非法目的，其总负债金额约1亿多元，不具备履约能力。

（二）拒不执行判决、裁定罪

2021年12月23日，法院向中山市公安局移交郑某涉嫌拒不执行判决、裁定的相关材料，中山市公安局于2021年12月29日立案侦查。公安机关认为，郑某拒不履行法院的查封、拍卖裁定，法院于2021年8月27日到郑某厂房张贴查封、拍卖公告，限制执行拍卖决定，责令搬离厂区。郑某未按要求执行法院的判决、裁定。

公安机关侦查终结后，向中山市第一市区人民检察院（以下简称检察院）移送审查起诉。

三、本案争议的焦点

郑某是否具有非法占有乙公司300万元的目的；郑某是否符合"有能力执行而拒不执行，情节严重"的情形。

四、双方的意见

中山市公安局《起诉意见书》认为，郑某厂房被查封不能出租的事实客观存在，其具有非法占有目的，存在隐瞒、虚构事实以牟取利益的行为，涉嫌合同诈骗罪。郑某在法院裁定拍卖厂房之后，经法院催促，明知有能力执行法院判决却不执行，导致多位债权人权利得不到保障，影响恶劣，其行为还涉嫌拒不执行判决、裁定罪。

辩护人认为，郑某并未隐瞒厂房被查封的事实，其通过己方中介方某向乙方公司中介李某告知了厂房有纠纷的事实，且乙方公司作为物业投资人，已明确知道厂房存在纠纷，其可轻易获知厂房被查封，且其明确称要评估风险，则必然会查询、掌握厂房被查封的事实；郑某具有履约能力，《起诉意见书》指控的债务既无客观证据也未有起诉或生效判决，更不是客观事实，且郑某厂房的价值远远高出所负债务；郑某收取乙公司租金等均用于厂房经营；郑某自始至终未隐匿或逃避债务，到案后亦如实供述。故郑某没有非法占有目的，不构成合同诈骗罪。另甲公司执行案件因郑某妻子提起的执行异议诉讼被中止（《起诉意见书》已载明），厂房实际并未启动拍卖程序，执行法院也未对郑某采取责令上交收益、司法拘留等任何先行措施，且厂房能够用于偿还甲公司债务，甲公司没有遭受重大损失，故不符合"有能力执行而拒不执行，情节严重"，郑某不构成拒不执行判决、裁定罪。

五、辩护结果和理由

（一）辩护结果

经提交详细书面辩护意见及与经办检察官多次当面沟通辩护意见，人民检察院最终作出事实不清、证据不足的不起诉决定。

（二）辩护理由

1. 乙公司大股东吴某某与中介李某微信聊天记录证明其在租赁厂房前已从甲公司处获悉厂房纠纷，且提出要风险评估，其作为物业投资人无论从甲公司处或通过官方、第三方软件等公开途径，都必然掌握厂房被查封的事实。另郑某请方某帮忙介绍厂房租赁方，方某在微信聊天中向李某披露了厂房被查封的事实，方某的信息来自郑某，故有充分证据证明郑某并没有虚构事实或隐瞒真相。

2. 公安认定郑某总负债 1 亿多元不属实。其中，所谓欠某公司 8000 万元债务仅有郑某口述，没有任何客观证据能证明；与某建筑公司约 2000 万元债务纠纷已被法院终审裁定驳回，该债务亦不成立；欠甲公司迟延交付厂房违约金等约 450 万元，但与甲公司恶意扣留郑某工程款的余额 399 万元及利息大致相抵；欠其他自然人等债务，在与乙公司签订租赁合同时点还未有生效判决，不应列入债务范围。经仔细核对郑某涉诉的民事材料，其负债合计 1600 万元，且其中 1000 余万元债务已查封其名下房产作为担保。本案中，郑某仅收取乙公司 300 万元，而厂房价值经评估近亿元，远远超出全部债务总额，故郑某具有充分的履约能力。

3. 郑某收取乙公司 300 万元后，除 50 万元支付给中介方某外，其余款项均用于偿还厂房的银行贷款、建设工程款、发放员工工资等，未用于个人挥霍，其主观意愿是为了经营和盘活厂房，且具有积极履约的行为。此外，本案始作俑者甲公司克扣工程款导致厂房建设迟延，故意造成其自身不能承租厂房且试图阻止郑某不能继续对外出租的后果；而乙公司明知厂房有纠纷被查封而甘冒风险承租厂房有违商业逻辑，其还以报案为要挟向郑某索赔 700 万元，目的实为两方合谋瓜分郑某厂房而炮制本案，郑某自始至终没有非法占有目的。

4. 甲公司执行案件虽于 2020 年 12 月作出拍卖执行裁定，但因郑某及其妻子提起执行异议、执行异议之诉，评估等实际拍卖程序并未启动，且法院已口头裁定中止执行，《起诉意见书》也确认了该事实。另甲公司执行案件标的约 450 万元远远低于厂房价值近亿元，属于严重超额查封，相关民事法律规定也提倡对生产性资料优先采取"活封"措施，人民法院的查封措施不应成为企业生产经营的障碍。且郑某并未将厂房出卖、转移，主观上没有抗拒执行的故意，法院也未有责令上交收益、司法拘留等任何先行措施。故本案不属于"有能力执行而拒不执行，情节严重"的情形，郑某不构成犯罪。

5. 郑某在接到办案机关电话、尚未被采取强制措施时，自行前往办案机关配合调查。即便办案机关继续侦查案件，也应依法保护民营企业家的合法权益，保障企业的正常生产经营活动，依法合理采取更加灵活实务的司法措施,落实"少捕""少押""慎诉"的司法理念,保障企业"活下来""留得住""经营得好"。

六、办案机关意见

检察院经审查并退回补充侦查一次,仍然认为,郑某涉嫌合同诈骗罪、拒不执行判决、裁定罪事实不清、证据不足,不符合起诉条件,且没有再次退回补充侦查的必要。依法决定对郑某不起诉。

七、办案总结和意义

1. 多次会见,认真阅卷,详细梳理案情和相关大量民事判决、执行情况,并鼓励、安慰当事人在未知期限的等待中坚定信心。

郑某被刑事拘留后,经办律师第一时间到中山市看守所会见,详细了解案情。本案第一次会见是在2021年年底至2022年元旦前,律师赶上了新一轮疫情前的最后一次面对面会见。后续因新冠疫情持续高发和严格防控,中山市看守所一度封闭无法安排会见或预约会见号极其紧张,所以律师每日关注疫情防控情况,及时与看守所沟通,经常抢会见号,再驱车到看守所视频会见。随着当事人羁押时间的增长,当事人及其家属也时常出现焦虑、心急、沮丧等负面情绪,律师在办理案件的过程中也同时需要安抚情绪、支撑精神。

因郑某被诉民事案件众多,其名下厂房涉及多宗查封,而其负债情况是公安机关认定其具有非法占有目的的重要因素。故经办律师除详细了解刑事案情外,还必须清晰梳理郑某所涉民事案件的判决、裁定及执行的全部情况。通过多次会见及后期阅卷,律师对郑某负债情况有了全面、细致的掌握,并在律师意见书中进行了详细阐释。

2. 与检察官多次当面深入沟通,在坚持无罪辩护的基础上,也积极协调当事人筹款向报案人返还部分款项,并依法向检察院申请立案监督、羁押必要性审查等程序,多途径为当事人争取最大权益。

在本案审查批捕和审查起诉阶段,律师都提交了详尽的律师意见书,并与经办检察官就案情进行了积极沟通。尤其是2022年4月案件进入审查起诉阶段后，律师第一时间阅卷，组织团队讨论、精心研判，制定了无罪辩护的思路和具体策略，提交了论证充分、内容详尽的《律师意见书》，并迅速申请约见检察官当面陈述案情、反映情况。经办检察官耐心听取了我们的意见，并与我们交流了他对案件的观点和建议。经过第一次当面沟通后，我们一方面与郑某家属沟通筹措部分款项退还给乙公司，另一方面继续坚定无罪辩护的思路向检察院控申部门提请立案监督，要求中山市公安局对不应当侦查的案件立案侦查说明理由。后续我们又根据案情进展，多次到中山市与检察官当面深入沟通，其中一次还与乙公司工作人员及律师也进行了当面沟通。

2022年5月20日，在前续沟通的基础上，我们陪同郑某亲友向乙公司退还了70万元租金，当日即向检察院提交了《羁押必要性审查申请书》。检察官非常重视，回复我们会认真研究，并请我们耐心等待。

3. 在检察院依法建议公安机关对当事人采取取保候审措施被公安机关拒绝后，一方面继续给予当事人及家属心理支持，另一方面更加积极与检察官沟通，在最后一次面见检察官时收到了《不起诉决定书》。

后检察院向中山市公安局发出了《羁押必要性审查建议》，建议公安机关对郑某取保候审，以促进郑某积极筹款返还乙公司，但公安机关考虑到乙公司态度强硬，拒绝了检察院的建议，郑某仍处于被羁押状态。我们一时进退两难，也面临着来自郑某亲友的压力。经过再次研究案情，依然坚信自己的专业判断，故选择更加积极与检察官深入沟通，反映无罪辩护的意见；同时也安慰郑某及其亲友耐心等待。

2022年6月27日，检察官通知我们到中山市看守所门口等候。随后检察官向我们送达了《不起诉决定书》，很快，郑某本人从看守所内走出来，向我们表达感谢。

有志者，事竟成。当事人的坚持、律师的不懈努力、检察官的认真尽责，共同推动了本案证据不足不起诉的最终结果。本案的公正处理不仅合法维护了当事人的利益，也有效助力粤港澳大湾区营商环境的建设。辩护律师应当依法履行辩护职责，用自己的行动为粤港澳大湾区良好的营商环境贡献自己的绵薄之力。

陈某涉嫌虚开增值税专用发票被无罪释放案

姜先杰

一、当事人和辩护人基本情况及案由

当事人：陈某。

辩护人：姜先杰，广东正大方略律师事务所律师。

案由：虚开增值税专用发票罪。

二、案情介绍

2011年，陈某经朋友介绍入职广东某某药业有限公司，担任市场销售助理一职。

2013年至2014年，公司法定代表人林某某向陈某表示，用公司基本账户转账，手续烦琐很不方便，希望陈某帮个忙，以自己个人的名义办一张银行卡给公司使用。碍于公司领导的情面，陈某不便拒绝，于是开设一张新的银行卡，并按照公司法定代表人林某某的指示，将银行卡、U盾、银行卡密码，统一交由公司财务部门保管使用。此后，陈某便专注于自己的市场销售工作，没有再过问该银行卡的使用情况。

2017年7月，陈某拟从广东某某药业有限公司离职。在离职前，陈某特意找到林某某，要求取回本人的银行卡，林某某同意后，陈某取回银行卡并将其注销。

2020年，广州市某区公安分局在查办一起虚开增值税专用发票案的过程中，根据另案犯罪嫌疑人的银行转账记录，发现陈某的银行账户（曾经提供给公司使用的银行卡）收取了大量的涉案赃款。公安机关随即将陈某列为虚开增值税专用发票案的犯罪嫌疑人。2020 年 11 月 5 日，广州市某区公安分局以陈某涉嫌虚开增值税专用发票罪为由，将其刑事拘留。

三、本案的争议焦点

1. 涉案银行卡、U 盾的实际操作使用人究竟是不是当事人陈某本人。

2. 如果涉案银行卡不是当事人本人在使用，那么当事人在借出银行卡之时，主观上是否知道他人正在实施犯罪或预谋将要实施犯罪。

四、辩护结果和理由

（一）现有证据无法认定涉案的银行卡的真正使用人是陈某

《公安机关办理刑事案件程序规定》第 133 条规定："对有证据证明有犯罪事实，可能判处徒刑以上刑罚的犯罪嫌疑人，采取取保候审尚不足以防止发生下列社会危险性的，应当提请批准逮捕……"第 134 条规定："有证据证明有犯罪事实，是指同时具备下列情形：（一）有证据证明发生了犯罪事实；（二）有证据证明该犯罪事实是犯罪嫌疑人实施的；（三）证明犯罪嫌疑人实施犯罪行为的证据已有查证属实的……"

根据上述规定可知，公安机关提请批准逮捕，必须符合"有证据证明该犯罪事实是犯罪嫌疑人实施的"的前提。具体到本案，首先，有切实的证据证明陈某明知对方在实施虚开增值税专用发票犯罪，还提供银行卡；其次，有切实的证据证明，陈某在知晓对方犯罪的情况下，依然操作银行卡，帮助犯罪分子收取及转移赃款。而据陈某陈述，其是遵循公司老板的指示而将新开设的银行卡交给公司的，本人并未实际使用涉案的银行卡。

辩护人认为，如果陈某所述属实，则涉案银行卡的交易记录中应当包含大量的电脑端网银操作使用记录，而陈某作为销售部门的工作人员，不可能有机会大量接触、操作公司财务部门的电脑。此外，如果涉案的银行卡是陈某本人使用的，该银行卡与陈某的日常消费或其他银行卡之间应有密切的联系。通过对交易流水的分析，能够判断出涉案银行卡的操作并非来自陈某。

（二）陈某所任职的是销售助理而非财务，不曾参与任何开具发票的工作

据陈某陈述可知，其在 2011 年至 2017 年在广东某某药业有限公司工作期间，担任的一直都是销售助理一职，隶属于销售部门，主要的工作内容是根据医院的计划清单通知司机供货，与财务是两个不同部门，其不曾参与任何财务或者开具发票的工作，而公司的开票事宜都是由财务人员负责的。

对于陈某的上述陈述，辩护人认为可信度较高。因为按照常理，公司设立销售、财务等部门，为的就是分工明确、各司其职。而且从陈某的教育背景来看，其根本不具备财务会计方面的专业知识，既无法胜任，公司也不会让其从事与财务相关的工作。因此，陈某关于"并未参与公司财务方面的工作，也不曾开具任何的发票或增值税专用发票"的陈述，具有事实基础，符合常理判断。辩护人认为，陈某参与实施虚开增值税专用发票的行为，应当可以排除。

（三）陈某主观上并不知道他人正在实施犯罪或者将要实施犯罪，完全是在不知情的情况下，被他人所利用

据陈某分析，本案的问题有可能出在其将银行卡借给公司使用这件事情上。2013 年至 2014 年，公司老板曾找到陈某，说公司对他非常地信任，希望他能以自己的名义办理银行卡，提供给公司使用。陈某因碍于公司老板的面子，故而遵照执行了。在办理好银行卡之后，陈某将银行卡、密码、网银、U 盾等全部物品交给了公司老板，由公司使用。

辩护人认为，陈某的上述陈述具有一定的可信度。因为现实生活中，公司私账公用的情形普遍存在。如果公司或者公司的相关人员确实在实施虚开增值税专用发票的话，极有可能是为了躲避侦查，甚至是栽赃陷害，利用他人的银行卡从事违法犯罪活动。陈某作为一个不知情的人员，被公司合法的外衣所蒙蔽，被老板假意的"信任"所欺骗，无意中使自己的银行卡成了他人的犯罪工具，自己也成了"替罪羊"。

分析整个过程可知，陈某在开卡给公司使用的过程中，根本不知道对

方已在实施犯罪或者将要实施犯罪，也未意识到身边犯罪行为的存在，主观上不可能产生与犯罪分子合作或者向犯罪分子提供帮助的想法。

（四）陈某未在虚开增值税专用发票中获利，该情形也可佐证其未参与犯罪

据陈某陈述，2011 年入职公司之初，工资只有 1200 元左右，至 2017 年离职的时候，工资也仅有 2000 元左右。显然，陈某的工资收入处于较低的水平。

虚开增值税专用发票作为一种经济犯罪，高额的经济利益自然是每一个参与者首要的目标。如果陈某真的参与其中，那么又怎会甘心做这种高风险、零收益的事情呢，而且持续的时间长达 6 年之久。这明显不符合常理，唯一的解释只能是陈某并未参与犯罪。需要向公安机关反映的是，2016 年陈某及丈夫买房之时还向亲戚借款 9 万元，该笔借款至今尚未还清，家中经济拮据情况可见一斑。

辩护人在第一次提交法律意见书及释放（或取保候审）申请书之后，公安机关并未批准申请。在此情形下，辩护人据理力争继续向公安机关第二次提出释放（或取保候审）申请，最终公安机关采纳了辩护人的观点，认为不应对犯罪嫌疑人陈某追究刑事责任，应予以释放。

五、公安机关意见

最终公安机关采纳了辩护人的观点，认为不应对犯罪嫌疑人陈某追究刑事责任，将当事人予以释放。

六、办案总结和意义

犯罪分子在实施犯罪的过程中，借用他人的银行卡收取赃款，对于出借银行卡的当事人，其行为应如何认定？针对这个问题，法律及司法解释一般以当事人主观上是否"明知"为标准，分别按以下两种情形进行处理。

第一种情形，如果当事人在明确知道或应当知道其银行卡将被用于犯罪活动的情况下，还继续出借银行卡，则应以共犯论处或按照法律规定进

行处理。最高人民法院、最高人民检察院、公安部《关于办理电信网络诈骗等刑事案件适用法律若干问题的意见》第 4 条第 3 款规定："明知他人实施电信网络诈骗犯罪，具有下列情形之一的，以共同犯罪论处，但法律和司法解释另有规定的除外：1. 提供信用卡、资金支付结算账户、手机卡、通讯工具的……5. 提供互联网接入、服务器托管、网络存储、通讯传输等技术支持，或者提供支付结算等帮助的……"最高人民法院、最高人民检察院《关于办理非法生产、销售烟草专卖品等刑事案件具体应用法律若干问题的解释》第 6 条规定："明知他人实施本解释第一条所列犯罪，而为其提供贷款、资金、账号、发票、证明、许可证件，或者提供生产、经营场所、设备、运输、仓储、保管、邮寄、代理进出口等便利条件，或者提供生产技术、卷烟配方的，应当按照共犯追究刑事责任。"《刑法》第 287 条之二规定："明知他人利用信息网络实施犯罪，为其犯罪提供互联网接入、服务器托管、网络存储、通讯传输等技术支持，或者提供广告推广、支付结算等帮助，情节严重的，处三年以下有期徒刑或者拘役，并处或者单处罚金……"

第二种情形，如当事人确实不知道对方在实施犯罪，则不应被追究刑事责任。

《刑法》第 25 条规定："共同犯罪是指二人以上共同故意犯罪……"最高人民法院、最高人民检察院、公安部《关于办理电信网络诈骗等刑事案件适用法律若干问题的意见（二）》第 3 条规定："明知是电信网络诈骗犯罪所得及其产生的收益，以某些方式之一予以转账、套现、取现，符合刑法第三百一十二条第一款规定的，以掩饰、隐瞒犯罪所得、犯罪所得收益罪追究刑事责任。但有证据证明确实不知道的除外。"

分析以上两种情形可知，当事人的客观行为都是相同的，均是将自己的银行卡出借给他人，然后被用于犯罪活动中，但导致罪与非罪的不同结果，原因就在于当事人的"主观故意"截然不同。在第一种情形中，当事人已经明确认识到犯罪行为的发生，但依然持故意的态度；而第二种情形中，当事人不知道犯罪行为的存在，根据"无犯意的行为不为罪"的刑法原则，该种情形自然不应当被追究刑事责任。

何某涉嫌走私国家禁止进出口的
货物被不起诉案

梁莉怡　梁子晴

一、当事人和辩护人基本情况及案由

当事人：何某，汉族，经常居住地广东省广州市，从事个体经营行业，因涉嫌走私国家禁止进出口的货物、物品罪被广州市公安局番禺区分局采取刑事强制措施，并移送广州市番禺区人民检察院审查起诉。

辩护人：梁莉怡，广东金本色律师事务所律师。

案由：走私国家禁止进出口的货物、物品罪。

二、案情介绍

2021年5月某日晚，当事人何某驾驶自有车辆到广州市番禺区某镇街兜客。至当晚凌晨时分，一男子表示愿向何某支付运输费，邀何某帮其接送朋友、运输货物，何某应承后另一男子上车，并指示何某将车辆驶至一河涌旁等候。不久，另一名陌生男子上车，并要求何某继续开车向前。驶出一小段距离后，何某被广州市番禺区某镇社会治安综合治理办公室负责打击走私犯罪的巡逻员戴某、黎某拦下，在接受检查期间，搭乘何某车辆的二男子逃离现场，在何某车辆后方跟车行驶的货车司机庚某亦弃车逃跑，何某则被公安机关带回办案场所接受调查。

经查，庚某遗留现场的货车上载有总重为4032.09公斤的冻品一批，在何某车辆中发现的一手机内有疑似走私团伙成员进行工作沟通的微信群聊信息，并有信息提及何某所驾驶的车辆号牌。经鉴定，涉案冻品来自疫区，属于我国禁止进出口的货物,总价值人民币18万余元。

随后,公安机关认定何某有触犯走私国家禁止进出口的货物、物品罪之嫌疑,对何某采取了刑事拘留措施,并在人民检察院的批准下,于2021年6月对何某采取了逮捕措施。该案于2021年8月被公安机关移送人民检察院审查起诉后,人民检察院于2021年11月变更何某强制措施为取保候审,经人民检察院两次延长审查起诉期限、两次退回公安机关补充侦查后,何某涉嫌走私国家禁止进出口的货物罪一案于2022年2月被人民检察院决定作不起诉处理。

三、本案争议的焦点

虽犯罪嫌疑人出现在犯罪现场,且在现场查获有犯罪物品,但在同案犯罪嫌疑人未作出有罪指认,犯罪嫌疑人亦作出无罪供述的情况下,仅有疑似走私团伙群聊的信息提及犯罪嫌疑人的车牌号码,在案证据是否足以达到"犯罪事实清楚,证据确实、充分"的刑事诉讼证明标准?

四、双方的意见

(一)公诉方意见

人民检察院认为,何某当晚驾车出现在走私犯罪现场,为载有走私货物的后车带路,车内还留存有与走私犯罪活动相关聊天记录的手机,何某已涉嫌走私国家禁止进出口的货物、物品罪。

(二)辩护人意见

辩护人认为,何某当晚因受他人雇用才出现在走私犯罪现场,对于其载客一事涉嫌走私犯罪并不知情,在案证据亦不能形成完整的证据链条以证明何某具有参与走私犯罪、为走私活动提供帮助的犯罪故意,不应追究何某的刑事责任。

五、辩护结果和理由

（一）辩护结果

人民检察院采纳辩护人的辩护意见，最终对何某作出不起诉的处理结果。

（二）辩护理由

1. 犯罪嫌疑人何某仅因驾车载客而出现在犯罪现场，并未组织、领导、参与走私犯罪或为走私犯罪提供帮助，其并无参与走私犯罪团伙，为他人走私国家禁止进出口的货物、物品提供帮助的主观故意，不应对其追究刑事责任。

何某并未认识到，也不可能认识到其搭客行为可能涉嫌走私犯罪。根据《刑法》第151条第3款①之规定，构成走私犯罪要求行为人在主观上认识到自己实施的是逃避海关监管检查的走私行为，认识到自己走私的物品是我国明确禁止进出口或未获我国进出口批准的货物、物品，认识到实施的走私行为将导致非准入的物品未经海关检验进入我国市场，仍实施走私犯罪行为。

（1）在何某对犯罪行为的实际认识方面，其一，何某在主观上仅能认识到其存在搭客的行为，与何某接触的三个男子亦未与何某提及或在乘车时交谈到任何有关"走私""上货""冻品""带路""到位""转卖"等可使人认识到搭乘人员涉嫌实施走私犯罪的信息；其二，由于案发时间为凌晨，案发地点没有灯光，同案人员庾某驾驶的货车仅跟车行驶了很短一段距离即被查获，货车也没有开启车辆灯光，何某并不知道现场有一货车在跟车行驶。因此，何某未能认识到其搭客行为与走私犯罪存在关联，更不存在参与走私行为的犯罪故意。

---

① 《刑法》第151条第3款规定："走私珍稀植物及其制品等国家禁止进出口的其他货物、物品的，处五年以下有期徒刑或者拘役，并处或者单处罚金；情节严重的，处五年以上有期徒刑，并处罚金。"

（2）在何某对犯罪行为的认识可能性方面，其一，何某在搭客的过程中未见乘客携带有可疑货物；其二，结合同案人员庾某的笔录可知，何某的车辆是在涉案冻品装车完毕后才驶入案发现场，且何某当晚并没有下车，其与何某当晚没有任何接触、交流。因此，何某并无通过观察货物种类或通过与接触冻品的人员交流，获知周围车辆载有走私冻品，及获知其搭客行为与走私行为存在关联的可能性。

　　（3）在番禺区某镇街打击走私综合治理办公室的巡防员对何某及庾某驾驶的车辆进行拦截时，何某并未逃离现场，而是主动将车中发现的手机交给公安机关，配合巡防员、民警的检查，并在民警通知其到办案场所配合调查后自行驾车到场。何某配合调查的表现亦可从侧面印证其并未认识到搭乘其车辆的人员存在走私冻品的行为，其并无实施走私犯罪的主观故意。

　　故此，何某在案发当晚并未认识，也没有可能认识到其搭客行为可能涉嫌走私冻品的犯罪，其本人并无参与走私犯罪团伙，为他人走私国家禁止进出口的货物、物品提供帮助的主观故意，本案犯罪构成未完整，何某不构成走私国家禁止进出口的货物、物品罪。

　　2. 现有证据未能证明犯罪嫌疑人何某与走私犯罪人员存在犯罪联络，亦未能证明犯罪嫌疑人何某具有参与实施走私犯罪行为的故意，本案的犯罪事实尚未查清，证据尚未达到确实、充分的起诉标准，恳请人民检察院综合审查全案证据，并对何某作出不予起诉的决定。

　　辩护人查阅在案证据后，认为在案证据仅能证明2021年5月某日发生了走私冻肉的犯罪事实，关于何某是否参与了涉案走私犯罪的待证事实仅有间接证据加以证明，且该部分间接证据未能结合在案其他证据形成完整的证明体系以证明何某对当晚的走私犯罪具有犯罪故意，并对何某不知情的可能性加以排除。

　　（1）在案笔录类证据未能证明何某具有实施走私犯罪的故意。

　　一方面，同案人员庾某在多次讯问过程中，均供述其并未与何某发生任何接触、交流，而是听从走私犯罪人员的指示，驾驶着关闭了灯光的货车跟着驶入现场的小车往前开。庾某的供述仅能证明有一小汽车在涉案冻品装载完毕后驶入案发现场且庾某跟车行驶,不能证明何某曾与车上搭乘人员沟通、交流为走私犯罪带路一事,不能证明何某对庾某在跟车行驶一事是知情的。相反,庾某的供述结合侦查机关向中国移动广州分公司调查所得证据中,显示庾某与何某并无电话联系的情况,以及庾某未能在辨认活动中指认出何某的情况,可以证明庾某与何某确不相识,也未发生过任何联系。

另一方面,证人戴某、黎某均陈述其二人认为前后行驶的小汽车、货车可疑才对车辆加以拦截,并因此查获本案,且案发现场没有监控、没有灯光,戴某、黎某亦未佩戴执法记录仪。戴某、黎某的陈述仅能证明何某驾驶的小汽车后有一货车跟车行驶,不能证明何某对当晚发生的走私犯罪是知情且参与共谋的。

因此,虽有查获的走私冻品的物证对在案言词证据中的有罪事实加以辅证,但仅能证明在 2021 年 5 月某日晚发生了走私犯罪,不能对何某具有实施走私犯罪的故意这一待证事实加以证明。

(2) 在案电子数据类证据无法证明何某具有参与走私犯罪、为犯罪提供帮助的故意。

经侦查人员对何某、庾某所持有的手机进行检查,未发现其二人手机内留存有与走私犯罪相关的数据、信息,仅在何某车后排发现的手机中发现存在疑似走私人员微信聊天信息,但该手机所提取的证据存在以下问题:

其一,该手机并非何某所有,与何某亦不存在如手机号归属等联系,而有可能是何某搭载的两名男子遗落在车内,并被何某主动提交给侦查人员。

其二,该手机登录的微信号并非何某使用,从侦查人员自该手机提取的微信聊天记录中可知,该手机所登录的微信号由走私群聊中编号为 3 号车的车主使用,并非何某驾驶的某号牌小汽车——被走私犯罪人员在群聊中编号为 4 号车的车主或联系人使用的微信号,更不是何某本人使用的微信号。

其三,走私群聊中提及何某车辆号牌的微信信息并非何某发送,何某未加入疑似走私群聊中,在群聊记录及该手机登录的微信号与疑似走私犯罪人员的微信私聊记录中，亦未见提及何某。

因此，应当认定该手机并非何某所持，且涉嫌参与走私活动的微信信息并非何某发送，在本案无其他证据证明何某曾与走私犯罪人员联络、沟通的情况下，不能以该手机内提取的微信聊天记录证明何某具有参与走私犯罪、为犯罪提供帮助的合意。

故此，辩护人经审查在案证据，认为在案证据作为无法直接证明何某有与走私犯罪人员共谋实施走私活动的间接证据，仅能对何某实施本案犯罪行为可能性的大小加以证明，而根据最高人民法院《关于适用〈中华人民共和国刑事诉讼法〉的解释》第140条①之规定，由于上述证据并未能与在案其他证据共同形成完整的证据事实锁链，全面反映何某存在组织、参与走私犯罪活动或为走私活动提供帮助，与走私犯罪人员共谋实施走私活动的犯罪故意，并得出具有唯一性的结论，应当认定在案证据不足以证实待证事实为真，恳请人民检察院依法审查本案证据材料，并对何某作出不予起诉的决定。

六、人民检察院认定意见

广州市人民检察院经审查并两次将案件退回侦查机关补充侦查，仍认为广州市公安局番禺区分局认定犯罪嫌疑人何某构成走私国家禁止进出口的货物罪事实不清、证据不足，不符合起诉条件。依照《刑事诉讼法》第175条第4款的规定，决定对何某不起诉。

七、办案总结和意义

珠三角区域因与河海相连、与港澳毗连，"绕关"型走私犯罪的发生率较高。该类走私案件犯罪嫌疑人的人数通常较多，但犯罪团伙除核心成员外，多具有不稳定性，且犯罪团伙的组织者常通过雇用上货地点附近村民，

---

① 最高人民法院《关于适用〈中华人民共和国刑事诉讼法〉的解释》（2021）第140条规定："没有直接证据，但间接证据同时符合下列条件的，可以认定被告人有罪：（一）证据已经查证属实；（二）证据之间相互印证，不存在无法排除的矛盾和无法解释的疑问；（三）全案证据形成完整的证据链；（四）根据证据认定案件事实足以排除合理怀疑，结论具有唯一性；（五）运用证据进行的推理符合逻辑和经验。"

或其他不知情人员提供帮助的方式，保障走私犯罪的顺利进行。

在本案中，何某在未能认识到个人行为可能与犯罪存在关联的情况下，受雇为走私犯罪活动提供了一定的帮助，其犯罪构成要件不完备，尚不构成走私犯罪。辩护人经与何某不断沟通了解案件细节，并仔细查阅案件证据，发现该案仅有未能形成完整证据链条的间接证据作为认定犯罪事实的基础，何某的犯罪事实、犯罪故意存疑，故辩护人多次与检察官就本案的犯罪事实认定交换意见，最终达成不起诉的良好办案结果。

刑事案件涉及犯罪嫌疑人的基本权利保障，故我国刑事诉讼程序适用较为严格的"犯罪事实清楚，证据确实、充分"证明标准，作为考量在案证据是否足以证明案件事实发生的基准。而律师作为犯罪嫌疑人的辩护人，在犯罪嫌疑人坚持个人无罪，案件事实不清时，应当严格审查在案证据是否已达到刑事诉讼证明标准，并积极与办案机关沟通、交流，维护犯罪嫌疑人的合法权益。

李某某涉嫌集资诈骗被改判犯非法吸收公众存款罪案

——1700亿元惊天巨案的罪与非罪

邢志强

一、当事人和辩护人基本情况及案由

当事人：李某某，男，汉族，文化程度大学本科，因本案于2018年8月27日被羁押，同日被刑事拘留，同年10月1日被逮捕。

辩护人：邢志强，广东君信经纶君厚律师事务所律师。

案由：集资诈骗罪。

二、案情介绍

广州市人民检察院指控：被告人杨某某于2015年3月31日注册成立广州某象健康科技有限公司（以下简称某象公司），担任法定代表人。被告人杨某某通过某象公司在2015年4月上线运营"某某猫"应用平台，提供六大板块服务。其中，"找教练"板块教练注册账号（以下简称私教猫号），可以发布个人信息、运动特长和教练资质，并提供约课信息（含课时和费用）。学员注册账号（以下简称学员号）将资金转到平台，选择教练，预约线下课程（含时间、地点）并通过平台100%支付课时费用，上述信息以挂单形式实时显示在私教猫号内。学员完成所约课程并对教练给予评价后，教练可使用自己的私教猫号申请提现，课时费于私教发起提现申请后5天（后变更为7天至10天）到账。之后，某象公司再按照课时费奖励私教一定比例的课时补贴（比例最高达15%）。

运行期间，被告人杨某某伙同孙某等被告人以公司上市需要业绩数据和资金流水为名，通过微信等社交平台、媒体、宣讲会等途径口口相传，发动、号召大量平台注册私教以学员身份注册"小号"，在没有真实提供私教服务的情况下自投资金支付课时费，以赚取平台承诺的高额补贴奖励（俗称"刷单"），并纵容、默许私教通过购买"小号"、外挂软件等方式增大"刷单"量。公司利用课时费滞留在公司账户的时间差来形成短期内可满足"借新还旧"的"资金池"，用于支付私教申请提现的课时费和高额补贴。由于某象公司通过"刷单"所吸收的资金并未用于正常的生产经营活动，公司其他项目亦不具备盈利能力，平台兑付私教申请提现的课时费和高额补贴完全通过"借新还旧"来实现，导致某象公司从成立以来一直处于严重资不抵债的亏损状态。

2018年5月，在一直无法缓解的资金兑付压力下，被告人杨某某制定并发布平台"代约课"政策，以提高补贴比例和累积计算补贴金额为诱惑，号召私教将未兑付的课时费留在平台账户，由平台自动转为继续约课的课时费，以达到掩盖公司资金链已经断裂的目的。

被告人李某某于2018年4月入职某象公司，担任财务总监，在明知公司资金运作模式和财务状况的情况下，为杨某某的集资诈骗行为提供辅助。

经对"某某猫"应用平台的后台数据进行鉴定，该平台自2015年4月9日至2018年8月27日，累计收到课时费金额1701.70亿元，主要用于支付私教申请提现的课时费和补贴，累计提现金额1700.96亿元。至案发时，尚有私教向平台投入的课时费80.10亿元无法归还。

2018年8月2日，在已经完全无力归还私教课时费的情况下，被告人杨某某为达到阻止私教挤兑课时费的目的，以其公司经营的"某某猫"平台上有人恶意"刷单"骗取公司补贴为由，委托律师到公安机关报案，引发私教集体维权的事件。广州市公安局天河区分局于2018年8月24日受理案件，于8月27日立案侦查。

从案发至广州市人民检察院审查起诉期间，已收到5582名平台注册私教报案，自报损失金额累计人民币54.04亿元。

自提起公诉至2020年8月21日，新增27名平台注册私教报案，自报实际损失金额累计1305万元。自2020年8月21日至2021年4月22日,新增50名平台注册私教报案,自报实际损失金额累计3605万元。

公诉机关认为被告人杨某某等8人使用诈骗方法非法集资,数额特别巨大,均已触犯了《刑法》第192条的规定,犯罪事实清楚,证据确实、充分,应当以集资诈骗罪追究责任,提请广州市中级人民法院依法判处。

三、本案争议的焦点

本案的争议焦点是被告人李某某的行为是否构成集资诈骗罪。

四、双方的意见

(一)控方意见

控方认为,被告人李某某在明知公司资金运作模式和财务状况的情况下,为杨某某的集资诈骗行为提供辅助,其行为触犯了《刑法》第192条的规定,犯罪事实清楚,证据确实、充分,应当以集资诈骗罪追究责任。

(二)辩护人意见

辩护人认为,本案事实不清、证据不足,被告人李某某没有非法占有的目的,没有"集资诈骗"的共同犯罪故意,也没有实施任何"集资诈骗"行为,李某某的行为不构成犯罪,公诉机关指控李某某的行为构成"集资诈骗罪"不能成立。

五、辩护结果和理由

(一)辩护理由

本案历经三次开庭审理,辩护人和公诉人在法庭上展开了针锋相对的激烈辩论。辩护人为被告人李某某作无罪辩护,辩护人的主要辩护意见如下。

1. 就整个案件而言,本案事实不清、证据不足,公诉机关指控的集资诈骗罪不能成立。

（1）本案被告人均没有非法占有的目的。

最高人民法院《关于审理非法集资刑事案件具体应用法律若干问题的解释》第4条第2款规定了以"非法占有为目的"的情形，本案证据充分证明，本案被告人均没有上述可以被认定为以"非法占有为目的"的情形。

根据公诉机关的指控，某象公司收到课时费累计金额为1701.70亿元，已经支付给私教的课时费和累计补贴金额为1700.96亿元，收支差额为7400万元，仅占"某某猫"平台累计收到课时费金额的0.04%。也就是说，某象公司已经将收到的绝大部分课时费支付给了私教，其行为是正常的生产经营活动。

（2）本案被告人均没有以诈骗方法非法集资。

①用补贴快速抢占市场、延迟支付相关费用和补贴、向投资人融资是互联网电商平台公司公开的、通用的商业经营模式，完全符合商务部发布的《网络交易服务规范》、《电子商务模式规范》以及中国人民银行发布的《非金融机构支付服务管理办法》的规定。亏损则是互联网电商平台公司面临的共性问题，公诉机关将互联网电商平台公司的上述商业经营模式，特别是亏损问题指控为构成犯罪的要件之一，是罔顾事实和行业特点的错误指控。

②某象公司及杨某某等被告人明确反对私教"刷单"。

③直接实施"刷单"诈骗行为的人是本案报案私教，如果本案被告人的行为构成"集资诈骗罪"，那么"刷单"私教则是"集资诈骗罪"的重要共同犯罪嫌疑人。

④本案报案私教"刷单"骗取某象公司补贴的行为是涉嫌"诈骗罪"的犯罪行为。

本案证据证明，某象公司于2018年8月2日报案称，"某某猫"平台部分私教涉嫌"刷单"骗取某象公司补贴，金额高达5000多万元。广州市公安局天河区分局在某象公司报案当天即受理报案，并立"诈骗案"进行侦查。2018年8月30日，涉嫌"刷单"骗取某象公司补贴的私教王某被广州市公安局天河区分局的侦查人员从武汉抓捕归案。

被告人杨某某在庭审中也辩解称，武汉、南京、福建等地的公安机关也受理了某象公司的报案，对私教"刷单"诈骗某象公司补贴的案件立案侦查，并抓捕了相关犯罪嫌疑人。

辩护人合理怀疑，公安机关是出于所谓"维护社会稳定"的目的而"选择性执法"，为了解决、平息大众（5582名"刷单"私教）的社会矛盾而"牺牲"了小众（本案8名被告人）的根本利益。

（3）公诉机关指控"某象公司从成立以来一直处于严重资不抵债的亏损状态"根本不符合事实。

某象公司的运动生活馆、某某猫商城、某某门赛事等项目都是具备盈利能力的。某象公司纳入评估范围的"某某猫App"软件著作权和"某某门"品牌的评估价值分别为60.95亿元和109.49亿元。某象公司上述两类资产已远远大于公司负债。

2. 具体就李某某个人而言，公诉机关指控李某某"在明知公司资金运作模式和财务状况的情况下，为杨某某的集资诈骗行为提供辅助"，并据此认定李某某的行为构成"集资诈骗罪"是根本不能成立的。

（1）李某某没有任何非法的目的。

李某某入职后只领取了2018年4、5、6三个月的试用期工资，某象公司至今还拖欠李某某2018年7、8两个月的工资没有发放。上述试用期工资是李某某依法所得的劳动报酬，除此之外，李某某根本没有从某象公司获取过任何额外的金钱奖励或者任何非法利益。

（2）李某某没有任何"集资诈骗"的共同犯罪故意。

杨某某等本案被告人没有集资诈骗行为。退一步而言，假设杨某某等其他被告人有集资诈骗行为，但是本案证据充分证明，本案包括杨某某在内的其他被告人，根本没有在李某某入职某象公司前或者入职某象公司后，与李某某串谋、商议共同组织、策划、实施诈骗私教的课时费。

（3）李某某依法履行了自己的工作职责，对工作中发现的公司亏损及课时补贴过高等问题明确地向被告人杨某某表达了自己的反对意见，并提出了合理化建议。

李某某没有参与"某某猫"App平台私教业务运营模式、课时补贴政策的制定、宣传推广、品牌运营、技术支持、补贴支付等任何环节的工作，根本没有任何组织、策划、实施集资诈骗的犯罪行为。

（4）公诉机关将李某某依法履职的行为认定为"为杨某某的集资诈骗行为提供辅助"，并据此认定李某某的行为构成"集资诈骗罪"是极其错误的。

第一公诉人在发表公诉意见时称，李某某在明知公司亏损的情况下，为杨某某等人的集资诈骗行为提供"财务辅助"，并据此认定李某某的行为构成"集资诈骗罪"。但是，公诉人在庭审中并未具体说明李某某是怎样"提供财务辅助"的。

如果公诉机关认定李某某在公司相关财务报表、支付单据上签名的"提供财务辅助行为"构成"集资诈骗罪"，那么同样明知公司亏损、仍然编制或者在相关财务报表、支付单据上签名，同样"提供财务辅助行为"的其他财务也应该构成"集资诈骗罪"。但是，上述财务人员均未在案。

更重要的是，本案证据充分证明，"运营事业部""科技创新事业部""技术中心"等部门及人员均直接参与了"某某猫"App 平台私教业务的宣传推广、品牌运营、技术支持、课时费及补贴支付等某一个环节的工作。如果李某某"提供财务辅助的行为"都能构成"集资诈骗罪"，那么上述直接参与、直接实施私教业务的人员更应该构成"集资诈骗罪"。

按照同样的道理和逻辑，某象公司其他为杨某某等人的"集资诈骗"行为提供"行政辅助"、"后勤辅助"或者"其他辅助"的人员也应该构成"集资诈骗罪"。

但是，上述人员均未在案。因此，辩护人合理怀疑公安机关"选择性执法"。

（5）李某某没有"刷单"行为，也坚决反对私教"刷单"。

3. 本案诸多证据不具备真实性、合法性、关联性，依法不得作为本案的定案依据。

（1）侦查人员在讯问本案被告人的时候没有依法对讯问过程同步录音录像，在案被告人的全部《讯问笔录》依法应认定为非法证据并予以排除，不得作为本案定案依据。

（2）本案"被害人"均是"刷单"私教，均是涉嫌"诈骗"的犯罪嫌疑人,与本案有直接利害关系,"被害人"陈述(《经济犯罪案件报案表》《询问笔录》)不具备真实性、合法性、关联性,依法不得作为本案的定案依据。

(3)公安机关收集、提取本案被告人和证人手机、电脑电子数据的程序违法,根本无法保证手机、电脑电子数据的真实性、合法性和关联性,在案的手机、电脑电子数据和《电子数据检查工作记录》依法均不得作为本案的定案依据。

(4)广东某某信会计师事务所有限公司及注册会计师周某某、苏某某均不具备司法鉴定机构(鉴定人)资质,广东某某信会计师事务所有限公司无权出具《专项审计报告》,且公安机关的委托事项违法,送审材料的真实性、合法性、完整性无法得到保证,上述审计报告不具备真实性、合法性、关联性,依法不得作为本案定案依据。

《专项审计报告》载明,"委托事项:对某象公司 App 平台数据、相关关联银行账户、财务账册及金蝶财务软件电子数据进行审计,对报案事主报案材料进行统计"。

但是,报案私教填写的《经济犯罪案件报案表》根本不属于财务报表,根本不是审计的对象,而且统计也不属于注册会计师的审计事项。

4. 本案仍有众多的重要共同犯罪嫌疑人未归案,公诉机关应当依法履行法律监督机关的职责,对公安机关的侦查活动是否合法进行监督,依法督促公安机关将上述犯罪嫌疑人尽快抓捕归案。

本案报案私教均是实施"刷单"诈骗行为的人,均是涉嫌"集资诈骗罪"的重要共同犯罪嫌疑人,或者是涉嫌"诈骗罪"的犯罪嫌疑人。本案中其他直接参与"某某猫"私教业务及"提供辅助"的某象公司人员也应当是涉嫌"集资诈骗罪"的共同犯罪嫌疑人。但是,上述重要的共同犯罪嫌疑人均未在案。

5. 本案仍有诸多影响定罪量刑的重要证据未在案,人民法院依法应当予以调取。

6. "证人"刘某某的证言对查明本案事实,对本案的定罪量刑具有重要作用和重大影响,刘某某依法应当出庭作证,否则其证言不能作为本案的定案依据。

7. 本案涉案课时费、补贴人去向有待查明，"赃款"有待追缴。

（二）辩护结果

广州市中级人民法院经审理，认为杨某某等被告人利用网络平台非法建立资金池募集资金，所得资金大部分未用于生产经营活动，主要用于借新还旧和个人挥霍，集资诈骗的金额为 82.75 亿元，均应认定为具有非法占有目的。被告人李某某从入职某象公司以来，明知某象公司资金收入来源、使用情况和公司亏损状况，仍然对杨某某的非法集资行为给予财务上的帮助，具有共同犯罪的故意，属于集资诈骗罪的共犯，在共同犯罪中起辅助作用，是从犯。广州市中级人民法院于 2021 年 12 月 30 日作出一审判决，以集资诈骗罪判处被告人李某某有期徒刑 5 年，并处罚金人民币 40 万元。

六、办案总结和意义

本案中，公安机关以非法吸收公众存款罪立案侦查，并刑事拘留本案 8 名被告人，但检察机关以集资诈骗罪批捕各被告人。本辩护人为被告人李某某作无罪辩护，第一被告人杨某某的辩护人也为杨某某作无罪辩护，本案其他被告人的辩护人均为其当事人作罪轻辩护，即认为其当事人构成的是非法吸收公众存款罪而非集资诈骗罪。但是，一审法院均未采纳辩护人的上述辩护意见。

本案历时三年多才一审终结，辩护人认为，其中有新冠疫情的影响，但更多的可能是因为本案涉案金额特别巨大，涉案"被害人"人数特别众多，社会影响特别重大，社会各界高度关注，人民法院须综合考虑各种因素，审慎作出判决。但是，一审判决的结果是辩护人预想中最差的结果，令辩护人深感遗憾。

一审判决后，被告人李某某提起上诉。2022 年 8 月 16 日，广东省高级人民法院以"原审判决认定事实不清，依据不足"为由，裁定撤销广州市中级人民法院的一审判决，发回重审。2023 年 6 月 26 日，广州市中级人民法院判决被告人李某某犯非法吸收公众存款罪，判处有期徒刑 4 年 10 个月，并处罚金人民币 5 万元。

李某涉嫌诈骗被改判犯合同诈骗罪案
——如何认定合同诈骗罪与诈骗罪的区别

徐钰萍

一、当事人和辩护人基本情况及案由

当事人：李某，因涉嫌诈骗罪被逮捕。

辩护人：徐钰萍，广东海际明律师事务所律师，李某二审辩护人。

案由：诈骗罪。

二、案情介绍

被告人李某系A公司的法定代表人，2014年4月至2016年8月，被告人李某与公司管理人员田某林、吕某常等人以A公司的名义，通过程序获取新手淘宝店主的阿里旺旺账号等信息后，联系新手淘宝店主，以收取代理费、保证金、预存款、刷单费、端口费等为借口，收取了全国各地多名不特定对象人员的财物，共计90万余元。2016年8月29日，李某等人被公安机关抓获。

公诉人指控被告人李某等人无视国家法律，以非法占有为目的，通过虚构事实、隐瞒真相的方法骗取被害人财物，其中被告人李某诈骗数额特别巨大，其行为触犯了《刑法》第266条，犯罪事实清楚，证据确实、充分，应以诈骗罪追究其刑事责任。

2018年5月，一审法院以李某等人构成诈骗罪作出判决。结合本案具体事实、社会危害性、各被告人的作用和悔罪态度等情节，一审法院判决被告人李某犯诈骗罪，判处有期徒刑11年6个月，并处罚金30万元。

李某等人不服一审判决，提起上诉。

三、本案争议的焦点

本案被告人实施的诈骗行为构成合同诈骗罪还是诈骗罪？

四、双方的意见

（一）一审判决定性

被告人李某等人无视国家法律，以非法占有为目的，通过虚构事实，隐瞒真相的方法骗取他人财物，其行为均已构成诈骗罪。公诉机关指控的罪名成立。

（二）上诉人李某的上诉意见及其辩护人的辩护意见

1. 上诉人李某的行为依法应认定为合同诈骗罪，一审判决定性为诈骗罪适用法律错误。

从一审查明的事实来看，上诉人的行为更符合合同诈骗罪的犯罪特征。合同诈骗罪及诈骗罪均是以非法占有为目的。上诉人李某所在的 A 公司在履行合同过程中，以先履行小额服务诱使受害人一步步不断加大投入，该行为更符合合同诈骗罪的行为特征。被害人会不断付款，就是因为成为 A 公司的代理商后，A 公司又对其店铺进行了设计，提供装修或一件代发等服务（该事实有多数受害人的陈述为证），当受害人看到 A 公司提供了上述服务后，才被业务员所谓的保证金、端口费蒙蔽，进而一步步地付款。不能否认的是受害人向 A 公司支付的所有款项并非子虚乌有，有部分款项实实在在地提供了相应的服务，即便如公诉人所称的提供的前期服务是为了后续的诈骗行为，但这种诈骗显然更符合合同诈骗罪的犯罪特征，况且本案受害人与 A 公司也签订了合同，因此本案定性为合同诈骗罪更为准确。而诈骗罪是行为人通过虚构事实或者隐瞒真相的方法，骗取公私财物的行为，诈骗罪的犯罪特征不是以先履行小额合同或部分履行合同的方法来实施诈骗，而是自始就虚构了事实隐瞒了真相，综合本案被告人的供述、被害人的陈述、微信聊天记录、合同等书证可以认定的是受害人大多都有享受过 A

公司提供的服务，因此本案依法定性为合同诈骗罪更为准确。一审判决对履行合同的事实没有客观认定，直接导致本案在定性上出现了严重的偏差。依法应予纠正。

2. 上诉人李某的行为符合单位犯罪特征，应以单位负责人的身份对其定罪量刑。

上诉人李某所在的 A 公司是一个独立的法人主体，本案是以单位名义实施犯罪，受害人认定的服务对象主体也是 A 公司，与受害人签订合同主体是 A 公司，服务内容上也是在 A 公司的经营范围之内，部分受害人的款项进入了 A 公司的账户。虽然 A 公司是用上诉人李某的个人账户进行运作，但李某的个人账户同时也为公司发放员工工资及佣金，用于公司的运作。因此上诉人李某的所有行为均代表了公司，实践中，用法定代表人的个人账户进行公司运作是普遍存在的现象，本案更符合单位犯罪的特征。

3. 上诉人李某与田某林团队及吕某常团队没有共同实施诈骗的故意和行为，上诉人李某不应对本案的全部犯罪金额承担刑事责任。

田某林只是借用了 A 公司的营业执照，上诉人李某不应对他人借用营业执照实施犯罪的行为承担刑事责任。上诉人李某也不应对吕某常的团队以 A 公司名义对外实施合同诈骗的行为承担刑事责任。

4. 上诉人李某实施合同诈骗主观恶性不深，应从轻或减轻处罚。

上诉人李某实施合同诈骗罪的主观恶性不深，已对受害人进行了退赔，取得了受害人的谅解，依法应从轻或减轻处罚。

五、辩护结果和理由

关于李某及辩护人提出本案应定性为合同诈骗罪的意见，二审法院认为该项意见于法有据，予以采纳。

六、法院判决意见

二审判决认为：上诉人李某等人以非法占有为目的，在签订、履行合同过程中，采取虚构事实或者隐瞒真相的方法，骗取多名被害人财物，其行为均已构成合同诈骗罪。李某在二审阶段通过家属赔偿部分被害人的经济损失并取得谅解，可以酌情从轻处罚，判决撤销一审刑事判决书第1项（被告人李某犯诈骗罪，判处有期徒刑11年6个月，并处罚金30万元），上诉人李某犯合同诈骗罪，判处有期徒刑5年，并处罚金30万元。

七、办案总结和意义

（一）案件评析

应当充分肯定，二审判决否定了公诉机关及一审判决认定被告人犯诈骗罪的定性。

合同诈骗罪与诈骗罪存在明显的不同。根据我国《刑法》的相关规定，合同诈骗罪与普通诈骗罪区别如下：合同诈骗罪是指以非法占有为目的，在签订、履行合同过程中，采取虚构事实或者隐瞒真相等欺骗手段，骗取对方当事人财物，数额较大的行为。合同诈骗罪不仅侵犯合同对方当事人的财产所有权，还破坏了市场交易秩序和合同管理制度。在合同诈骗罪中，合同是诈骗的载体，体现了缔约双方的经济性、市场性关系，反映了商品或服务的有偿交换。而诈骗罪仅保护了当事人的财产性法益，而且诈骗手段具有多样性，被害人产生错误认识并非全部来自合同的影响，故诈骗罪内容更宽泛，适用范围更广。具体体现为：

1. 合同诈骗罪和普通诈骗罪在犯罪的主观方面都必须是故意，过失不构成犯罪。

合同诈骗罪和普通诈骗罪在犯罪的主观方面都必须是故意，过失不构成犯罪。但是，合同诈骗犯罪的行为人主观故意产生的时间却有着不同于普通诈骗罪的特殊之处：合同诈骗的故意形成的时间既可能是行为人行为实施之初，也可能出现于其他合法行为进行的过程中。

2. 二者在行为人作案时所利用的合同这一客观表现形式有区分。

合同诈骗与普通诈骗行为作案时客观表现形式的差别关键在于是否利用合同进行了诈骗。行为人必须利用了能够体现各种市场交易行为的合同进行诈骗，才符合合同诈骗罪的特征。

3. 合同诈骗与普通诈骗的又一区别是犯罪主体。

合同诈骗与普通诈骗的又一区别即犯罪主体，合同诈骗的犯罪主体既包括自然人，也包括单位。而普通诈骗的犯罪主体只能是自然人，不包括单位。

在本案中，李某等人以 A 公司名义为被害人提供代理服务，其中现有的证据能够证实双方之间签订了正式合同或存在事实上的合同法律关系。李某等人通过招揽客户签订服务合同，以收取代理费、保证金等为借口，骗取被害人财物，该行为符合合同诈骗罪的构成要件，应认定构成合同诈骗罪。

（二）办案总结及意义

本辩护人接受被告人李某二审的委托，参与本案二审辩护工作，无外乎是抓住一审判决的漏洞，各个击破。辩护人注意到一审判决对被告人行为构成合同诈骗罪还是诈骗罪的定性，本案被认定是团伙犯罪，具体是由李某团队的各个代理商面对客户，因各个代理商对业务员管理不规范，致其向被害人实施诈骗，签订合同也很不规范，大部分是电子合同，受害人的陈述也不一致。在仔细甄别了各个被告人的口供及受害人的陈述后，辩护思路越来越清晰。首先从定性上突破，其次联系几十名受害人，耐心细致地做调解工作，退款并取得他们的谅解，受害人分布在全国各地，对被告人的辩护律师也存在不信任和一定的排斥，要取得受害人的信任确实有一定的难度，最终在辩护人的努力下基本得到了他们的谅解，也体现了律师的专业素养及沟通能力。

由于二审采取书面审理方式，辩护人多次以书面方式及电话与主审法官进行沟通据理力争，终是没有辜负当事人及其家属的信任，真正扛起辩护人的责任，哪怕道阻且长，亦要为李某及其家人争取到一个最好的结果，辩护人相信守得云开见月明，获得了一份公平、合法合理的判决，不负所托，辩护意见均获二审采纳。

二审终审，判决生效，当事人服判息诉。作为一名法律人，笔者将一直怀着对法律的虔诚与敬畏，像爱惜自己的眼睛一样珍重和呵护当事人的权益。

【相关法条】

《刑法》

第 224 条规定：有下列情形之一，以非法占有为目的，在签订、履行合同过程中，骗取对方当事人财物，数额较大的，处三年以下有期徒刑或者拘役，并处或者单处罚金；数额巨大或者有其他严重情节的，处三年以上十年以下有期徒刑，并处罚金；数额特别巨大或者有其他特别严重情节的，处十年以上有期徒刑或者无期徒刑，并处罚金或者没收财产：

（一）以虚构的单位或者冒用他人名义签订合同的；

（二）以伪造、变造、作废的票据或者其他虚假的产权证明作担保的；

（三）没有实际履行能力，以先履行小额合同或者部分履行合同的方法，诱骗对方当事人继续签订和履行合同的；

（四）收受对方当事人给付的货物、货款、预付款或者担保财产后逃匿的；

（五）以其他方法骗取对方当事人财物的。

最高人民法院、最高人民检察院《关于常见犯罪的量刑指导意见（试行）》

（六）合同诈骗罪。

1. 构成合同诈骗罪的，根据下列情形在相应的幅度内确定量刑起点：

（1）达到数额较大起点的，在一年以下有期徒刑、拘役幅度内确定量刑起点。

（2）达到数额巨大起点或者有其他严重情节的，在三年至四年有期徒刑幅度内确定量刑起点。

（3）达到数额特别巨大起点或者有其他特别严重情节的，在十年至十二年有期徒刑幅度内确定量刑起点。依法应当判处无期徒刑的除外。

2. 在量刑起点的基础上，根据合同诈骗数额等其他影响犯罪构成的犯罪事实增加刑罚量，确定基准刑。

3. 构成合同诈骗罪的，根据诈骗手段、犯罪数额、损失数额、危害后果等犯罪情节，综合考虑被告人缴纳罚金的能力，决定罚金数额。

4. 构成合同诈骗罪的，综合考虑诈骗手段、犯罪数额、危害后果、退赃退赔等犯罪事实、量刑情节，以及被告人主观恶性、人身危险性、认罪悔罪表现等因素，决定缓刑的适用。

卢某坚等人走私普通货物判处缓刑案

徐钰萍

一、当事人和辩护人基本情况及案由

当事人：佛山 A 公司；彭某仙、张某鸿、张某荣、卢某坚、李某军、胡某峰、张某，因涉嫌走私普通货物、物品罪被逮捕。

辩护人：徐钰萍，广东海际明律师事务所律师，卢某坚一审辩护人。

案由：走私普通货物、物品罪。

二、案情介绍

广州市人民检察院指控被告单位佛山 A 公司接受中国台湾地区 B 公司总经理同案人叶某豪的委托，代理进口水果，依据代理进口的水果品种不同收取每柜不等的包税价格，分别在佛山高明口岸、深圳沙头角口岸等地报关入境。同案人叶某豪与中国香港地区 C 公司老板张某鸿商定以香港地区 C 公司作为涉案水果的香港地区收货单位，负责涉案水果在香港地区某公司的报检工作，并自行制作相关单证用于报关进口，被告人彭某仙作为被告单位佛山 A 公司的法定代表人，将上述部分水果以较低包税费用委托深圳 D 公司负责人被告人卢某坚在深圳沙头角口岸报关进口。涉案水果从域外运抵香港地区后，由香港地区 C 公司作为提单收货人办理香港地区提货、中检等事宜，之后分别从佛山高明口岸、深圳沙头角口岸通关入境。其中，从佛山高明口岸通关入境的水果，由香港地区 C 公司员工制作用于报关的合同、发票、装箱单等单证，并通过电子邮件将上述资料发送给被告单位佛山 A 公司业务员被告人张某鸿、业务经理被告人张某荣等人，由被告人张某鸿等人负责货物进境的报关、报检工作。从深圳沙头角口岸通关入境的水果，由香港地区 C 公司将货物原产地证、质检证等资料通过电子邮件方式发送给深圳 D 公司，被告人李某军、胡某峰按照被告人卢某坚的安排，私刻外国供货商印章，制作虚假的合同、发票、装箱单等报关单证，以被告人卢某坚等人实际控制的深圳 D 公司等公司作为进出口经营单位申请进口水果批文，并委托深圳某报关行以一般贸易方式在深圳沙头角口岸申报进口。涉案水果以一般贸易方式从上述口岸通关入境后运往广州江南水果果蔬批发市场由同案人林某耀等人按约定代为销售，扣除相关经营费用及代销佣金后，将剩余款项转入同案人叶某豪的个人银行账户，叶某豪再将包税代理费转入被告单位佛山 A 公司员工张某余等人个人银行账户，被告单位佛山 A 公司再与被告人卢某坚等人进行结算。

广州市中级人民法院经公开审理查明：2012 年 2 月至 2015 年 1 月间，被告单位佛山 A 公司接受同案人叶某豪的委托，采用上述方式共计走私进口水果 202 柜入境，经海关关税部门核定，偷逃应缴税款共计人民币 4,291,792.76 元。其中，从深圳沙头角口岸走私进口水果 161 柜入境，经海关关税部门核定，偷逃应缴税款计人民币 3,314,947.39 元。被告人卢某坚作为单位直接负责的主管人员，偷逃应缴税款共计人民币 3,314,947.39 元。

三、本案争议的焦点

1. 本案被告是否以伪报贸易方式进行走私？
2. 将海关风险价作为进口水果之成交价格进行申报应定性为申报不实还是走私？
3. 海关核定证明书能否作为偷逃税额的依据？

四、双方意见

（一）检察机关指控

被告人卢某坚作为被告单位佛山 A 公司直接负责的主管人员，无视国家法律，逃避海关监管，伪报贸易关系和贸易价格走私货物入境，偷逃应缴税额，根据《刑法》第 153 条第 2 款的规定，应当以走私普通货物罪追究其刑事责任。

(二) 被告人卢某坚辩护人的辩护意见

1. 起诉书指控被告人卢某坚以单位负责人身份"伪报贸易方式和交易价格"走私货物入境，与事实不符，于法无据。

涉案水果不属于法律法规规定的"寄售贸易"范围内的商品，不存在以"寄售贸易方式"报关之说。起诉书指控涉案水果以"一般贸易方式伪报寄售贸易方式"报关进口无法律依据。被告人卢某坚主观上没有"伪报贸易方式"的故意。涉案水果因在实际操作中以代售的方式进口到国内销售，但海关申报系统没有以寄售贸易方式报关的程序及流程，实践中海关也从未要求报关代理公司按寄售贸易方式进行申报。如按寄售贸易方式报关进口，海关必然存在二次监管的制度及程序规定，但目前为止海关均没有这个规定和制度。即使报关代理公司申请按寄售贸易方式报关，海关也不可能实际操作。海关实际上要求报关代理公司按一次申报入境方式即一般贸易方式要求申报进口。因此，虽然水果在实际操作中是以代售方式进口，但代理公司却又不得不按照海关要求的一般贸易方式进行申报，因此，被告人卢某坚无"伪报贸易方式"的主观故意。涉案水果进口时没有实际成交价格，在按一般贸易方式报关的前提下，被告卢某坚所在单位只能按海关估价进行申报，无伪报之故意。被告卢某坚所在单位不可能获得涉案水果最终的实际代销价格向海关进行二次申报。作为报关代理公司的被告卢某坚等人来说，其不可能知情涉案水果最终代售后的实际成交价格，进行二次申报不可能实际操作。被告卢某坚所在单位只能以海关风险价或高于风险价的产地证上的价格进行申报，其主观上不具备伪报价格偷逃税额之动机及故意。被告卢某坚所在单位自行制作合同、发票、装箱单是为了报关，不是为了伪报价格偷逃税额。涉案水果按照海关的风险价格进行申报，即使与代售的市场价有出入，也应定性为"申报不实"而不应定性为"走私"。

2.《海关核定证明书》不具备客观性、真实性、合法性，不能作为本案的证据使用。

海关根据广州市物价局价格认证中心根据市场调查资料所作出的同时

期的市场批发价格，按照国内倒扣价格对涉案水果予以计核，进而得出涉案水果涉嫌走私偷逃税额。该计核方法及计核依据不具有真实性客观性，适用法律错误。涉案水果可以查清实际成交价格，理应按 97 号令第 16 项计核税款。关于计核依据。广州市物价部门所鉴定的水果市场价不能全面、客观反映当时的价格行情，不能作为核税依据。

3. 被告人卢某坚等人的行为是以单位的名义实施的，由单位的意志所支配，而且收入归单位所有，依法应认定为单位行为。

被告人卢某坚作为单位负责人实施了报关代理行为，起诉书虽然没有起诉被告人卢某坚等人所在的报关代理公司，但已认定被告卢某坚应以单位负责人的身份追究刑事责任，根据《全国法院审理金融犯罪工作座谈会纪要》规定，对于应当认定为单位犯罪的案件，检察机关只作为自然人犯罪案件起诉的，人民法院依法按单位犯罪中的直接负责的主管人员或其他直接责任人员追究刑事责任。

五、辩护结果和理由

法院对辩护人的观点部分未采纳，观点有以下几个方面。

（一）关于被告人卢某坚以单位负责人身份"伪报贸易方式和交易价格"走私货物入境的行为

首先，根据现有的法律法规，水果并未被纳入寄售贸易商品范围，水果进口只能以一般贸易方式进行；其次，被告人卢某坚在进口水果本无真实成交价格的情况下，仍然通过虚构价格、伪造单证方式，向海关申报进口，属于伪报行为；再次，卢某坚伪报的根本原因不在于水果未纳入寄售贸易商品范围，而在于想通过包税走私方式牟取非法利益；最后，本案不存在非如此报关不可的原因，被告人完全可以要求外国供应商提供真实成交价格，但从本案证据来看，卢某坚公司对此采取无视态度，其作为长期从事进口业务的主体，应当知悉海关如实申报义务，在此情形下仍然伪报价格，足见其牟取非法利益的故意。

综上所述，本案虽然发生于水果寄售贸易领域，但从其行为方式看，其与一般包税走私行为并无本质区别，寄售贸易仅仅是一个背景，以包税牟利才是根本目的。因此，对于卢某坚的行为，应当认定为逃避海关监管、损害海关税费的行为。

（二）关于《海关核定证明书》能否作为本案证据使用

1. 以鉴定价格为本案计税价格是否合法合理？

本案中海关在掌握了被告主体伪报的证据情况下，判断本案涉嫌走私，进而选择以计核办法为价格鉴定意见并无不妥。此外，海关内部所谓的"风险价"实际为风险价格参数，不同于海关掌握的同类货物或相似货物的价格。故，本案根据计核办法第（4）项的办法评估涉案水果的价格于法有据，并无不当。

2. 价格鉴定意见是否可被采纳为本案定案根据？

价格鉴定意见的鉴定程序并无违法；江南水果市场行情表形式规范、覆盖面广、持续性强，在市场上较为流行，将案发时段形成的江南水果市场行情表作为涉案水果的参照物恰当且合理；价格认证中心使用平均法和统计法鉴定涉案水果价格，在现有证据下并不缺乏合理性。因此，鉴定意见可以作为定案证据使用，但考虑到鉴定方法的局限性，从有利于被告人原则出发，应当对各被告主体酌情从宽处罚。

（三）关于被告人卢某坚的行为是否为单位行为

被告人卢某坚作为5家公司的实际控制人，伙同被告单位佛山A公司，以包税方式为他人走私进口水果，在单位走私活动中起组织决策作用，属于单位的直接负责的主管人员。其走私行为主要发生于揽货、通关环节，按柜收取包税费，所获利益较小，可认定为从犯。

六、法院判决意见

被告人彭某仙等人作为被告单位佛山A公司直接负责的主管人员及其他直接责任人员，无视国家法律，逃避海关监管，偷逃应缴税额，其行为均已构成走私普通货物罪。公诉机关指控的犯罪事实基本成立，证据确实、充分，指控的罪名成立。但被告人卢某坚在走私环节中并非主要获利者，系从犯，依法可从轻或者减轻处罚。且鉴于被告人能如实供述涉案犯罪事实，在庭审过程中表示认罪认罚，并签署悔罪具结书，认罪态度较好，悔罪表现明显，决定对其依法减轻处罚，并适用缓刑。

法院最终依法判处被告单位犯走私普通货物罪，判处罚金300万元。被告人彭某仙犯走私普通货物罪，判处有期徒刑3年，缓刑4年。被告人卢某坚犯走私普通货物罪，判处有期徒刑3年，缓刑4年。其他被告人均判处缓刑。

七、办案总结和意义

（一）案件评析

走私普通货物、物品罪，是指违反海关法规，非法从事运输、携带、邮寄除毒品、武器、弹药、核材料、伪造的货币、国家禁止出口的文物、黄金、白银和其他贵重金属、珍贵动物及其制品、珍稀植物及其制品、淫秽物品、固体废物以外的其他货物、物品，进出国（边）境，偷逃关税，情节严重的行为。本罪在客观上表现为违反海关法规，逃避海关监管。走私枪弹等违禁品以外的其他货物、物品进出境，情节严重的行为。走私犯罪均为直接故意犯罪，是一种故意逃避海关监管，破坏国家对外贸易管制的行为。其中，涉税的走私犯罪具有非法牟利的目的。从司法实践的角度来看，走私犯罪行为人主观故意的认定，往往是走私刑事案件中关系行为人罪与非罪争议的焦点。

首先，本案进口水果模式系为代销模式，即在国内销售后，扣除相关费用才向境外支付货款，因此进口时没有实际成交价格，而通关的海关在案发时没有寄售模式方式报关，规定只能按一般贸易方式报关进口，海关内部有风险价，报关公司进口时一般按海关风险价制作报关单，该报关方式一直沿用形成固有模式。

案发后，海关部门也意识到该制度缺陷，如果此案定性为走私，将对进口水果市场带来较大的冲击。辩护人坚持作无罪辩护，后与控方达成"控辩交易"，当事人认罪认罚，以缓刑告终。

其次，《海关核税证明书》能否作为本案证据使用是本案争议的一大焦点。本案海关核税人员称首次出庭接受控辩双方的质询，鉴定的进口水果实际成交价格以物价部门的鉴定报告为依据，但物价部门的鉴定报告也存在多处瑕疵，实际货物已消耗，水果的价格与股票一样波幅较大，很难确定实际成交价格，必然导致海关核税证明书存在瑕疵。控辩双方对该证据多次进行了激烈的辩论。

最后，关于卢某坚等人是不是单位走私犯罪的负责人也是本案争议的焦点之一。构成单位走私犯罪应符合下列三个要件：以单位的名义实施走私犯罪；由单位的决策机构决定，或者单位的负责人或其授权的主管人员决定；违法所得全部或大部分归单位所有。本案由于卢某坚的违法所得没有归单位所有，虽然其以单位名义实施，但最终没有被认定为单位犯罪。

（二）办案总结及意义

本案系进口水果走私，辩护人接受被告人卢某坚的委托，为其辩护，被告人自归案至审结长达三年多的时间，审理期间多次退查，该案也创下了自新中国成立以来海关核税人员首次出庭接受质询的先例，海关通过该案对进口水果存在的管理漏洞及时进行了改进，案件经多次开庭审理，控辩双方争议激烈，辩方坚持无罪辩护，最终达成控辩和解，被告人认罪认罚，全部判处缓刑。

作为一名辩护律师，首先对该案的犯罪事实、细节及全案指控的证据要了如指掌，对每一处细节基本都能脱口而出，对法律的适用做到胸有成竹，在法庭上讲的每一句话，每一个字都应该是经过庭前深思熟虑的，有着一定的逻辑安排。庭审之前所付出的工作时长有几百个小时，多次的会见，反复地阅卷，辩护方案的斟酌，辩护策略的安排，辩护意见的推敲，单单就拟定发问提纲这一项就需要花费大量的心血：以什么样的逻辑来分配问题的轻重，以什么样的方式来问，以什么样的顺序来问，以什么样的技巧来问都要经过细密而周全的考虑。一份提交给法庭的辩护词要经过多次的打磨修改和完善，唯恐有遗漏之处。

庆幸的是，拿到这份沉甸甸的判决书，所有的付出和努力都没有白费。

【相关法条】

《刑法》

第 153 条规定：走私本法第一百五十一条、第一百五十二条、第三百四十七条规定以外的货物、物品的，根据情节轻重，分别依照下列规定处罚：

（一）走私货物、物品偷逃应缴税额较大或者一年内曾因走私被给予二次行政处罚后又走私的，处三年以下有期徒刑或者拘役，并处偷逃应缴税额一倍以上五倍以下罚金。

（二）走私货物、物品偷逃应缴税额巨大或者有其他严重情节的，处三年以上十年以下有期徒刑，并处偷逃应缴税额一倍以上五倍以下罚金。

（三）走私货物、物品偷逃应缴税额特别巨大或者有其他特别严重情节的，处十年以上有期徒刑或者无期徒刑，并处偷逃应缴税额一倍以上五倍以下罚金或者没收财产。

单位犯前款罪的，对单位判处罚金，并对其直接负责的主管人员和其他直接责任人员，处三年以下有期徒刑或者拘役；情节严重的，处三年以上十年以下有期徒刑；情节特别严重的，处十年以上有期徒刑。

对多次走私未经处理的，按照累计走私货物、物品的偷逃应缴税额处罚。

最高人民法院、最高人民检察院《关于办理走私刑事案件适用法律若干问题的解释》

第 16 条规定：走私普通货物、物品，偷逃应缴税额在十万元以上不满五十万元的，应当认定为刑法第一百五十三条第一款规定的"偷逃应缴税额较大"；偷逃应缴税额在五十万元以上不满二百五十万元的，应当认定为"偷逃应缴税额巨大"；偷逃应缴税额在二百五十万元以上的，应当认定为"偷逃应缴税额特别巨大"。

走私普通货物、物品，具有下列情形之一，偷逃应缴税额在三十万元以上不满五十万元的，应当认定为刑法第一百五十三条第一款规定的"其他严重情节"；偷逃应缴税额在一百五十万元以上不满二百五十万元的，应当认定为"其他特别严重情节"……

陈某假冒注册商标判处缓刑案

张 卉

一、当事人和辩护人基本情况及案由

当事人：陈某，男，1972年出生，汉族，文化程度初中。陈某于2021年4月10日因涉嫌生产、销售假冒注册商标罪被东莞市公安局刑事拘留。于2021年5月17日因假冒注册商标罪被执行逮捕。于2021年7月5日因没有社会危害性被变更强制措施为取保候审。

辩护人：张卉、徐法淳，广东蕴德律师事务所律师。

案由：假冒注册商标罪。

二、案情介绍

被告单位东莞市蓍某儿服饰有限公司（以下简称蓍某儿公司）成立于2014年11月13日，主要经营生产、销售服饰等。被告人陈某是蓍某儿公司的股东兼实际经营者，负责公司的主要经营决策、接单、生产及管理工作。从2020年4月开始，经陈某决策，蓍某儿公司从李姓男子（另案处理）处接单，收取每件5元至20元不等的加工费，加工生产假冒注册商标的衣物。2020年11月15日，民警对蓍某儿公司进行检查，查获假冒"GUCCI"品牌的卫衣860件、T恤640件、短裤1490件，假冒"Dior"品牌的卫衣360件、T恤1480件，假冒"BALENCIAGA"品牌的卫衣350件、T恤850件，假冒"LOUISVUITTON"品牌的T恤200件，假冒"THOMBROWNE"品牌的卫衣1670件、T恤420件、袜子1100双，以卫衣每件约70元、T恤每件约35元、短裤每件约40元、袜子每双约15元计算，以上查扣的衣物合计非法经营数额共约428,550元。2021年4月9日，陈某主动到公安机关投案。至案发之日止，蓍某儿公司已加工生产并出货假冒注册商标的衣物共计约36,000件，以每件约60元计算，非法经营数额共计约2,160,000元，蓍某儿公司已收取加工费约210,000元。案发后，蓍某儿公司已退缴违法所得210,000元。

三、本案争议的焦点

本案争议焦点在于判断本案是否为单位犯罪、是否具备从犯情节，如何认定犯罪数额，以及是否适用缓刑等问题。

四、双方的意见

（一）公诉意见

被告单位蓍某儿公司未经注册商标所有人许可，在同一种商品上使用与其注册商标相同的商标，情节特别严重。被告人陈某作为蓍某儿公司的实际经营者，由其决策接单并指示公司员工进行生产，系单位犯罪直接负责的主管人员，情节特别严重。蓍某儿公司及陈某的行为触犯了《刑法》第213条的规定，犯罪事实清楚，证据确实、充分，应当以假冒注册商标罪追究蓍某儿公司及陈某的刑事责任。蓍某儿公司及陈某在共同犯罪中起次要或者辅助作用，根据《刑法》第27条的规定，是从犯，应当从轻、减轻处罚。蓍某儿公司及陈某认罪认罚，依据《刑事诉讼法》第15条的规定，可以从宽处理。

（二）辩护意见

辩护人对起诉书认定陈某犯假冒注册商标罪的基本事实和定性不持异议，结合陈某本人自愿认罪认罚的情况，依法着重就本案的量刑事实、情节提出如下辩护意见。

1. 陈某及蓍某儿公司是处于次要、辅助地位的从犯，依法应从轻、减轻或免除处罚。

第一，陈某的供述、证人证言及调取的聊天记录可以反映，涉案侵权服装的样板、面料、标识均由客户提供，陈某及荟某儿公司仅参与服装的加工生产环节，与侵权服装的委托加工方相比，仅从中赚取微薄的加工费，其行为的社会危害性、对正品市场的冲击及非法获利的程度都相对较小，处于次要、辅助地位。

第二，陈某及家属提供的材料反映，陈某作为实际控制人的荟某儿公司本来一直主要从事合法服装的加工生产，正常经营并合法纳税。陈某这次失足走上犯罪道路，主要是因为近年受全球经济萎缩、中外关系紧张等影响，各类加工订单大幅下降，公司生产经营、工人日常工资无法维持，作为老板为了保住公司和工人饭碗，才铤而走险接受加工涉嫌侵权产品的订单，用以帮衬公司，以渡过经营难关。陈某与荟某儿公司的涉案行为，与为赚取暴利而长期从事侵权服装生意的委托方，及公司主要从事侵权服装加工生产的其他加工方相比，主观恶性、社会危害性均相对较小。

第三，陈某及其经营的荟某儿公司，本身并不参与市场销售，甚至有部分加工订单仅是对已制成的服装进行缝制标签等极为简单的后整工序，并未参与服装生产的全部过程，其行为不会对品牌方及品牌方的销售市场造成直接的影响，所起的危害作用也更小。

2. 陈某犯罪情节较轻，主动到案并自愿认罪认罚，有明显的悔罪决心和表现，没有再犯可能性，适用缓刑不致发生社会危害性。

第一，陈某主动投案，如实供述了帮忙加工并获利21万元的主要事实。陈某自愿认罪认罚，对指控的罪名和量刑建议均无异议，悔罪态度良好。

第二，陈某已主动退缴21万元违法所得，其经营的荟某儿公司也预交了20万元罚金，同时在继续配合司法机关积极筹措资金，积极履行后续缴纳罚金的义务，有明显的悔罪决心和表现。

第三，陈某是初犯、偶犯，没有前科劣迹；在被取保候审期间，一直遵纪守法、积极配合司法机关调查，认真反思自己的罪过，无再犯可能性，对其采取非监禁刑也不致发生危害社会的情形。

第四，由于本案存在侦查机关未经依法受理、依法立案侦查，就违法采取刑事侦查措施、非法搜集涉案书证、物证等瑕疵；侦查机关及所谓的报案人还存在伪造、变造扣押笔录、扣押清单、扣押照片、投诉委托材料、鉴定报告、价格证明等情况，导致东莞市价格认定中心出具的东价认（刑）函〔2020〕2525 号《东莞市价格认定结论书》真实性、合法性均严重存疑，依法未被检察机关作为指控犯罪事实的依据。故陈某在本案中自愿认罪认罚，如实供述了蓍某儿公司实施代加工行为及非法获利 21 万元等客观情况，对本案证据固定、定罪具有重要作用，有坦白和自愿认罪认罚情节，依法可从轻处罚。

3. 陈某是民营企业家，对陈某适用缓刑符合"六稳""六保""教育为主、惩罚为辅"的司法政策。

近年来，国家层面高度重视对民营企业家权益的保护。中央及"两高"针对民营企业涉刑案件出台的政策和意见中，不断强调用好刑事司法政策，依法保护民营企业的合法权益。对民营企业家犯罪的"可捕可不捕的不捕，可诉可不诉的不诉，可缓可不缓的判缓"。民营企业家一旦涉及刑事案件，被限制人身自由，直接面临企业生产经营能否继续进行，随之而来就是职工的就业生存、国家税收缴纳、银行贷款的偿还等诸多问题。

目前"稳就业、保就业"的需求愈加突出，也直接影响着东莞的社会稳定与经济发展。作为蓍某儿公司的实际负责人，陈某案发前一直在东莞工作、生活，为社会创造稳定的就业和税收，曾经为东莞的服装加工行业作出一定的贡献。在东莞服装制造业出口贸易受到各种不确定因素影响时，陈某仍然竭力维持公司的经营，保住员工的饭碗，努力争取早日复工复产。

据此，对陈某适用缓刑既不致再危害社会，也有利于蓍某儿公司重新投入正常的生产经营，符合"六稳""六保"工作要求，达到法律效果与社会效果的兼顾与统一。

综上所述，辩护人认为社会与公司均需要陈某出面维持公司生产经营、保住员工岗位。结合陈某具有从犯、全额退赃、认罪认罚等情节，恳请合议庭在量刑建议的基础上，无论在主刑和附加刑的量刑上都对其从轻、减轻处罚，并同时对陈某适用缓刑。另外，希望合议庭在判处罚金时，充分考虑陈某与公司目前的艰难处境，对陈某及蓍某儿公司均予以从轻、减轻处罚，让他们能够尽快恢复正常的生产、经营、改过自新，重新为东莞的就业与经济发展贡献力量。

五、辩护结果和理由

辩护人在审查起诉、一审期间经充分阅卷，并着重就本案的量刑情节提出全面的辩护意见，相关意见均获得检察机关与审判机关的一致认可。最终一审判决采纳辩护人提出的陈某及蓍某儿公司属于从犯；公司有合法的经营活动、不参与市场销售环节；被告人认罪认罚、主动投案；退缴违法所得；是初犯及适用缓刑等全部辩护意见，依法对陈某处以三年以下有期徒刑的刑罚，并适用缓刑。

六、法院判决意见

法院认为，被告单位蓍某儿公司假冒两个以上注册商标，情节特别严重，被告人陈某系被告单位直接负责的主管人员，其行为均已构成假冒注册商标罪，依法应予惩处。鉴于被告单位及被告人根据他人订单生产，收取加工费，在产业链条中处于次要地位，是从犯，法院依法对被告单位及被告人从轻处罚；被告单位、被告人均能如实供述自己的罪行，自愿认罪认罚，依法又可从轻处罚；考虑到被告单位、被告人积极退回违法所得，被告人主动投案，有悔罪表现，没有再犯危险，回归社会服刑不至于危害社会且足以达到教育惩罚的目的，法院酌情对被告单位、被告人从轻处罚并对被告人适用缓刑。公诉机关的量刑建议符合本案的实际情况，合法有据，法院予以采纳。对辩护人提出陈某及蓍某儿公司属于从犯，公司有合法的经营活动、不参与市场销售环节，被告人认罪认罚、主动投案，退缴违法所得、是初犯等辩护意见，经查属实，法院予以采纳；对辩护人提出对陈某适用缓刑的建议，法院亦予以采纳。综上，依法判决如下：

1. 被告单位东莞市蓍某儿服饰有限公司犯假冒注册商标罪，判处罚金800,000元。

2. 被告人陈某犯假冒注册商标罪，判处有期徒刑3年，缓刑4年，并处罚金100,000元。

七、办案总结和意义

（一）案例评析

辩护人在提供刑事辩护期间从以下三个方面充分行使辩护权，在明确案件事实的情况下选择最有利的辩护策略，辩护取得显著成效。

1. 坚守程序正义，严格排除非法证据。

侦查机关简单地将报案人提供的材料以及由此形成的价格认定结论书作为认定事实的依据，而忽视了违法取证、伪造证据等严重程序问题。"正义不仅应得到实现，而且要以人们看得见的方式加以实现。"通过认真分析诉讼文书、仔细核对数万件涉案货物，辩护人一针见血地指出本案存在违法采取刑事侦查措施、非法收集涉案证据、伪造变造报案材料等严重违法问题，由此取得及形成的证据依法不能作为定案的依据。最终该部分非法证据没有被检察院及法院所采信。

2. 立足案件事实，争取有利事实及情节认定。

经多次会见被告人，详细了解案件细节，辩护人在约谈检察官期间，首先，提出了本案是单位犯罪，陈某作为蓍某儿公司的实际控制人，实施本次行为是为了单位、为了员工，利润也主要用于单位日常生产、经营。该辩护意见得到司法机关采纳，为陈某适用缓刑提供了有力的事实支撑。

其次，围绕本案犯罪数额，辩护人提出由于本案根据陈某的供述及其提供的日常加工其他服装的加工费情况可以查明本案非法经营数额，因此不应将报案人提供的市场价格作为价格认定标准。该辩护意见得到司法机关采纳，使得本案犯罪数额由5000多万元降低至216万元。

最后，立足于陈某组织蓍某儿公司工人实施的是代加工行为这一基本事实，结合涉嫌加工的侵权服装数量、已退缴的非法获利数额和收缴侵权服装数量等细节，可以判断与侵权服装的委托加工方相比，蓍某儿公司仅从中赚取微薄的加工费，其行为的社会危害性、对正品市场的冲击及非法获利的程度都相对较小，处于次要、辅助地位。辩护人就此量刑情节向检察官、法官作了详细说明并得到采纳。

3. 以认罪认罚从宽和"六稳""六保"制度为支撑，为陈某选择最优辩护策略。

在办案初期经过对证据细节的研究与分析，辩护人发现本案部分主要证据系违法取证所得。考虑取证违法时办案机关大多数能采用情况说明等方法补证的现实情况，结合陈某民营企业家的身份及公司正常经营的需要，陈某及其公司确实已实施涉案行为的实际情况，辩护人并未采取通过证据排非进行无罪辩护的策略，而是从陈某亟须通过"非监禁刑"以维持民营企业正常运作的角度出发，提出量刑辩护策略，结合认罪认罚从宽制度，为陈某选择最有利最适合的辩护方案。

经与检察官沟通，辩护人及时、准确把握法律政策方向，充当好公诉人及当事人良好沟通的桥梁，积极推动陈某退缴违法所得，展现良好悔罪态度。最终，检察院采纳相关辩护意见，对陈某适用认罪认罚从宽制度并提出可以适用缓刑的量刑建议。在辩护人的见证下，检察官与陈某签署了《认罪认罚具结书》，而审查起诉阶段通过认罪认罚从宽制度取得的辩护成果，亦在审判阶段得到一审合议庭的认可，辩护人提出了有效的辩护意见，切实保障了陈某的合法权益。

（二）结语

近年来，国家层面高度重视对民营企业家权益的保护。民营企业家一旦涉及刑事案件，被限制人身自由，直接导致企业生产经营中断，随之而来就是职工的就业安置、国家税收缴纳、银行贷款的偿还等诸多问题。

对于犯罪情节较轻、社会危害性不大的民营企业家适用认罪认罚从宽制度，既不致再危害社会，也有利于保障民营企业正常生产经营，符合"六稳""六保"工作要求，达到法律效果与社会效果的兼顾与统一。

要做好刑事辩护工作，除了做好阅卷、质证等基础工作以外，还要充分了解刑事司法政策，以案件事实和证据为基础、以法律为准绳，及时使当事人获得最佳的辩护效果，使辩护工作获得当事人的充分肯定。

三、侵犯公民人身权利、民主权利罪

林某厚一家三口涉嫌故意伤害致人死亡被不起诉案

陈舒媚

一、当事人和辩护人基本情况及案由

当事人：林某厚。

辩护人：陈舒媚，广东诺臣律师事务所律师。

案由：故意伤害罪。

二、案情介绍

林某春因怀疑同村村民林某厚与自己妻子有私情，遂与林某厚产生矛盾。林某春每逢醉酒会辱骂林某厚。2020年8月16日凌晨3时许，林某春再次喝醉酒到林某厚家叫喊，并辱骂林某厚一家。林某厚、钟某、林某豪系一家3口，无法忍受"恶仔"林某春的叫喊和辱骂，遂开门出去驱赶林某春。2020年8月21日8时许，林某春被发现死亡。后经中山大学法医鉴定中心对林某春尸体进行解剖，鉴定意见为林某春符合左腰近受钝物作用致脾挫伤，引起迟发性脾破裂出血、失血性休克死亡，茂名市电白区公安分局认为犯罪嫌疑人林某厚、钟某、林某豪的行为触犯了《刑法》第234条之规定，涉嫌故意伤害罪，将林某厚、钟某、林某豪刑事拘留于茂名市第一看守所。

在审查起诉阶段，茂名市电白区检察院以被告人有可能被判处无期徒刑或者死刑为由，将本案移送茂名市人民检察院。

三、本案争议的焦点

1. 《鉴定意见书》和《答复函》是否能准确反映被害人的伤口形成及死亡时间。

2. 被害人的死亡与被告人之间是否存在因果关系。

3. 本案证人证言是否具备证明力。

4. 被害人的死亡是否能排除其他合理怀疑。

四、辩护结果和理由

（一）辩护结果

本案控罪存在诸多疑点，无法证明被告人的行为与被害人的死亡之间存在因果关系。经过会见被告人、勘查案发现场，辩护人获知的事实与侦查机关收集的证据所显示的事实存在偏差，本案证据无法证明被告人一家3口对被害人实施了故意伤害致死的行为。因此，我方认为被告人无罪。经有效辩护，本案经过人民检察院二次退回补充侦查、听证，最终茂名市人民检察院采纳辩护意见，作出不起诉决定。

（二）辩护理由

1. 本案的司法鉴定出具的意见书和答复函违反法定程序，证明力低，不能作为被害人死因证明的客观证据，无法确定被害人左腰部淤血形成时间和死亡时间。

（1）司法鉴定意见书和答复函记载的委托人系被害人家属，鉴定标本并非由办案单位委托保管，鉴定标本可能已被污染，且所记载的案件基本情况与侦查机关2020年8月25日出具的《鉴定委托书》所记载的案件简要情况不符，证明力低，无法反映客观事实。

首先，根据《中山大学法医鉴定中心司法鉴定意见书》（以下简称《鉴定意见书》）所载，鉴定的委托人是被害人儿子林某宜，并非办案单位，且鉴定受理日期为2020年8月29日，距离林某春8月21日被发现死亡已超过7日，而且林某春的尸体也并非由办案单位保管，鉴定标本（尸体）存在被污染的可能性,不能客观、如实反映林某春的死因和与死亡有关的时间点。根据《公安机关办理刑事案件程序规定》第213条及《公安部刑事技术鉴定规则》第3条的规定,本案的鉴定程序违法,而根据鉴定标本及《鉴定意见书》作出的《答复函》程序同样违法。

其次,《鉴定意见书》所描述的基本案情与侦查机关《鉴定委托书》所记载的案件简要情况不符。侦查机关2020年8月25日出具《鉴定委托书》所记载的案件简要情况为:"2020年8月21日上午,林某春被发现死亡于其家门口处。经勘验,死者全身赤裸,左腰部见一处皮下淤血,大小为5.5cm×3.0cm"。《鉴定意见书》的基本案情描述为:"林某春于2020年8月15日2:30—3:00被他人殴打,之后(8月15日至8月20日)在家中休养,未出门,8月20日出门到诊所看病,服用止疼药,8月21日早上7:30许在自家门前被发现死亡,全身赤裸。"很明显,中山大学法医鉴定中心并未听取侦查机关介绍的案件鉴定要求,基本案情描述未经相关法定程序予以证实,法医在鉴定过程中检查尸体的鉴定程序、鉴定方法、作出结论意见的时候极有可能受到影响和误导。

(2)无法确定被害人"左腰部一处皮下淤血处"的形成时间。

首先,根据诊所医生朱某忠陈述,林某春在2020年8月20日中午11时许到朱某忠的诊所看病,称"左边胸口痛",牵起衣服指着左上腹部左侧胸部说"就是这里被人打了",但朱某忠未在林某春的皮肤表面检查发现任何伤痕,如朱某忠所述属实,那么林某春左腰部一处皮下淤血完全不能排除是8月20日15时后才被外力钝物作用而产生的,与《中山大学法医鉴定中心答复函》(中大法鉴〔2021〕函字第779号,以下简称《答复函》)认为"脾损伤发生于死亡前3—6天"的结论是互相矛盾的。

其次,根据《答复函》中"林某春死亡时间未能判断,其死亡时间距最后一次进餐约5—6小时,脾损伤发生于死亡前3—6天"的结论,林某春发生脾破裂时间可能有两种假设:①如林某春在8月20日18时吃晚饭,那可推测其死亡时间为8月21日0时左右,脾损伤是8月15日凌晨0时—8月18日凌晨0时左右。②如林某春在8月21日凌晨0时左右吃夜宵,那可推测其死亡时间为8月21日6时左右,脾损伤是8月15日凌晨6时—8

月18日凌晨6时左右。也就是说，如起诉书指控本案被告和林春发生争吵时间为2020年8月16日凌晨3时许属实，却不能确定被告与林某春发生争执的时间在林某春发生脾破裂的时间范围内，不能排除林某春是8月17日、8月18日才受伤，或者是在8月15日发生了脾损伤。

辩护人对鉴定意见书所使用的检材、鉴定程序、鉴定方法、鉴定内容、结论意见的合法性存疑，法医学尸体解剖须坚持正确采样原则和综合判断原则，在检材和案情描述不客观的情况下所作的鉴定意见并不符合法定程序，证明力低，不能作为被害人死因证明的客观证据，无法确定被害人左腰部淤血形成时间和死亡时间。

2. 本案的证言均属于间接证据，且相互矛盾无法相互印证，无法唯一认定本案的事实并作出结论，因此不能作为认定被害人死亡与被告人的行为存在因果关系的依据。其中的关键证言无法证明被告人对被害人实施了推打行为。

（1）起诉意见书指控发生争吵时间为8月16日凌晨3时许并无事实依据。

首先，本案其他证人并没有提及争吵发生的具体时间。黄某玲2020年10月24日询问笔录中答道：2020年8月21日林某春死亡前一个星期左右时间的一天凌晨3时40分，林某春坐在我家凳子上喊到林某厚、钟某这两个人名字。林某花2020年10月16日询问笔录中答道，恶仔（林某春）死亡前七八天的凌晨两三点，我下楼经过楼梯转角窗时，看见对面"林某厚"家门站着两个人，是林某厚和他妻子钟某，恶仔（林某春）蹲在我家一楼停放三轮车车位，周围没有发现木棍或其他物品，我比较好奇，停下脚步一会，我并没有听见林某厚、钟某和恶仔（林某春）在说话。那天过了3天，我又看见恶仔（林某春）经过我家门口。李某东2020年12月15日询问笔录中答道：我听老婆林某花说过，恶仔（林某春）死前一周前的一天凌晨，我迷迷糊糊听到有人在叫喊我的名字，后来我老婆起床下楼小便，她说经过自家楼梯窗口时，看到恶仔蹲在我家东侧三轮车边。

其次，林某厚唯一提及争执时间的笔录具有很明显的诱供痕迹。2020年11月21日17时的讯问笔录中答道："我最后一次和林某春吵架是2020

年 8 月 16 日左右（具体哪一天我就不是很记得了，我记得是在开渔节期间）凌晨 2—3 时的时候……"而办案人员在该讯问笔录第 7 页问道："在 2020 年 8 月 16 日凌晨 2—3 时许，你们和林某春发生吵架之后……"办案人员在后续讯问林某厚均是直接问："为何你在第二份笔录里，交代了 2020 年 8 月 16 日凌晨 3 时许与恶仔林某春发生争吵？"在本案被告人和关联证人均无法确定发生争执的时间的情况下，办案人员利用被告人不清晰的记忆，率先诱导并错误记录了争吵发生的时间点，该笔录的收集不符合法定程序，属于非法证据，应予以排除。

（2）未有证据证明被告人与被害人之间发生过肢体冲突。

本案证明被告人和被害人在死亡前一周左右发生争执的关键证人是林某明，根据林某明陈述，林某厚和林某豪为赶被害人离开家门口回骂并推赶了被害人，但并未提到林某厚三被告殴打推倒被害人，"推赶"，按照常理林某春被推的身体部位应该是肩部，而并非左腰部，正常情况下的推赶并不会导致林某春左腰部有淤青。如果林某厚等三被告对林某春抱有教训和伤害的目的，对林某春实施殴打，那么以双方身高、力量和人数的悬殊对比，林某春的身上也不可能只有一处淤青和伤口。另林某明关于"林某厚等三被告推赶林某春"的证言属于孤证，不能作为林某厚三被告与林某春有肢体接触的定案依据。

3. 被害人的死亡不能排除是意外事件或第三人打击报复作案。

（1）本案无法排除是意外事件。

《鉴定意见书》提到林某春符合因左腰部近钝物作用致脾挫伤，但医学上钝性物体作用，是指后果的形成是因与表面不尖锐的固体接触。医学上的钝性外力是指受到砖头、锤子、棍子等没有刃的物体的外力打击。

在林某厚与林某春发生争吵后，多人陈述看到林某春外出。根据法医病理学检验结果在林某春心血中检出乙醇，证明林某春死亡前喝酒，林某春喜欢在村里到处逛，不能排除在林某春与林某厚一家 3 口争吵前后，因醉酒在死亡地点或者其他地方摔倒撞石受到外力伤害可能性，本案无法排除林某春的死亡是意外事件。

（2）本案不能排除本案三被告以外的其他人对林某春实施了打击报复

行为。

首先，本案被告人和多名证人（如苏某芬、李某奇、苏某青、苏某芬、马某水等人）均能证明"恶仔"是林某春的别称，林某春酗酒，一喝醉酒就说胡话，酒后在村中走来走去，可见其日常行为并不端正，有可能会遭遇他人打击报复。林某春的妻子马某水说道，"我老公有喝酒的习惯，一喝醉酒就爱闹事，怕他入住新屋子就会遭到破坏，今年年初他跟家人发生了点矛盾就让他先回旧房子住了……我老公随手就拿起一个泡茶的玻璃瓶砸在我儿子头上，玻璃瓶都碎了……我与家属是听自己的婆婆说，林某春是被人打伤致死的。林某春有喝酒的习惯，一喝醉就会到别人家闹事，有遭受过人家的报复，加上林某春身体状况一直很好，很少有生病情况。生病也只是小病，没有大病发生过。以这几点我与家属才怀疑他是被人打伤致死的"。

其次，根据证据卷5，2008年9月13日林某春持刀打烂案外人李某文家中玻璃，被处以行政拘留15天。2018年3月24日林某春被案外人李某云用竹制水烟管打伤至轻伤二级，双方调解结案。茂名市公安局滨海新区分局刑事侦查大队《法医学尸体检验记录》显示，林某春在自家门前被发现死亡，全身赤裸，并双手环抱。基于林某春"恶仔"的习性，完全不能排除是否有案外人对林某春实施了打击报复的行为。

五、办案机关意见

茂名市人民检察院于2021年7月22日作出《不起诉决定书》，认为茂名市公安局滨海新区分局认定被不起诉人林某厚涉嫌故意伤害的犯罪事实不清、证据不足，不符合起诉条件，三被告得以释放。

六、办案总结和意义

每一位被告人均有获得辩护的权利，作为辩护人，须胆大心细地去质疑每一份指向被告人有罪的证据。正如《刑事证据审查三步法则》一书"序"中提及"对于证据问题，我们应该始终保持战战兢兢、诚惶诚恐的心理，始终坚持如履薄冰、如临深渊的审慎态度"。唯有如此，才能最大限度保证法律的公平公正，让"疑罪从无""存疑有利于被告"的原则和"用以定罪量刑的证据须排除一切合理怀疑"的证明标准在案件实体处理中得到充分的体现。

本案在当地具有一定的社会影响力，被害人的家属通过信访及社会舆论，给当地办案单位造成一定困扰，本案在事实认定、案件处理等方面存在较大争议。本案审查起诉阶段退回两次补充侦查后采用听证的程序，不仅有助于发挥司法公开的监督作用，为积极营造良好的司法环境提供了典型范例，而且对于保障人权、减轻诉累、缓解社会矛盾、维护社会和谐稳定均具有重要意义。

陈一（化名）涉嫌故意伤害已过追诉时效被释放案

马远斌

一、当事人和辩护人基本情况及案由

当事人：陈一①。

辩护人：马远斌，广东国智律师事务所律师。

案由：故意伤害罪。

二、案情介绍

1999年11月20日凌晨，犯罪嫌疑人陈一与被害人罗二、马三在某地黄河剧场3楼卡厅内，酒后因琐事发生矛盾，后犯罪嫌疑人陈一打传呼纠集陶四、白五（均已到案）前来黄河剧场3楼卡厅后殴打被害人，致罗二死亡、马三受伤。经法医鉴定，被害人罗二被他人用有棱角钝器作用头部致重度颅脑损伤死亡。

案发后，陈一离开兰州。

2010年2月20日，犯罪嫌疑人将曾用名陈一改名为陈某某。

2021年8月28日，陈一于上海被抓获。被抓获归案后，犯罪嫌疑人陈一基本能如实供述罪行，认罪态度一般。

认定上述犯罪事实的证据如下：犯罪嫌疑人讯问笔录、证人询问笔录、辨认笔录及照片、犯罪嫌疑人现场指认笔录及照片、尸检报告，犯罪嫌疑

---

① 本案例涉及人名均为化名，以下同。

人陈一对其故意伤害的犯罪事实亦供认不讳,认罪认罚。

三、本案争议的焦点

1. 被害人罗二是否系被带棱角的钝器作用头部致重度颅脑损伤死亡?犯罪嫌疑人与陶四、白五在殴打罗二的过程中是否使用过带棱角的钝器?本案是否存在其他人导致的二次伤害?

2. 本案是否过追诉时效?

四、双方的意见

(一)控方意见

接受辩护时,本案处于审查起诉阶段,根据公安机关的《起诉意见书》,公安机关认为,陈一等人使用"带棱角钝器"——木沙发,击打被害人致被害人重度颅脑损伤死亡。关于追诉时效,鉴于犯罪嫌疑人陈一在案发次日得知被害人死亡后即逃离兰州,后还将曾用名陈一改为陈某某,显然属于"逃避侦查"不受追诉时效限制的情形,应予刑事追诉。

(二)辩方意见

2022年6月2日,接受委托后,马远斌律师迅速赶往兰州市人民检察院阅卷,会见犯罪嫌疑人陈一,咨询法医专家,并于2022年6月8日约见经办检察官,当面围绕法医学知识和本案追诉时效交流长达两个小时,并提交《关于陈一故意伤害案件已过追诉时效,应对其作出不予起诉的法律意见书》《关于陈一涉嫌故意伤害案事实不清的法律意见》两份法律意见,检察官当即表示将重点考虑辩护人的法律意见。辩护人重点在以下两个方面谋求突破:

1. 被害人罗二死亡原因不明:是否系其他疾病猝死?硬膜下出血是外伤导致,抑或因醉酒引发?伤病混杂时孰重孰轻不明。致死凶器不明:《尸体检验报告》称致重度颅脑外伤的凶器系"带棱角钝器"。但根据各犯罪嫌疑人供述、被害人马三供述、其他证人证言,案发时双方拳打脚踢,也使用了酒瓶、软鞭等不带棱角的钝器,双方并未使用有棱角钝器。只有同案犯白五提到沙发这一带方形腿的有棱角钝器。但如果系沙发致死，就应找到具体哪个沙发，并提取上面的毛发、血迹甚至头皮组织判断确认凶器，并提取指纹确定凶手。但本案一无《勘查笔录》，二未提取到任何凶器的物证，而且现场的沙发属低矮半包围式的沙发，不顺手，很难用力，和导致重度颅脑损伤的判断不符，因此，并不能得出陈一3人使用"带棱角钝器"殴打死者的结论。是否存在二次伤害不明：考虑到三名犯罪嫌疑人并未用带棱角钝器击打被害人，又考虑到二被害人被发现死伤后随身财物被洗劫一空，尸体被发现位置并非原始被放置的地方，是否存在他人二次伤害事实不清，本案在定罪方面仍未达到证据确实、充分的证明标准。

（1）法医鉴定时未检验死者胸腔、腹腔，致死原因不能排除系其他疾病所致，死者生前遭受颅脑损伤为真，但此并不能得出死者一定系颅脑损伤致死。法医检验时须同时反证不存在其他致死原因，否则不能得出死者系遭受颅脑损伤致死的结论。本案在未对胸腔、腹腔进行剖验的情况下不能排除死者系颅脑外伤之外的自身疾病致死的可能。尤其是胸腔、腹腔的检查在法医尸体检验的统编教材以及国家标准明确要求的必检范围之内。

（2）死者系因在KTV饮酒发生纠纷，按常理应该有过大量饮酒，但法医未检验死者胃内容及血液的酒精浓度，硬膜下出血与死者饮酒行为的关联程度不明，进而无法确定饮酒在死者死亡原因中的参与度。

（3）死者此前因颅脑外伤住院，当时就有颅骨骨折，此前疾病在罗二死亡事件中的原因力不明。

《转院证》载明，死者罗二案发前因"脑外伤"入院，"颅骨骨折""颅内钙化灶待查"。罗二虽因"重度颅脑损伤"死亡，但其生前疾病在其死亡一事中原因力不明。

（4）即便排除死者自身疾病影响，确定系因"重度颅脑损伤致死"，由于《尸体检验报告》称死者系被带棱角的钝器殴打致重度颅脑损伤死亡，但陈一等3人均未使用过"带棱角的钝器"，结合死者罗二和被害人马三财物尽失、发现尸体位置和被放置室外位置不同综合判断，死者的重度颅脑损伤应系他人二次伤害所致，而与陈一等3人没有关系，如此陈一等3人殴打致受害人受伤情况不明，相应不应被定为故意伤害罪。

(5) 鉴定人书写检验报告时精神状态不佳，注意力、判断力和意志力下降，是否系酒后出具鉴定报告不明，相应检验报告的客观性与准确性存疑。

综上所述，本案死者致死原因不明、伤病混杂孰重孰轻不明、是否遭受二次伤害不明，鉴定又违反专业技术要求，鉴定内容有明显遗漏（胸腔、腹腔未剖检，胃内容和血液酒精浓度未检测，硬膜下出血估计不客观），鉴定意见依据明显不足，定罪量刑的基本事实仍不清晰。

2. 本案系因事立案而非因人立案，犯罪嫌疑人虽于案发次日逃离兰州，后还将曾用名陈前改为陈一，但此未达到影响侦查的程度，不属于"逃避侦查"不受追诉时效限制的情形，本案已超过20年的追诉时效，相应应对陈一作出不起诉决定。

（1）追诉时效制度语境下的"逃避侦查"之核心判断是否妨碍了侦查行为的正常进行？

张明楷教授在其《刑法学》（第6版）中称："逃避侦查与审判"，应限于积极的、明显的、致使侦查、审判工作无法进行的逃避行为，主要是指在管辖机关已经告知其不得逃跑、藏匿甚至采取强制措施后而逃跑或者藏匿。如果对"逃避侦查与审判"作过于宽泛的理解，追诉时效制度会丧失应有的意义。在管辖机关立案前，行为人逃往外地，管辖机关立案后行为人不主动返回犯罪地的，不能认定为"逃避侦查与审判"。[1] 司法实践中，亦有检察官认为，对"逃避侦查"应进行限缩解释。

（2）犯罪嫌疑人陈一离开兰州后，一直正常学习、生活与工作，其未远避深山从而不被发现，未使用假身份改头换面，未通过整容等手段不被认出，即便"逃"，亦属"逃而不避"，客观上亦未达到"逃避侦查"的结果，因此不属于积极的"逃避侦查"的行为。

"逃避侦查"的核心是要达到"致使侦查、审判工作无法进行"，但本案中，陈一离开兰州后，并未潜逃境外或者藏身隐蔽处所，深居简出，使自己不被外界发现；亦未通过化妆、整容、变性等方式改变容貌、体貌、

---

[1] 张明楷：《刑法学》（第6版），北京大学出版社2021年版，第834页。

性征，使他人无法辨认；也未使用伪造或虚假的身份证明，使自己不被察知从而使侦查程序无法进行。

相反，犯罪嫌疑人一直正常学习，毕业于某某大学视觉传达设计专业，进修于某某大学舞美系灯光设计专业；一直正常生活，也未隐瞒新居住地；一直正常工作，作为行业从业者，其先后获得多项大奖，一直被公众所关注，即便离开兰州也非"积极逃避"的行为。

（3）陈一的改名系因事业发展需要，属行业常态，且行为发生在案发10年后，亦无法达到"逃避侦查"之目的，因此亦不属于"逃避侦查"的行为。

陈一生辰八字中五行缺火，其将"一"改为"某某"有五行齐全之意，又与灯光设计领域相关，此说法合情合理。

而且，陈一的二女儿陈四的《出生医学证明》签发于2009年2月27日，其上记载的孩子父亲姓名仍为"陈一"，此说明至少直至该日期前犯罪嫌疑人仍未改名。而陈一目前的身份证，其核发日期为2010年2月20日，此说明，犯罪嫌疑人系于2010年2月20日，也即案发10年后方进行更名，认为其更名系"逃避侦查"显然与常理不合。尤其其户口簿上仍有曾用名"陈一"的记录，且其最重要的个体识别信息——身份证号码并未发生变化，案件告破亦因"陈一"这一曾用名破案，因此，其更名行为未达到影响侦查的程度，不属于"逃避侦查"不受追诉时效影响的情形。

综上所述，陈一离开兰州后的一贯表现及改名的行为并不属于积极的"逃避侦查"的行为，亦未至"逃避侦查"的效果，相应不属于"不受追诉期限的限制"的情形。检察机关应当遵循法律原则，以主客观相一致的要求进行判断，并准确作出不起诉决定。

五、辩护结果和理由

辩护人在接受委托11天后，经过与检察官的充分沟通，最终促使兰州市人民检察院于2022年6月13日同意侦查机关撤回移送审查起诉；次日，兰州市公安局城关分局出具《监视居住决定书》，兰州市第三看守所出具《释放证明书》，对犯罪嫌疑人陈一予以释放。

六、办案总结和意义

本案中,核心问题在于被害人的死因鉴定及致死工具认定,以及犯罪嫌疑人逃离案发地是否属于"逃避侦查"情形,如不属于则本案已超过20年的追诉时效,鉴于此,本案在以下两个方面需要注意。

1. 对于专业性非常强的法医鉴定问题,律师应敢于质疑,认真研究,咨询专业人士,并系统严谨地向办案检察官提交辩护意见。

律师、法官和检察官皆为法律专业人士,当涉及法医学等其他学科问题(如死亡原因和致死凶器认定),且该问题又与案件关键事实紧密关联时,律师应积极学习、研究,并咨询专业人士,向检察官、法官提出专业分析,帮助司法机关查明案件事实,从而切实落实刑事诉讼法所要求的"证据确实、充分"的定罪量刑证明标准,也进而最大化保护当事人的合法权益,真正实现律师的职业价值。只有在案件实体上有准确判断,程序辩护才能发挥最大价值。

2. 对于任何看上去没有问题的诊断均应认真分析,回归法律本质,从绝望中寻找希望,在法律框架下努力最大化地实现当事人权益。

(1)法律对"逃避侦查或者审判"的构成条件没有明确规定,一般从主、客观两方面来分析。主观方面,行为人须出于"逃避侦查或者审判"的故意,即明知自己的行为会妨碍司法机关对犯罪事实的侦查或审判,希望或者放任这种结果的发生。如果不以行为人的明知为前提,就会出现只要司法机关不能发现被追诉人,那么在任何时候都可以对其追诉的情况,导致对无限追诉时效的滥用,违背罪刑法定的原则。此外,明知包括确定明知和应当明知。确定明知是指行为人事实上知道,如侦查机关已经对其进行讯问、采取强制措施,人民法院已告知其已受理检察机关或者自诉人对其犯罪行为的控诉等。应当明知是指根据行为人作案的具体情况和案后情势,推定其应当知道侦查机关已对其立案侦查或者人民法院已受理对其犯罪行为的控诉,应当明知是一种推定的明知。客观方面,行为人客观上采取了逃避侦查或者审判的手段,如逃跑、藏匿、隐匿身份、指使他人作伪证等,并且这些行为对司法机关的侦查或审判活动造成了妨碍。逃避侦查的行为或后果应发生在侦查机关对案件予以立案并进行侦查之后，逃避审判的行为或后果应发生在人民法院受理该案件后。在管辖机关立案前，行为人逃往外地，管辖机关立案后行为人不主动返回犯罪地的，不能认定为"逃避侦查或者审判"。

（2）认定"逃避侦查或者审判"的证据。实践中，如果犯罪嫌疑人或被告人提出没有逃避侦查或审判，行为已超过刑事追诉期限的理由时，公诉机关或自诉人就应该对行为人逃避侦查或审判承担证明责任，如果举证不能则逃避侦查或审判不能认定。可以作为证明行为人逃避侦查或者审判的证据有：侦查机关的立案决定书、人民法院的受案决定书、讯问笔录、权利义务告知书、行为人亲属的证言、村委会或居委会的证明等。

（3）所谓"逃避侦查"，其逃避行为是相对于侦查活动而言的，并非所有的逃避行为都能被认定为"逃避侦查"，而只有与侦查活动相关的、能够对侦查活动造成妨碍和影响的逃避行为，才能被认定为"逃避侦查"。根据《刑事诉讼法》（2018年修正）第108条之规定，"侦查"是指公安机关、人民检察院在办理案件过程中，依照法律进行的专门调查工作和有关的强制性措施。从这一定义出发，只有针对司法机关专门调查工作或强制措施而进行的逃跑、藏匿或阻挠等行为，才是"逃避侦查"。法律规定发现犯罪事实或者发现犯罪嫌疑人，应当立案侦查，因此，立案包括以事立案和以人立案两种情形。在以人立案的情形下，由于犯罪嫌疑人的明确性，侦查活动和行为人之间容易建立起一种对应关系，只要犯罪嫌疑人的逃避行为与未归案之间有因果关系，即可认定"逃避侦查"；而在以事立案的情形下，在犯罪嫌疑人未明确之时，侦查活动与行为人之间尚未建立起明确的对应关系，行为人单纯的逃离犯罪地等行为，不宜认定为"逃避侦查"的行为。

关于追诉时效制度，从时间来看行为必须发生在司法机关立案侦查之后，从行为来看行为人须实施了妨碍和影响司法机关侦查的行为并达到相应程度，从主观上来看行为人须认识到自己已经受到刑事追诉，同时满足三者方可被称为"逃避侦查"。现行法律法规并未对"逃避侦查"作出明确解释，司法实践中对该法定事由的认定则不宜作过于宽泛的理解，尤其是在公安机关以事立案而非以人立案时，对犯罪嫌疑人的逃离不能作扩大解释，否则，将会与刑法保护法益和保障人权的机能相悖，导致追诉时效制度目的落空，丧失其应有的意义。

何某某故意杀人被核准死刑案

——浅析专家意见和证据链条的重要性

邓国锐

一、当事人和诉讼代理人基本情况及案由

被告人：何某某，曾冒名罗某某，男，汉族，文化程度小学。2019年12月12日被刑事拘留，12月20日被某市公安局某分局执行逮捕；2020年3月18日，某市人民检察院以故意杀人罪提起公诉。

被害人：尹某某。

当事人（被害人近亲属）：冯某某，系被害人尹某某的妻子；尹某1，系被害人尹某某的女儿。

诉讼代理人：邓国锐，广东君厚律师事务所律师；吴铮敏，广东君厚律师事务所实习律师。

案由：故意杀人罪。

二、案情介绍

某市人民检察院指控，何某某与尹某某系同乡关系，何某某因琐事对尹某某怀恨在心。1999年2月6日21时许，何某某为报复尹某某，从家里携带一把菜刀和一支螺丝刀到尹某某位于某市某区某街道某广场附近的家辱骂尹某某，在尹某某回骂时将其手持的菜刀掷向尹某某，但未掷中尹某某，后何某某走至尹某某家附近巷口时继续辱骂尹某某，尹某某手持一根棍子至巷口与何某某对骂，何某某将手持的螺丝刀掷向尹某某致螺丝刀刺入尹某某头部左耳廓上方的左颞处，接着何某某又从地上拿起石头扔向尹

某某，致尹某某受伤倒地不起，何某某见状逃离现场。同日被害人尹某某经送医院抢救无效死亡。经某市公安局鉴定，尹某某头部左耳廓上方有创口一处，深达颅内，系颅脑损伤致死。

据此，公诉机关认为，何某某违反国家法律，故意剥夺他人生命，致一人死亡，其行为触犯了《刑法》第232条之规定，犯罪事实清楚，证据确实、充分，应当以故意杀人罪追究其刑事责任。尹某某近亲属在收到公诉机关的告知书后，委托笔者在审查起诉、一审、二审、死刑复核程序中开展阅卷、参与案件审理并针对案件定罪量刑发表法律意见等工作。

三、本案争议的焦点

1. 被告人何某某是否属于正当防卫，被害人尹某某是否存在过错？
2. 公诉机关指控被告人何某某将螺丝刀掷向被害人尹某某是否符合事实，被告人何某某的死亡是否为失手所致？
3. 被告人何某某的行为是否达到罪行极其严重程度，是否判处死刑？

四、各方的意见

（一）控方意见

何某某深夜携带菜刀和大尺寸螺丝刀前往尹某某住所辱骂尹某某，并且待尹某某走出家门后，通过将螺丝刀掷向尹某某致螺丝刀刺入尹某某头部左颞处，并从地上拿起石头扔向尹某某后逃离现场，致使尹某某抢救无效死亡，足以看到何某某具有故意杀人的主观故意，本案指控何某某构成故意杀人罪的事实清楚，证据确实、充分，应当依法按照故意杀人罪的规定予以处罚。

（二）辩方意见

本案没有任何证据直接证明何某某有杀人故意，何某某亦否认；从本案证据分析，亦不足以判断何某某存在故意杀人的主观意识，尹某某是因为螺丝刀插中头部死亡，这是出乎何某某意料之外的结果，何某某并没有对尹某某实施多次、重复的致命伤害。现有证据不足以证明何某某有杀人故意，起诉书指控何某某涉嫌故意杀人罪事实不清，证据不足，故意杀人罪不能成立。

（三）诉讼代理人意见

何某某的主观目的为故意杀人，而非故意伤害，其客观行为表明其杀人意图，认定案件性质为故意杀人符合事实和法律规定；本案作案工具螺丝刀插入尹某某头颅并非因何某某掷中所致，而是何某某杀害行为导致；案件并非邻里纠纷激化引发，尹某某对本案的发生和结果没有任何过错，何某某蓄意杀害尹某某，主观恶性极深，行为极其残忍，情节特别恶劣；何某某犯罪后隐匿身份逃避刑罚追责长达二十多年，在隐匿期间更再犯严重罪行，服刑后仍不思悔改，被捕前更矢口否认，毫无悔罪表现，何某某社会危害性极大，应予严惩。请求法庭判处何某某死刑。

五、代理结果和理由

（一）代理结果

该案经审理，2020年7月13日，某市中级人民法院作出一审判决，判处何某某犯故意杀人罪，判处死刑，剥夺政治权利终身；何某某不服提起上诉，2020年12月23日，某省高级人民法院裁定驳回上诉，维持原判，并报最高人民法院死刑核准；2022年1月，最高人民法院作出核准死刑的裁定，后何某某被执行死刑。

（二）代理理由

依照前述代理思路，笔者将案件证据与具有专门知识的人（专家）出具的法医学意见相结合，通过证据之间的关联情况，一方面印证何某某供述的虚假，另一方面印证何某某的故意杀害行为，紧紧围绕尹某某头颅损伤为何某某直接持螺丝刀刺入、何某某罪行极其严重提出法律意见，提出了如下主要意见：

1. 何某某具有杀害尹某某的主观故意，意图明确，而且何某某的客观行为也足以证实其故意杀人的罪行。

首先，案件发生的时间是1999年2月6日晚上9点左右，现场灯光昏暗，人员不多，从犯罪时间的合理性和常理判断，作案时间挑选在晚上更倾向故意杀人。

其次，何某某的供述以及对作案工具的签认、证人冯某某（被害人妻子）的证言等证据足以反映，何某某当晚前往尹某某住处所持有的作案工具为一把菜刀和一支长约30cm的大螺丝刀，这两种工具均属于极大杀伤性利器，具有极大危险性，如仅为伤害，则无须带备此等足以致命的作案工具。

再次，证人冯某某的证言证实，何某某当晚携带菜刀去尹某某房子门口大骂尹某某父母，并要尹某某出来并说要做死尹某某；在尹某某打开门时，何某某即将菜刀扔向尹某某；此外，根据尹某某的受伤部位来看，尹某某被何某某携带的螺丝刀插入颅骨，插入长度深达6—7cm。前述情况，足以看到何某某是抱着杀害尹某某的心态去找尹某某的，而且何某某在菜刀杀害没有成功的情况下继续使用长螺丝刀杀害的客观行为足以反映其故意杀人的主观意图。

最后，在尹某某被何某某携带的螺丝刀插入头颅后，何某某还拿起地上石头用力砸尹某某。而且根据何某某供述，其明确看到尹某某倒下，并知道证人冯某某哭着叫尹某某的名字，由该等供述可见，何某某是完全意识到其行为已经造成了尹某某伤亡，但其依然选择逃离现场，足以见到其本意并非仅实施伤害。正是有杀害本意，故才在明知尹某某倒下后仍逃离，而没有任何帮助施救行为。

2. 何某某供述与其他证据以及事实不符，本案作案工具螺丝刀插入尹某某头颅并非因何某某掷中所致，而是何某某杀害行为导致。

关于本案作案工具螺丝刀是如何插入尹某某头部左颞处于左耳廓上方这一问题，除了何某某辩称其用力将螺丝刀扔向尹某某之外，由于当时案发现场没有其他证人目击，故并没有其他证据证实何某某的辩解。综观何某某的供述，其供述内容与其他证人证言、真实客观事实和常理相矛盾，明显具有避重就轻的倾向，其供述和辩解并不可信，理由如下。

（1）何某某供述其案发当晚在喝酒后从家持刀和螺丝刀到尹某某房屋

处与尹某某进行争吵，但其妻子罗某证言明确证实案发当晚何某某没有喝酒，而且其饭后进行补鞋、打水等事情，意识非常清晰。而当时在现场的冯某某的证言中也未提及何某某身上有酒味。可见，何某某供述其作案前曾喝酒存在虚假，明显避重就轻。

（2）何某某在被侦查机关抓获前，一直使用假名"罗某兵"，根据其供述，是因为当时其因强奸罪被抓获时，不敢说其真实身份，故说是其女朋友罗某的弟弟罗某兵。但从侦查机关向真实的罗某兵及罗某兵女儿调查的询问笔录可知，罗某兵与何某某是不同的两个人，罗某兵和其女儿均不认识何某某，两人根本没有临海市涌泉镇的亲戚。可见，何某某一直说谎，即使归案后，仍不改虚假供述的习惯。

（3）何某某供述，其是因为尹某某1996年在汕尾田乾与其同住时想泡罗某以及尹某某出更高价格使房东拒绝租给其铺面而心存报复心态去实施本案杀人犯罪的，但证人罗某和冯某某的证言均反映实际上不存在何某某所说的该等情况，可见，何某某为减少自己责任和罪行的严重性，肆意编造内容抹黑尹某某。

（4）何某某供述其在与尹某某对骂时，尹某某拿着棍子出来，其看到棍子怕打不过就用力将菜刀扔向尹某某，后到巷口骂后看到尹某某拿着棍子跑过去，其就用力将螺丝刀扔向尹某某。但根据现场人员冯某某的询问笔录内容，其听到何某某的无理谩骂后，与尹某某从二楼走下来，刚开门何某某就把菜刀向尹某某身上扔过去，此外其亦证实尹某某出去时没有拿工具。可见，何某某有关杀人过程的供述虚假。

（5）何某某供述其所使用的螺丝刀仅长10cm左右，但经其指认的本案作案工具螺丝刀照片以及标尺显示，涉案的作案工具螺丝刀实际长约30cm，杀伤力较10cm的螺丝刀要大得多，从这些细节均可以看到何某某并没有如实供述。

（6）何某某犯强奸罪的另一案件的《刑事附带民事判决书》认定事实以及何某某将其"强奸罪"改动为"打架罪"的《释放证明书》，虽与本案无关，但可充分反映何某某避重就轻、推卸责任而作出虚假供述的一贯行为习惯。

综上所述，基于何某某供述内容存在极多虚假内容，以及何某某一贯避重就轻、推卸责任以减轻罪责的行为习惯，本案不能以何某某的供述为准。此外，根据何某某的供述，其在用力将菜刀扔向尹某某并走到巷口继续骂后，看到尹某某拿着棍子跑过来跟其对骂，当尹某某跑到其跟前不远，其用力将螺丝刀扔向尹某某。从这一供述内容来看，共有两个信息点：一是尹某某跑到何某某跟前时，何某某使用螺丝刀扔向尹某某；二是何某某扔螺丝刀时离尹某某不远。但从现有的客观证据来看，该些证据明显与何某某的供述存在极大的差异。

首先，《法医学尸体检验报告书》显示，尹某某的致死创口位于头部左颞，处于左耳廓上方，若真的如何某某的供述，其在尹某某跑到跟前时将螺丝刀扔向尹某某，则尹某某被插中螺丝刀的部位应该是前脸而非侧脸，但是从受伤的部位来看，该创口明显是位于侧脸，而根据常理可知，尹某某跑向何某某时，不可能侧脸跑步，可见何某某的供述明显在误导司法机关。

其次，结合何某某签认的作案工具螺丝刀照片以及《法医学尸体检验报告书》，尹某某致死的创口是螺丝刀造成的，深度达到6cm，创口深达颅内，而创口以及颅盖骨缺损尺寸恰好与螺丝刀尺寸相符。颅骨较其他人体部位要坚固得多，如依照何某某的供述，当时情况如此紧急、时间如此短促，在短距离扔螺丝刀，螺丝刀不可能在颅骨里插入的深度达到6cm，而且30cm的螺丝刀在飞行中因手柄过重而下坠并且摇晃，通过"扔"螺丝刀无法造成尹某某的致命伤；此外，房屋外面光线昏暗，何某某亦不可能准确地将螺丝刀"扔"中尹某某的要害之处，因此，何某某供述将螺丝刀扔向尹某某的供述明显虚假。

最后，从何某某的供述来看，何某某完全没有接触过尹某某，所有的杀害行为均仅通过扔作案工具实施，但此说法明显与事实相违背。根据证人陈某、杨某的询问笔录可知，该等证人均是通过自己家小孩得知外面有人打架，出去后看到尹某某已满身是血；李某也证实，其9点多看舞狮时，听到一名小孩说是外省人打架，后到现场就见到尹某某倒在地上；此外，《法医学尸体检验报告书》亦反映，尹某某指背、右膝关节、右脚踝处有多处伤口。在小孩看来的打架，实际是两人扭打在一起的状态，这些证言可证实两人在房屋外是有肢体接触的，而非何某某所述其看到尹某某过来就扔螺丝刀。两人有近距离的肢体接触，则完全可以解释得通为何螺丝刀从侧脸的左颞处插入以及螺丝刀插入深度长达6—7cm这两个问题了，即何某某在侵害尹某某的过程中，将螺丝刀从侧面插入尹某某的头颅，导致尹某某死亡。因此，尹某某被螺丝刀插入颅骨，并非何某某扔的行为所造成的，而是明显的杀害行为所致。

3. 本案并非邻里纠纷激化引发，尹某某对本案的发生和结果没有任何过错，何某某蓄意杀害尹某某，其主观恶性极大，行为极其残忍，情节特别恶劣。

虽然何某某将杀害尹某某的原因全部推给尹某某，但是从罗某和冯某某的证言可以看到，该等原因均为何某某无中生有的内容，两人之间没有民事债务纠纷，也没有邻里之间的矛盾。至于罗某所说的尹某某说了何某某补鞋手艺、技术不行的坏话，冯某某听说可能因为补鞋的价钱引起误会均不构成何某某杀害尹某某的理由，本案不属于邻里纠纷，更不构成尹某某的过错。尹某某对于本案的发生和被杀害的结果并没有任何的过错，不能据此减轻何某某的罪责。

夜深时分何某某带着具有攻击性和杀伤性的武器前往尹某某住处，通过辱骂尹某某父母、扔菜刀的方式迫使尹某某走出房外，进而使用携带的凶器杀害尹某某，所刺部位为人体要害，并使用石头攻击尹某某，随后立即逃离现场，可见，何某某是蓄意杀害尹某某的。如证人罗某所述内容属实，即家里只有红色和蓝色把头螺丝刀的话，则更进一步证明何某某事前已准备好螺丝刀意图杀害尹某某。

另外，冯某某的证言证实，何某某的手艺是尹某某教会的，何某某亦供述其是1996年由尹某某从老家带出来到广东补鞋的，可见，尹某某对何某某有教导及带其脱离贫困之恩。但从何某某杀害过程来看，其恩将仇报，不但犯罪手段残忍，还在杀人后一直潜逃二十多年，若不是公安机关侦破本案，案件真相将会永远石沉大海，无人得知，可见何某某的主观恶性极大，犯罪情节十分恶劣。

(三）何某某犯罪后隐姓埋名二十多年并再犯严重罪行，服刑后仍不思悔改，被捕前更矢口否认，毫无悔罪表现，何某某的社会危害性极大，应予严惩

何某某杀害尹某某后即逃离到外地，并且伪造身份证件逃避抓捕，无任何悔罪行为，具有极高的隐匿及反侦查能力。同时，在背负杀人罪名的情况下还顶风作案，在本案犯罪仅过4年时间后，便多次强奸不满12周岁的幼女，在强奸罪案件被抓时更故意使用他人姓名、盗用他人身份信息，有意使本案不被发现。在服刑结束后，何某某不但手改《释放证明书》的犯罪罪名内容，还私自藏匿本应交回户籍地监管部门的释放文件以继续逃避监管，可见其服刑后毫不悔改。

另外，结合本案证据，何某某被抓捕时并未承认其杀人犯身份，而是一味以自己是罗某兵为由挣脱责任，直到在证据确凿、侦查机关攻破其心理防线后才被迫承认其为本案犯罪嫌疑人。可见，何某某对本案犯罪行为自始至终没有意识到错误，更没有任何悔罪，供述中其虽然承认犯罪，但供述内容避重就轻、逃避责任，明显与客观事实和证据不符，认罪态度恶劣，主观恶性深，应当从重处罚。更重要的是，无论是本案的故意杀人案件，还是4年后所发生的强奸未成年幼女导致幼女怀孕案件，何某某所触犯的都是极其严重的犯罪罪行，不但毁了尹某某一家，还毁了被强奸少女的未来，其罪大恶极，社会危害性极其严重，应予严惩，何某某应被判处死刑立即执行。

六、法院判决意见

法院综合评判如下：（1）何某某同居女友罗某的证词可证明，何某某对有关引发其与尹某某纠纷原因的供述与事实不符，不予采信；（2）罗某的证言足以证明何某某辩解其在案发当晚喝了酒，案发之后跑回家，后听说尹某某快不行了害怕才逃跑的供述虚假，为开脱其罪责而避重就轻；（3）何某某庭审辩解未携带菜刀和螺丝刀的说法，与侦查阶段稳定供述的其案发当晚从家里拿着菜刀和螺丝刀跑到尹某某住的房子的供述存在矛盾，

其在公安机关的供述与其他证据相互印证，可作为定案证据使用；（4）何某某庭审否认有杀害故意、没有和尹某某打架的辩解意见，与证人证言不符，证人证言与何某某在最初回答侦查机关讯问时所作的其与尹某某打架而被公安机关传讯的供述相互印证，证实何某某与尹某某发生打架的事实；（5）经查，何某某因琐事对尹某某心有怨恨，案发前曾扬言要打尹某某，事前准备了凶器菜刀和长约30cm的螺丝刀，何某某明知所持凶器可能会出现致人死亡的后果，但仍先用菜刀掷尹某某，见被尹某某躲过，又辱骂尹某某进行挑衅，何某某将尹某某引至角落后，又用螺丝刀插尹某某的头部要害部位，从何某某所持凶器及所实施的客观行为证明，何某某主观上有杀害尹某某的故意。

何某某持菜刀和螺丝刀，掷、刺尹某某致其死亡，其行为已构成故意杀人罪，依法应予惩处。何某某在杀死尹某某后，改名换姓逃避法律制裁，潜逃期间又多次奸淫不满12周岁的幼女，虽然受到法律惩罚，但这说明何某某的主观恶性深，社会危险性和人身危险性大，且杀害尹某某后潜逃多年，归案后仍不认罪，毫无悔罪表现，依法应予严惩。根据何某某犯罪的事实、犯罪的性质、情节及对社会的危害程度，经审判委员会讨论决定，判决何某某犯故意杀人罪，判处死刑，剥夺政治权利终身。

七、办案总结和意义

在暴力性犯罪的案件中，只有罪行达到极其严重的程度方能适用死刑，而在认定罪行极其严重时，评判的标准较普通刑事案件要严格得多，而证据即为最关键的一环。因此，对于证据和证据链条的把控，无论是辩护人还是被害人近亲属的代理人，都应当予以重视和关注。结合到本案代理的暴力性犯罪死刑案件，基于时间、空间、案发时的科技水平、人的认知能力等多重因素影响，单从各证据指向的内容来看，未必能够直接指向被告人有意杀害被害人的唯一结论，尤其是被告人在关键性问题上避重就轻未如实回答，且案件证据无法直接证实该关键性问题。面对这一困境，作为被害人近亲属的代理人在分析案件时更要从"不会说话"的证据入手，如现场勘验笔录、法医学尸体检验报告等，结合生活常识和犯罪心理分析，筛选还原犯罪行为的事实情况。因辩护人或代理人不具有鉴别特定问题的专业知识和能力，且仅通过自行研究分析不具备较强的可信度，为此，要对专门性问题进行研究分析，则需要充分利用《刑事诉讼法》关于"有专门知识的人"的相关规定，通过聘请该等专家开展科学实验、专业论证等活动，出具专家意见并出庭予以说明，协助查明案情。同时，鉴于案件证据无法直接指向唯一结论，故更要加强证据链条的梳理和分析，通过证人证言和被告人供述的对比、现场客观证据和言词证据的对比、证据之间的重新整合等方式，指向犯罪行为实施和犯罪事实存在的必然性，进而论述罪行的严重程度，以证据为主导最终确定被告人的罪责。

安某故意伤害被轻判案

郭素静

一、当事人和辩护人基本情况及案由

当事人：安某，男，彝族，2015年12月7日因犯抢劫罪被东莞市第二人民法院判处有期徒刑2年6个月，2017年5月26日刑满释放；2018年12月25日因犯寻衅滋事罪被贵州省威宁彝族回族苗族自治县人民法院判处有期徒刑2年，2020年3月2日刑满释放；2021年7月14日因涉嫌故意伤害罪被羁押，次日被刑事拘留，同年8月18日被逮捕。

辩护人、附带民事诉讼代理人：郭素静，广州金鹏律师事务所律师。

案由：故意伤害罪。

二、案情介绍

2021年7月14日5时30分许，被告人聂某云、安某、苏某酒后到广州市海珠区赤沙西约大街87号美宜佳超市购物时与店员徐某产生口角，正在该超市对面马路烧烤档吃夜宵的许某等人过来询问、劝架，被告人聂某云、安某、苏某又与许某一方发生口角，争执中，被告人苏某推搡了对方一名男子（身份未查明），双方继而发生互殴。其间，被告人聂某云、安某分别持从美宜佳超市拿的水果刀、剪刀参与打斗。打斗中，被害人杨某赶到现场参与打架，被告人聂某云持水果刀刺中被害人杨某腹部、被害人洪某猛臀部和右肩部，被告人安某持剪刀刺中被害人许某臀部、脚踢被害人洪某猛，被告人苏某则用随身携带的黑色挎包及挎包带甩打、用脚踢被害人许某、洪某猛等人，被害人杨某受伤倒地，后经送医院抢救无效于2021年7

月 14 日死亡。经鉴定，被害人杨某系因为单刃锐器作用致使左侧髂总动脉断裂及左侧髂总静脉汇合部破裂造成失血性休克死亡，被害人洪某猛损伤程度为轻伤二级，被害人许某损伤程度为轻微伤，被告人聂某云、安某、苏某损伤程度均未达轻微伤。2021 年 7 月 14 日上午 11 时许，被告人聂某云、安某、苏某在广州市海珠区石伦里大街北 8-5 号楠岸公寓 A06 被抓获归案。

三、本案争议的焦点

1. 关于本案的定性，是故意伤害犯罪，还是寻衅滋事犯罪。
2. 被告人安某的行为是否构成故意伤害罪。
3. 3 名被告人是否属于共同犯罪以及在共同犯罪中的地位、作用。

四、双方的意见

（一）控方意见

1. 在本案中，被告人聂某云持刀、被告人安某持剪刀、被告人苏某持黑色挎包与被害人许某一方斗殴，造成了被害人杨某死亡、洪某猛轻伤、许某轻微伤的结果，3 名被告人均属于故意伤害犯罪。
2. 3 名被告人属于共同犯罪，应当对本案的犯罪后果承担全部责任。

（二）辩方意见

1. 本案分为寻衅滋事犯罪和故意伤害犯罪两个阶段，被告人聂某云的主观犯意从前期的寻衅滋事犯罪转化为故意伤害犯罪，但被告人安某、苏某的犯意是寻衅滋事犯罪，并没有转化，因此人民法院在评价 3 名被告人的犯罪行为的时候，应当分开、单独地进行评价，不应合并、糅合评价。
2. 被告人安某在本案中实施的行为尚达不到故意伤害罪的立案标准，被告人安某的行为依法不构成故意伤害罪。
3. 3 名被告人不构成共同犯罪，被告人聂某云实施的是故意伤害犯罪，被告人安某、苏某实施的是寻衅滋事犯罪，被告人安某只对寻衅滋事犯罪所导致的后果承担责任。

五、辩护理由

（一）被告人安某在本案中的行为不构成故意伤害罪，仅构成寻衅滋事罪

1. 被告人安某没有伤害他人身体的主观故意。在案发初期，3名被告人的行为属于寻衅滋事犯罪，在这个阶段被告人安某一直都很克制自己的行为，有主动道歉、劝架、拦架等一系列行为，公诉人亦当庭认可被告人安某有道歉和劝架的行为，对于安某来说，他不希望发生吵架、打架这些事情，所以他根本没有伤害他人的主观想法。

2. 被告人安某的行为反映其并不是在积极追求伤害他人的结果。随着案发现场打斗局面的升级变化，被害人许某一方参与打架的人数明显多于3名被告人，且被害人许某一方已经使用塑料凳作为打架工具，被告人安某更是目睹被告人苏某被打倒在地，而且还被对方用脚狠狠踩了两下头部，于是在这种危急的情况下被告人安某才拿出裤兜里的小剪刀刺了一下离自己比较近的被害人许某的臀部。

3. 被告人安某用小剪刀刺的是被害人许某的臀部位置，而不是背部、胸口、腹部或喉咙等致命部位，相较之下，臀部位置脂肪多、肉厚，也没有大动脉等重要的器官，刺臀部的杀伤力并不强。

4. 正常来说，在打斗的过程中，在情急之下人最顺手的刺向应该是对方的上半身，而不是下半身，被告人安某选择刺向的是被害人许某下半身的臀部，这说明被告人安某目的只是吓退对方而不是伤害对方的身体。

（二）安某在本案中的行为，不符合故意伤害罪的构成要件

根据《刑法》关于故意伤害罪的法律规定，故意伤害他人身体，必须达到轻伤以上的程度才能构成故意伤害罪。而在本案中，被告人安某拿剪刀刺了一下被害人许某的臀部，用脚踢了一下被害人洪某猛，虽然还有追打被害人许某的行为，但根据公安机关对被害人许某的伤情鉴定报告来看，被害人许某被剪刀刺伤的伤害仅为轻微伤，不构成轻伤或以上级别伤害，被告人安某追打被害人许某的过程中也没有对被害人许某造成轻伤或以上

的伤害；至于被害人洪某猛，虽被踢了一脚但是并没有因此受伤，因此，被告人安某在本案中所实施的行为，尚达不到故意伤害罪的标准，依法不能构成故意伤害罪。

（三）被告人安某、苏某不构成被告人聂某云故意伤害被害人杨某、洪某猛的共犯

1. 被告人聂某云的主观犯意在后期转化为故意伤害犯罪，但被告人安某、苏某的主观犯意没有转化，仍然属于寻衅滋事犯罪。当被告人聂某云在被踢打后跑到便利店拿出一把匕首挡在身前，此时作案环境发生了改变，作案手段亦发生了改变，请法庭注意一个细节：当时被害人许某等人看见被告人聂某云手上有匕首后都不敢上前，大家都明显地感觉到局面发生了很大的变化，这从现场监控、各被告人的讯问笔录、被害人的陈述以及证人证言等相关证据得到证实。最后被告人聂某云与不知利害关系的被害人杨某对打中（因为被害人杨某系跑步冲到打斗现场的，他完全没有看清形势，且什么也没问就直接加入了打斗），用匕首刺到被害人杨某腹部并最终导致其死亡。此时，被告人聂某云、安某、苏某原有的寻衅滋事的共谋犯意发生明显改变，被告人聂某云由单纯的逞强好胜转化为故意伤害他人身体，超越了被告人安某、苏某原有的认识因素和意志因素，产生了新的犯意。但对于被告人聂某云的这一新犯意，被告人安某、苏某并没有与之发生意思联络，也没有形成犯罪合意，他们三人甚至没有进行过交流。不仅如此，当被告人安某看见被告人聂某云从便利店拿出东西后（被告人安某并没看清楚被告人聂某云拿的是什么），有主动上前阻止的动作和过程，这足以证明被告人安某以实际行为表明对于被告人聂某云拿工具打架的行为是明确拒绝和反对的，被告人安某不追求被告人聂某云用匕首伤害他人的结果，也不放任这一行为的发生。因此，被告人安某依法不能构成被告人聂某云故意伤害罪的共犯。

2. 被告人聂某云用匕首刺死被害人杨某、刺伤被害人洪某猛的行为均是被告人聂某云单独的个人行为，被告人安某并未参与，也没有提供协助。根据司法鉴定中心的鉴定结论，被害人杨某系因为单刃锐器作用致使左侧

髂总动脉断裂及左侧髂总静脉汇合部破裂造成失血性休克死亡，是被告人聂某云使用匕首刺向他的腹部而导致的。

3. 从现场监控清晰可见，被害人杨某是在 5 时 54 分 04 秒赶到现场参与打架的，到 5 时 54 分 53 秒被害人杨某就受伤倒地，在这短短不到一分钟的时间里，被告人安某并未与被害人杨某有过接触，因此被害人杨某的死亡与被告人安某没有因果关系。

六、法院判决意见

广州市中级人民法院经公开审理本案，认为：

（一）关于本案的定性

本案可以分为两个阶段：第一阶段被告人聂某云、安某、苏某醉酒后到美宜佳超市购物，不久被告人苏某因被告人聂某云在超市门口摔倒与店员发生争吵，之后 3 人一直在超市滋扰，此时 3 名被告人的行为符合寻衅滋事犯罪的构成特征。第二阶段即被害人许某等人过来超市以后，被告人聂某云、安某、苏某跟许某一方发生了争吵，之后双方因言语不和致矛盾激化，被告人苏某先推搡对方被对方打倒在地，继而引发双方互相斗殴，被告人聂某云持刀、被告人安某持剪刀、被告人苏某持黑色挎包与持凳的被害人许某一方对打，不久被害人杨某也赶到现场参与打斗，在打斗过程中，被告人聂某云持刀刺中被害人杨某的腹部，被害人洪某猛的臀部和右肩部，被告人安某持剪刀刺中被害人许某臀部，脚踢被害人洪某猛，被告人苏某则用随身携带的黑色挎包及挎包带甩打，用脚踢被害人许某、洪某猛，造成了被害人杨某死亡、被害人洪某猛轻伤、被害人许某轻微伤的结果，3 名被告人在第二个阶段已转化为互相斗殴，也不是正当防卫，犯罪过程、结果符合故意伤害犯罪的构成特征。故本案应当以故意伤害罪对 3 名被告人定罪处罚。

（二）关于 3 名被告人在共同犯罪中的地位、作用

被告人聂某云、安某、苏某共同参与斗殴，共同犯罪造成一人死亡、

一人轻伤、一人轻微伤的后果。在共同犯罪中，被告人聂某云与3名被害人对打，其持刀刺中被害人杨某的腹部，被害人洪某猛的臀部和右肩部，最后还与被告人安某追打被害人许某，其行为直接造成被害人杨某死亡、被害人洪某猛轻伤，在共同犯罪中作用积极，起了主要作用，是主犯，应该按照其所参与的全部犯罪处罚。被告人安某在和被害人许某一方的对打中，持剪刀刺中被害人许某臀部，还和被告人聂某云一起追打许某，还用脚踢了被害人洪某猛。经鉴定，被害人许某的损伤为轻微伤，被害人洪某猛的损伤为轻伤，其用脚踢被害人洪某猛的行为不是造成洪某猛轻伤的主要因素，在共同犯罪中起次要作用，是从犯，根据其犯罪行为造成的危害后果，对其可适用减轻处罚。被告人苏某在和被害人许某一方的对打中，用随身携带的黑色挎包及挎包带甩打、用脚踢被害人许某、洪某猛。经鉴定，被害人许某的损伤为轻微伤，被害人洪某猛的损伤为轻伤，被告人苏某的上述行为不是造成被害人洪某猛轻伤的主要因素，在共同犯罪中起次要作用，是从犯，虽对本案的发生有一定责任，但根据其犯罪行为造成的危害后果，对其可适用减轻处罚。

综上所述，被告人聂某云、安某、苏某故意伤害他人身体，致一人死亡、一人轻伤，一人轻微伤，其行为均已构成故意伤害罪，公诉机关指控3名被告人犯罪的事实清楚，证据确实、充分，指控的罪名成立。在共同犯罪中，被告人聂某云系主犯，应当按照其参与的全部犯罪处罚；被告人安某、苏某起次要作用，系从犯，依法可减轻处罚。但被告人安某曾因犯罪被判处有期徒刑以上刑罚，刑罚执行完毕后5年以内再犯应当判处有期徒刑以上刑罚之罪，是累犯，依法应当从重处罚。

被告人聂某云、安某、苏某的共同犯罪行为造成被害人杨某死亡，应承担人身损害赔偿责任，依照法律规定及参照《广东省2021年度人身损害赔偿计算标准》的规定，3名被告人应共同赔偿附带民事诉讼原告人丧葬费71,811元，本案三被告人是共同致害人，其中被告人聂某云的行为直接造成被害人杨某死亡的后果，应当承担90%的主要赔偿责任即赔偿64,629.9元，被告人安某、苏某在共同犯罪中承担次要赔偿责任，应各自承担5%的赔偿责任即每人赔偿3590.55元，并互负连带清偿责任。

（三）一审判决结果

广州市中级人民法院于 2022 年 9 月 9 日作出一审判决如下：

1. 被告人聂某云犯故意伤害罪，判处无期徒刑，剥夺政治权利终身。
2. 被告人安某犯故意伤害罪，判处有期徒刑 6 年。
3. 被告人苏某犯故意伤害罪，判处有期徒刑 3 年。
4. 被告人聂某云、安某、苏某共同赔偿附带民事诉讼原告人丧葬费 71,811 元，其中聂某云赔偿 64,629.9 元，安某、苏某各赔偿 3590.55 元，并互负连带清偿责任。

七、办案总结和意义

在办理本案的过程中，辩护人在思考几个问题：第一，在这起案件中，如何评价各被告人的犯罪行为，能否将各被告人的行为单独进行评价，对于没有直接参与实施伤害被害人的被告人，其行为又该如何定性；第二，如果认定为共同故意伤害犯罪，那么 3 名被告人应当承担怎样的赔偿责任，没有与被害人杨某有过任何接触的被告人安某是否需要对被害人杨某的死亡承担全部的赔偿责任？

根据我国的刑法理论，认定共同犯罪一般要求被告人有事前或事中的通谋行为，而在共同故意伤害案件中，对不具有直接造成被害人伤害情况因果关系的被告人，一般会依据部分犯罪行为承担全部责任的逻辑进行追责。如果没有共谋，则会依据伤害行为与伤害结果有无因果关系来确定。回归到本案中，被告人安某、苏某虽没有直接参与伤害被害人杨某的犯罪行为，但两被告人在案发现场的行为对被害人杨某死亡、洪某猛轻伤、许某轻微伤这一结果的发生具有物理上的间接帮助作用。被告人安某使用剪刀刺中参与打架的对方人员，被告人苏某用挎包和挎包带甩打参与打架的对方人员，这些行为对被告人聂某云顺利实施刺伤被害人杨某、洪某猛起到了物理上的帮助作用，因此法院判决 3 名被告人构成故意犯罪的共犯，与此同时，法院在判决的时候区分了主从犯，厘清了各被告人的责任范围，这也是为何被告人安某仅需要承担 5% 的赔偿责任。

事实上，社会上发生的多人之间打架斗殴事件，很多起于琐事，且往往事发突然，被告人之间或许并不具有明确共同犯罪的意思表示，因此，对于这一类案件，法院应该根据各被告人的作案动机、在整个犯罪活动中作用、地位以及行为性质等因素进行分析，从而作出公平合理的判决。

李某来过失致人重伤判处无罪案

——因乘客跳车致驾驶员涉刑的无罪辩护评析

陈　彪　胡堉颖

一、当事人和辩护人基本情况及案由

当事人：李某来，男，1968年11月16日出生，汉族，文化程度小学，2017年1月22日被广州市公安局取保候审，同年8月4日被广州市白云区人民检察院取保候审，2018年5月17日被广州市白云区人民法院取保。

辩护人：陈彪、胡堉颖，广东粤通律师事务所律师。

案由：过失致人重伤罪。

二、案情介绍

2016年7月20日凌晨，被害人邓某铭和朋友陈某酒后搭乘被告人李某来驾驶的出租车从广州市越秀区沿江东路开往目的地白云区江夏牌坊。在到达广云路江夏牌坊对面马路后，李某来向邓、陈二人索要车资，邓、陈二人质疑车资过高并拒绝支付且下车，李某来下车阻拦并拨打"110"电话报警，后邓、陈二人要求到指定地点，李某来则称将二人送回始发地越秀区沿江东路。邓、陈二人再次坐上李某来的车后，李某来驾车在广云路掉头并自北往南行驶，在途经广云路与黄石东路路口时，邓某铭要求下车并拉开右后方车门，被陈某阻止，李某来继续驾车通过黄石东路交通岗驶入云城西路，邓某铭再次要求下车，李某来没有理睬，继续行驶，当车辆行驶至云城西路北往南方向第一个交通灯前约十米处，邓某铭遂从车右后方玻璃处跳车，陈某发现后要求李某来停车，李某来驾车继续行驶几百米后停下让陈某下车，后驾车随即离开。经鉴定，邓某铭损伤程度属重伤二级。次日，李某来接到交警部门通知后自行到案接受处理。

事发后，侦查机关交警部门先以交通肇事罪立案侦查，案件移送人民检察院审查起诉后，人民检察院以过失致人重伤罪向法院提起公诉。

辩护律师接受白云区法律援助处指派，担任本案被告人李某来一审审判阶段的辩护人。在一审审理过程中，辩护律师经过分析，提出了以下无罪辩护观点：李某来主观上没有致邓某铭重伤的过失，客观上没有实施任何致使邓某铭受伤的行为，邓某铭的重伤是其自己跳车所致，本案无充分证据证实李某来有疏忽大意或过于自信的过失，邓某铭重伤的损害结果是其自己跳车造成的，与李某来的驾车行为之间不存在刑法上的因果关系，不构成过失致人重伤罪；李某来在驾车过程中没有任何危险驾驶或违反交通法规的行为，也不构成交通肇事罪。

一审法院经审理后采纳了辩护律师的无罪辩护意见。一审法院认为，根据现有证据证实本案系因被害人邓某铭拒绝支付车资引发，邓某铭的损伤亦是其自行从车后座车窗跳出所致；本案并无证据证实被告人李某来有危险驾驶或违反交通法规的行为，被告人李某来主观上不具有过失，客观上没有实施直接致被害人受伤的行为，其驾车行为与邓某铭的损伤结果之间不存在刑法上的因果关系，故公诉机关指控李某来犯过失致人重伤罪不成立。一审判决李某来无罪。

一审判决后，白云区人民检察院不服该判决提起抗诉，广州市人民检察院审查后支持抗诉，两级公诉机关的抗诉意见均认为"李某来主观上具有过失，李某来应该预见邓某铭具有跳车的可能性，而因疏忽大意或过于自信没有预见到；李某来的拒不停车行为与邓某铭的重伤结果之间具有刑法上的因果关系，李某来构成过失致人重伤罪"。

辩护律师再次接受被告人李某来的委托，为其提供法律援助，担任其二审审判阶段的辩护人。在二审审理过程中，辩护律师就公诉机关的抗诉意见予以有力回应，进一步有效论证了一审时无罪辩护意见。二审法院历经一年的审理，最终全部采纳了辩护人的观点，且直接引用辩护律师的无罪辩护意见作为判决的法院说理部分，并作出了"驳回抗诉，维持李某来无罪"的二审生效判决。

三、本案争议的焦点

（一）李某来主观上是否存在过失

出租车司机李某来是否能够预见到其没有停车继续行驶的驾车行为，可能会导致醉酒状态下的乘客通过车窗或者打开车门等方式跳车的结果。李某来是否因为疏忽大意或过于自信而没有预见到，主观上是否存在过失。

（二）李某来不停车的行为和邓某铭重伤的结果之间是否具有刑法上的因果关系

出租车司机李某来在驾驶车辆行驶过程中，虽负有保护乘客安全的义务，但其在乘客要求停车时没有停车并继续驾车行驶的行为，与乘客从车窗跳出导致重伤的结果之间是否具有刑法上的因果关系。

四、双方的意见

本案中公诉意见认为李某来主观上具有过失：当李某来驾驶的出租车已经到达邓某铭指定的停车地点后，邓某铭等人多次通过拍打车窗等方式要求下车，提出不停车就跳车，其间邓某铭还打开车门作出跳车举动。李某来作为出租车司机，明知邓某铭等人处于醉酒的状态，情绪失控，当其驾驶的出租车已经到达指定停车地点后，其不仅没有减速停车，还继续加速行驶，在主观上应当预见到其如果继续驾车行驶，邓某铭可能会通过车窗或者打开车门等方式跳车，而其因为过于自信没有预见到，故主观上存在过失。

就该公诉意见，辩护律师辨析如下。

（一）李某来不存在主观上的过失

1. 公诉意见提出的"李某来应当预见其不停车可能导致邓某铭跳车，跳车导致了邓某铭重伤"这一观点违背了刑法规定的实际含义，将跳车这一邓某铭自身的行为当成了一种危害结果，属于偷换概念，而这一可能性应当预见也不符合事实和逻辑。具体如下：

（1）邓某铭是否醉酒不能作为李某来应当预见邓某铭跳车的必要条件。公诉意见提出"醉酒的人会出现不同寻常的举动，所以李某来应当可以预见邓某铭具有跳车的可能性"这一观点缺乏法律的逻辑性。

首先，不同寻常的举动自然不可以预见。要求一个意识清醒的人来预判一个酒醉之人的后续行为，这是缺乏合理逻辑的。刑法理论中没有要求正常人存在对一个酒醉者的行为负责的额外义务，公诉意见则要求一个正在驾驶车辆的驾驶员保障、防止一名酒醉乘客做出伤害自己的行为，该意见缺乏基本的逻辑合理性。现实生活中，时有公交车乘客要求下车未遂而干扰甚至伤害驾驶员的事件（如重庆万州公交车坠江事件）。如按照上述逻辑，刑法不能追究乘客的责任，反而要认定驾驶员没有预见到乘客的失控行为，是驾驶员存在过失，责任在驾驶员，这明显是不合理的。

其次，多数醉酒之人在出租车上可能会呕吐，会吵闹，甚至是干扰驾驶员，但跳车不可能是正常会发生的行为。这样的偶发行为要求驾驶员（李某来）能够预见到，显然是强加于李某来的。连后排同乘车的另一乘车人陈某都无法预见到邓某铭的跳车行为，坐于前排驾驶座，专注于驾驶汽车的李某来更不可能预见得到。

（2）邓某铭有跳车的言行不能作为李某来应当预见邓某铭会跳车的必要条件。关于邓某铭"不停车就跳车"的言语，系在邓某铭醉酒状态下的言辞，作为驾驶员的李某来是无法判断其实际意义的，且李某来也陈述其在驾驶过程中并没有注意到该言辞，且认为后排有同乘人员会制止邓某铭。事实上在邓某铭第一次开车门的时候，李某来是有刹停车辆的行为，但观察到同乘陈某已经对邓某铭进行了制止并关闭了车门，所以才继续开车行驶。所以在后座既有同乘乘客且关闭了车门的情况下，李某来是不可能预见到邓某铭会再次通过钻出车窗的方式跳车。

（3）公诉意见提出"乘客要求停车，则李某来作为司机有停车的义务"这一观点违背了基本的驾驶原理。是否停车，在何处停车的主导权应在驾驶员，而不是乘客，尤其是两名醉酒的乘客。

对于是否停车、何处停车的判断，应当由驾驶员决定，不是由乘客来决定，乘客有停车的要求，但是驾驶员不一定就要停车，对于驾驶员来说，就乘客的意愿停车应该是一个选择，而不是一个义务，驾驶员有不停车的决定权。

（4）公诉意见提出"李某来有义务观察车内乘客行为"这一观点同样违背了基本的驾驶规范。作为驾驶员，李某来主要负有的是安全文明驾驶的义务，理应注意的是自身车辆行驶状况、路况、车况以及周遭的行车环境，而不是后排乘客的举止。作为一个驾驶员，如果还要对其强加义务来注意后面乘客的举止，那么行车安全就无从保证了。相反，李某来作为驾驶员，在明知后排有两名乘客的情况下，他主观上系存在两名乘客会相互照看，制止不当行为的合理信赖更为符合正常的逻辑。

2. 邓某铭的跳车行为属于违法行为，不能要求李某来对此违法行为承担可以预见的义务。根据我国《道路交通安全法实施条例》第77条第4款关于"乘坐机动车应当遵守下列规定：（四）机动车行驶中，不得干扰驾驶，不得将身体任何部分伸出车外，不得跳车"的明确规定，邓某铭的跳车行为属于违法行为，不应得到保护，也就不能要求李某来对此违法行为承担责任以及可以预见的义务。

（二）李某来的行为与邓某铭的重伤结果之间不具有刑法上的因果关系

1. 刑法上的因果关系是一种事实因果关系，也就是说，某一行为必然导致某一结果的发生。本案中，李某来的行为是乘客要求停车而拒不停车的行为，以及不存在危险驾驶或违反交通法规的驾车行为。本案的危害结果是邓某铭重伤的结果。上述李某来的驾车行为以及没有应乘客要求停车的行为都是不会必然导致邓某铭重伤这一结果的。公诉意见将邓某铭跳车重伤结果当成了一个单一结果来看是错误的。本案中是邓某铭跳车的行为导致了重伤的结果，跳车是邓某铭的一个自身行为，不能将跳车和重伤混同成一个结果。李某来的行为仅是一个关联性行为，关联性行为与结果之间不具有刑法上的因果关系。

2. 本案中，仅是邓某铭的跳车行为与重伤结果之间存在因果关系。而邓某铭的跳车行为与李某来的驾车行为之间是不存在因果关系的。邓某铭在乘车过程中是醉酒状态，不清醒的。其是在意识不清醒的状态下，无视车辆还在行驶过程中这一情况，主动肆意地做出从车窗翻出的跳车行为，与李某来的驾车行为并无必然联系。导致邓某铭跳车的前置原因是其醉酒的状态，而不是任何外在因素。

3. 本案中，李某来与邓某铭因车资引发争吵，在邓某铭不支付正常车资的情况下，李某来说了"送你回始发地不要钱"的话并继续开车，该言行不足以产生对车内的邓某铭造成身体的实际伤害，也未将其身体与生命置于危险状态，且车内还有邓某铭的朋友陈某同行，邓某铭并非处于弱势地位。实际上是邓某铭自己的跳车行为使自己处于危险状态，即使邓某铭处于醉酒状态，其认识和判断能力在一定程度上有所降低，但仍可以预见强行跳车可能会造成受伤甚至死亡的后果。李某来的言行并未对邓某铭产生精神上的强制，邓某铭可以自由选择跳车或者不跳车，故李某来的行为与邓某铭的重伤结果之间不具有刑法上的因果关系。邓某铭基于自由意志选择跳车并导致了重伤的结果，其应当对自己的行为承担责任。

（三）被告人李某来不具有阻止邓某铭自行跳车的可能性

被告人李某来作为一名出租车司机，其与邓某铭之间形成了承运关系，其对乘客负有安全保障义务，但不能片面强调司机对乘客的义务，而忽视了乘客亦负有支付车资的义务。李某来选择不停车的原因，是因邓某铭不支付车资，并在报警未能有效维护自己权益的情况下采取的私力救济行为。邓某铭通过拍打车窗要求停车未果的情况下，其打开车门自行下车，被同行的朋友予以制止，与此同时李某来亦反锁了车门。从常理来看，在无法打开车门的情况下，邓某铭再次跳车的可能性小。当邓某铭再次从车窗跳车时，同坐车后排的陈某都未发觉，却要求李某来在安全驾驶的同时，时刻留心邓某铭的行为并保障其安全，这种要求未免太过苛刻。在当时的情况下，李某来难以发现邓某铭从车窗跳车进而予以制止，李某来不应当承担刑事责任。

（四）认定李某来的行为不构成犯罪更符合公众的一般心理预期

案件判决结果也应综合考虑社会因素，为了合理明确刑法处罚范围，对于涉及罪与非罪、重罪与轻罪边缘的行为，应适当结合一般人的生活和社会常理作出判断更为合理。李某来的行为并未直接造成邓某铭轻伤以上的后果，亦没有产生对身体造成侵害的现实风险，甚至与邓某铭的身体没有直接接触，邓某铭有选择是否跳车的自由，对仅具有关联性的行为定罪处理将会扩大刑法的处罚范围，压缩社会公众的自由空间，无罪处理更能获得社会认同。

五、辩护结果和理由

法院最终采纳和引用了李某来辩护人的观点，认为李某来主观上不存在过失：李某来作为出租车司机，首要的义务是安全驾驶。在驾驶车辆的时候需要注意的是周围的行车环境和道路的车辆行驶状况，这是一个司机应尽的安全驾驶义务，其没有随时关注坐在车辆后座乘客状况的义务。在车后门正常关闭的情况下，不可能预见到被害人会通过车窗跳出车外这一情况，预见必须符合正常的逻辑。因此，本案中李某来不具有主观上的过失。

六、法院判决

对于抗诉机关、原审被告人、辩护人在法庭开庭审理时提出的抗诉和辩护意见，经审查全案的事实和证据，二审法院认为：

（一）关于原审被告人李某来主观上是否具有过失的问题

原审被告人李某来作为出租车司机，有安全文明驾驶的义务，当然也有应乘客要求停车的义务，司机按照乘客的意愿随时停车并不是法定义务，出租车司机不能违反道路交通管理法规随自己或乘客的意愿随意停车。李某来作为出租车司机，在驾驶车辆的时候需要注意的是周围的行车环境和道路的车辆行驶状况，这是一个司机应尽的安全驾驶义务，其没有随时关注坐在车辆后座乘客状况的义务，因为其首要的义务是安全驾驶；在车后门正常关闭的情况下，按照正常人日常生活中的普遍一般规律，其不可能预见到被害人会通过车窗跳出车外这一情况。预见也必须符合正常的逻辑，要求出租车司机预见一个处于醉酒的状态的乘客可能随时会从车窗处跳出车外，明显是强人所难，不符合日常生活的正常逻辑。

过于自信意味着在已经预见到被害人会产生跳车的行为后，却自信可以避免，但在本案中，被害人从车窗跳出车外这一情形是不可能预见到的，故原审被告人李某来在主观上没有过于自信或者疏忽大意的过失。

（二）原审被告人李某来不停车的行为和被害人重伤结果之间有无因果关系

本案中，涉事出租车辆行驶在广州市内，既不是在郊外也不是在非常偏僻的地方，乘客是两个人而司机是一个人，被害人邓某铭处于醉酒的状态，可能认为不停车会有人身危险，其朋友虽阻止过其打开车门跳车的行为，但其仍采取了从车窗处跳车的行为，这个行为是其自己的选择。

在双方存在车资纠纷的情况下，原审被告人李某来为了保障自己的利益把乘客载回始发地的行为并无不当，被害人邓某铭要求下车也没有过错。李某来不停车，被害人邓某铭可以选择报警，也可以采取其他方式保证自己的人身安全，跳车并不是其唯一的必要选择，在此情况下要求李某来一定要停下车来让被害人邓某铭下车，也不符合日常生活中处理问题的通常逻辑。故原审被告人李某来拒不停车与被害人邓某铭重伤的结果不存在法律上的因果关系。

综上所述，二审法院认为，原审被告人李某来在主观上不具有过失，其客观上也没有实施直接致被害人受伤的行为，本案中被害人邓某铭的损伤系其自行从乘坐车辆的后座车窗跳出所致，原审被告人李某来拒不停车的行为与被害人邓某铭的损伤结果之间不存在法律上的因果关系。

七、办案总结和意义

随着近几年来打车软件在生活中的普及，案件中的相似情节已经上升至一个社会频发的热点现象。当今社会运输服务中乘客跳车事件频频发生，本案系出租车客运服务中因乘客跳车致驾驶员涉刑被控后成功辩护无罪的典型案例。本案判决对于此类乘客跳车事件中客车驾驶员是否构成刑事犯罪的这一广泛性争议具有重要参考和指导意义，对运输行业尤其是客运行业具有重大影响。

本案的重大意义在于取得良好的法律效果和社会效果，特别是被告人这样的底层工作者，涉刑不仅会令其失去工作，其家庭也会失去重要的经济来源。可喜的是，这一切因为成功辩护的无罪结果得以改变，被告人已重回出租车司机的工作岗位，这一家人的生活已回到正轨，也避免了高额的人身损害赔偿责任。因此，本案也充分体现了"一个刑事案件决定了一个人乃至一个家庭的人生"的刑事辩护现实意义。本案的无罪辩护的成功，还有利于减少"过错受害人"无理取闹现象。

江某某故意伤害致人死亡被减轻处罚案

江明辉

一、当事人和辩护人基本情况及案由

当事人：江某某，男，2004年2月1日出生，汉族，文化程度初中。因涉嫌故意伤害罪，2019年11月16日被羁押，同日被刑事拘留，同月29日被逮捕，被羁押于广州市海珠区看守所。

辩护人：江明辉、蔡汉钦，广东正大方略律师事务所律师。

案由：故意伤害罪。

二、案情介绍

2019年11月16日0时50分许，被告人江某某在广州市海珠区沥滘村南苑新村西某楼房内，与被害人李某某因琐事争吵打架，被人劝开后，被告人江某某返回现场再次与被害人李某某发生争吵，并持匕首捅伤被害人李某某的左大臂、左胸部后逃离现场，致被害人李某某受伤倒地死亡。经鉴定，李某某系被单刃锐器作用致左侧肺脏破裂大失血致死。2019年11月16日2时许，被告人江某某在广州市海珠区后滘南大街桥头被抓获归案。

三、本案争议的焦点

本案被告人是否适用"防卫过当"的情节及公诉机关的量刑建议是否过重。

四、双方的意见

(一) 公诉机关的意见

1. 对本案被告人是否应适用"防卫过当"的情节？

公诉机关认为，根据目睹案发经过的证人罗某某的证言，被告人江某某与被害人李某某发生扭打被人拉开后，被告人江某某就已拿出刀具直指被害人。此后，因被告人再次对被害人进行辱骂，被害人将被告人推到客厅椅子上，后被告人掏出匕首刺伤被害人后逃离现场。因被告人挑起争端，对被害人具有伤害的故意性，被告人的上述行为不符合《刑法》第 20 条中关于防卫过当的规定，故认为辩护人提出的该项辩护意见论证不足，不予以采纳。

2. 对被告人的量刑建议是否过重？

公诉机关认为，被告人江某某无视国家法律，故意伤害他人身体致人死亡，其行为触犯了《刑法》第 234 条第 2 款之规定，犯罪事实清楚，证据确实、充分，应当以故意伤害罪追究其刑事责任。因被告人江某某犯罪时未满 18 周岁，根据《刑法》第 17 条第 3 款之规定，应当从轻或者减轻处罚。被告人江某某如实供述自己的罪行，根据《刑法》第 67 条第 3 款之规定，可以从轻处罚，建议法院对被告人判处 10 年至 15 年有期徒刑。

(二) 辩护人的意见

1. 辩护人认为，被告人江某某的行为属于防卫过当。

首先，正当防卫针对正在进行的不法侵害。本案中，被告人江某某重新回到宿舍后，被害人李某某再次动手殴打江某某，此时防卫对象（李某某）的危害行为对被告人江某某来说，已具有一定的危险性。据被告人江某某的供述，平日其与被害人李某某打架不占优势，只能挨李某某的打。在案证据显示，被害人的身材比被告人高大，间接证明了李某某案发时对江某某造成了一定的人身威胁。同时，这里涉及将正当防卫所要保护的权利性质与侵害方手段的强度相比较的问题。被告人江某某之所以带了一把刀在身上，是因在第一次受到被害人李某某的殴打后为吓唬李某某，使其不再殴打自己。不能仅因被告人事先进行了防卫准备，就影响对其防卫意图的认定。江某某回到宿舍后，李某某仍叫嚣并主动殴打江某某。当时在场的唯一目击证人罗某某证实，是李某某先殴打江某某这一事实，江某某的多次供述也可与此相互印证。

其次，被告人江某某的防卫行为具备必要性和紧迫性。在本案中，江某某面对的是李某某正在殴打其的不法侵害，如不及时采取防卫手段，江某某的生命极有可能受到危害，符合紧迫性的要件。即使李某某与江某某的第一次打架被劝开，危害行为似乎已中断，但江某某回到宿舍后又再次受到李某某的殴打，李某某的行为对冲突升级存在过错。对于不法侵害暂时中断或者被暂时制止，但不法侵害人仍有继续实施侵害的现实可能性的，应当认定为不法侵害仍在进行。另外，对于不法侵害是否已经开始或结束，应立足防卫人在防卫时所处的情境，按照社会公众的一般认知作出判断。反观本案，不法侵害持续发生，被告人江某某当时出于恐慌、紧张等心理，本能的反应只能是反抗，在无法思考且使用其他手段避免侵害的情况下，一时情急才使用了身上的匕首进行抵抗。法院应根据主客观相统一的原则，依法对被告人的行为作出认定。

最后，被告人江某某在李某某受伤停止对其进行殴打后，江某某也停止了行动，未伤及他人，无再进一步伤害被害人的动作。

综合不法侵害的性质、手段、强度、危害程度和防卫时机、手段、强度、损害后果等情节，被告人江某某的行为属于明显超过必要限度，造成不法侵害人李某某死亡的后果，符合"造成重大损害"的要件。

2. 江某某犯案时年仅15周岁，属未成年人犯罪，依法应当减轻处罚，应当在3年以上10年以下有期徒刑的量刑幅度予以量刑。

江某某犯罪时不满18周岁，具有《刑法》第17条规定的应当减轻处罚的情节，应当在法定刑以下判处刑罚。根据我国《刑法》第234条的规定，"故意伤害他人身体的，处三年以下有期徒刑、拘役或者管制。犯前款罪，致人重伤的，处三年以上十年以下有期徒刑；致人死亡或者以特别残忍手段致人重伤造成严重残疾的，处十年以上有期徒刑、无期徒刑或者死刑"。故意伤害致一人死亡的法定刑属最高一级的量刑，即10年以上有期徒刑、无期徒刑或者死刑。本案中，综合从轻、减轻情节，对被告人江某某应在该量刑幅度的下一个量刑幅度内判刑，即3年以上10年以下有期徒刑的量刑幅度为宜。

3. 其他从轻、减轻情节包括：

（1）案发后，被告人家属与被害人的家属积极达成和解协议，向被害人家属进行赔偿，取得了被害人家属的谅解。

（2）被告人的认罪态度良好，如实供述自己的犯罪事实，已经深刻悔罪。

（3）被告人此次犯罪是初犯、偶犯，无犯罪前科。

（4）被告人的主观恶性较小，造成被害人死亡的结果完全超过了江某某的本意及其能够控制的能力范围，应当区别于其他故意伤害致人死亡的故意犯罪。

五、辩护结果和理由

1. 关于被告人是否构成防卫过当。法院认为，被告人的上述行为不符合《刑法》第20条关于防卫过当的规定，故辩护人提出的该项辩护意见不足，对此不予采纳。

2. 关于量刑建议是否过重。法院认为，被告人江某某犯罪时系已满15周岁的未成年人，依法对其减轻处罚。案发后，被告人江某某的家属对被害人李某某的家属进行赔偿并已取得被害人家属的谅解，可酌情对其从轻处罚。辩护人据此请求对被告人江某某从轻或减轻处罚的相关辩护意见有理，法院予以采纳。认为公诉机关提出有期徒刑10年至15年的量刑意见过重，并对辩护人提出在有期徒刑10年以下量刑的建议予以采纳。

六、法院判决意见

法院认为，被告人江某某故意伤害他人身体，致人死亡，其行为已构成故意伤害罪，依法应予惩处。公诉机关指控被告人江某某的犯罪事实清楚，证据确实、充分，罪名成立，法院予以支持。对于辩护人提出被告人系防卫过当的辩护意见，经查，根据目睹案发经过的证人罗某某的证言，被告人江某某与被害人李某某发生扭打被人拉开后，被告人就已拿出刀具直指被害人，此后，因被告人再次对被害人进行辱骂，导致被害人将被告人推到客厅椅子上，被告人掏出匕首刺伤被害人后逃离现场，被告人挑起争端，对被害人具有伤害的故意性，被告人的上述行为并不符合《刑法》第20条关于防卫过当的规定，故辩护人提出的该项辩护意见不足，法院不予采纳。

因被告人江某某犯罪时系已满15周岁的未成年人，依法对其减轻处罚。案发后，被告人江某某的家属对被害人李某某的家属进行赔偿并已取得被害人家属的谅解，可酌情对其从轻处罚。辩护人据此请求对被告人江某某从轻或减轻处罚的相关辩护意见有理，法院予以采纳。公诉机关提出有期徒刑10年至15年的量刑意见过重，法院对此予以纠正，并对辩护人提出在有期徒刑10年以下量刑的建议予以采纳。

根据被告人犯罪的事实、性质、情节及对社会的危害程度，依照《刑法》，判决如下：（1）被告人犯故意伤害罪，判处有期徒刑7年；（2）扣押的围墙北侧地面西侧砖块1块、尸体口腔内勺子1把、围墙北侧地面东侧砖块1块、围墙北侧地面砖块下方刀1把（带黑色刀鞘），均予以没收。

七、办案总结和意义

本案系一起典型的未成年人冲动犯罪的案件。案发后，被告人家属向被害人家属积极赔偿，取得谅解，在一定程度上宽慰了被害人家属的心灵。同时，律师的及时介入，依法使被告人得到从轻、减轻处罚的判决结果，体现出律师的专业水平及职业素养。主审法官对待本案的态度，充分体现了刑法惩罚与教育相结合的基本精神。

司法实践中，在处理因琐事发生争执一类案件的过程中，如何判断行为人的行为是否为防卫行为，存在一定困难。笔者认为，不能机械地认为因琐事发生冲突而引发危害后果的案件就不存在正当防卫的空间。对正当防卫的案件不能唯结果论，办案机关应适时对正当防卫理念的转换进行审查。例如，对行为人双方因琐事发生冲突，冲突结束后，一方又继续实施不法侵害，另一方予以还击，包括使用工具还击的，一般应认定为防卫行为。结合本案，被告人在情急之下拿起为吓唬被害人而准备的小刀实施的还击行为，系为制止被害人对其实施的不法侵害，江某某并无斗殴的意图。笔者认为，被告人的行为是基于一个行为的意志实施的延续反击行为，即使该行为已延续到侵害行为后，也能考虑适用防卫过当。

受社会传统观念的影响，办案机关在处理因故意伤害致人死亡的案件时面临多方压力，以至于出现了不少应予以认定防卫情节而未予以认定的情况，不仅不利于维护法律的尊严，也无法为社会树立正确的法律价值观，对防卫人来说更是有失公允。

反观本案，青少年犯罪的原因是复杂的，预防、减少青少年犯罪应从社会、家庭等多方面着手，以教育为本，以预防为主。面对未成年人犯罪，在家庭层面，应强化对未成年人的教育，筑牢预防未成年人犯罪的第一道防线；在社会层面，公检法机关等社会力量应与学校建立联动机制，开展送法进校园活动，增强未成年人的法治观念。

某甲涉嫌强奸被不起诉案

骆俊麒

一、当事人和辩护人基本情况及案由

当事人：某甲，男，汉族，文化程度大专，2021年5月4日被广州市公安局某区分局刑事拘留，2021年5月17日被逮捕。

辩护人：骆俊麒，广东广信君达（花都）律师事务所律师。

案由：强奸罪。

二、案情介绍

侦查机关指控：2019年8月5日凌晨1时许，被告人某甲邀约小黑至某甲朋友某乙位于广州市某区某小区一房内喝酒，后小黑将被害人小白一同带至上述地点与某甲、某乙及另外两名男子（均另案处理）一起喝酒，小白醉酒后被扶至房间内休息，某甲趁小白醉酒之际不顾小白的反抗强行与小白发生性关系，致小白异位妊娠。2021年5月3日15时许，某甲在广州市某区某派出所被公安机关抓获。经讯问，某甲对涉嫌强奸的犯罪事实拒不供认，只是承认当晚与小白发生性关系，小白是自愿的。为证明某甲实施了上述犯罪事实，侦查机关提供了以下证据：犯罪嫌疑人的供述和辩解、被害人的陈述及辨认、现场指认、证人证言。

本案于2021年7月16日移送审查起诉。审查起诉机关于2021年12月17日以侦查机关认定的犯罪事实不清、证据不足，某甲不符合起诉条件为由，决定对某甲不起诉。

三、本案争议的焦点

1. 侦查人员在讯问某甲时实施的威胁、欺骗手段是否合法、合理？通过该手段获得的有罪供述是否应予排除？

2. 涉案人员的言词证据出现前后变动时应当如何认定？

四、侦查阶段辩护情况

辩护人于某甲被逮捕后接受委托担任某甲的辩护人，并马上会见某甲。

在首次会见时，某甲向辩护人反映：案发当晚自己喝了大量酒处于断片状态，不能确定是否和小白发生关系。小白宫外孕后联系过某甲，但当时是要求在场的其他男子出面善后，没有主张某甲与其发生关系。同时由于某甲和某乙当时只是初相识，且之后没有再联系，当前已经忘记某乙住宅位置所在，也没有了某乙的联系方式。

某甲又称：其在被抓获后的第一、第二次讯问中没有承认强奸小白，但后来侦查人员向其表示，在小白宫外孕手术提取的组织中发现某甲的 STR（Short Tandem Repeat，一种在人类亲权鉴定中使用的遗传标记）分型，可以证明某甲和小白发生了性关系。基于对鉴定意见的信任，某甲自认为确实和小白发生了性关系，为了争取坦白，某甲在公安机关呈捕前的第三次讯问中，按照自己"脑补"的内容并在侦查人员的引导之下，承认了与酒醉状态的小白发生性关系。但是，某甲一直没有看到侦查人员出具的鉴定意见告知书。

辩护人会见时提醒某甲，在后续的讯问中，留意侦查人员是否向其出具鉴定意见告知书及告知其中内容。然而，直至案件移送审查起诉前，公安机关都没有向某甲出具鉴定意见告知书。

五、审查起诉阶段辩护情况

（一）阅卷情况

辩护人经阅卷，发现本案存在以下疑点：一是鉴定机构对小白宫外孕手术中提取的组织进行鉴定，没有发现某甲的 STR 分型；二是在报案时，小白和证人小黑的言词证据均明确指控是在场的其他男子对小白进行强奸，没有指控某甲实施强奸行为；三是在某甲归案后，小白和小黑的言词证据急剧变化，明确指控案发当晚是某甲强奸了小白，但是小白和小黑没有就其言词证据变化的原因进行详细说明；四是卷宗内没有发现某甲的讯问音视频，不能了解某甲接受讯问的实际情况；五是小白在案发后的2019年9月21日因宫外孕入院进行手术，其病历记录小白"停经近1月"。

（二）调阅审讯音视频情况

针对上述疑点，辩护人申请检察机关向公安机关调取某甲作出有罪供述的讯问音视频。经补充侦查，侦查机关提供了某甲的讯问音视频。经查看相关材料，辩护人发现以下情况，一方面，侦查人员多次向某甲表示："小白有了，胎盘中的婴儿有你的DNA，婴儿的DNA和你的DNA吻合是怎么回事？你解释吧自己……DNA出来了……DNA可以锄死你。"另一方面，在某甲辩称不记得案发具体细节的情况下，侦查人员表示："你不说清楚的，不纳入羁押期限，你白坐的，我们一直延长你，你不说清楚的话，不纳入侦查期限……有证据但是自己不说的，一直延迟，延迟几年到判刑……延长的时间不算在判刑之内的……你懂什么？"经侦查人员施加上述压力后，某甲在呈捕之前的第三次讯问中，开始陆续供述其与小白发生性关系的细节情况。同时，在某甲陈述与小白发生性关系的细节时，侦查人员表示："你不能这么说，都有了怎么会没有进去呢……怎么有可能，不射进去怎么会怀孕呢……肯定射进去了，不射进去怎么会怀孕，医生检查到的嘛，哪有问题？"

（三）补充侦查情况

一方面，经对小白生活情况进行侧面了解，结合小白宫外孕2019年9月21日病历显示其"停经近1月"的记录，辩护人申请司法机关调取小白在案发前后即2019年7月1日至8月31日的住宿登记记录，但侦查机关一直没有将相关情况附卷。另一方面，在第二次退回补充侦查期间，侦查机关通过视频通话方式与小白进行联系，其间小白表示在2019年其实施宫外孕手术前，小黑已经明确告知小白当晚系某甲和小白发生了性关系，因此其确认系某甲对其实施了强奸行为。

（四）辩护人向检察机关提出非法证据排除、不起诉申请

根据阅卷情况，辩护人向检察机关提出非法证据排除及不起诉申请，具体理由为：

1. 侦查人员讯问时使用的欺骗、威胁方式已经违反了合理、合法的必要限度。一是侦查人员威胁某甲如果不说清楚、不交代细节的话，将无限期羁押直到判决，而且羁押期限不计入刑期之中的威胁方式和内容明显违反《刑事诉讼法》的规定。二是侦查人员持续、多次捏造 DNA 检验证据，对某甲进行欺骗的行为，严重违背了最低限度的司法职业道德、严重损害了司法公信力。三是侦查人员无视案发过程中某甲喝酒断片的事实，强行以细节为导向的讯问方法与上述威胁、欺骗式方法相互结合，系某甲作虚假有罪供述的根本原因。

2. 小黑与小白在某甲被抓获前后的言词证据发生剧烈变动的原因不明。以某甲归案为分界线，二人从指控在场的其他男子强奸小白，转变为明确指控某甲强奸了小白，然而二人并未就言词证据的变动原因提供充分、合理的解释。特别是小白、小黑如果真的是在 2019 年案发时或小白宫外孕手术时即了解到是某甲对小白实施了强奸行为，小白、小黑为何放纵某甲逃避法律制裁，反而诬陷在场的其他男子的疑点不能得到合理解释。

3. 应结合实际情况分析，认定小白、小黑言词证据变动的动机。提请检察机关对小白、小黑的言词证据发生剧烈变动的原因进行考虑与重视。

4. 不能排除小白系与他人发生性关系而导致其宫外孕的合理怀疑。小白的病历显示，其 2019 年 9 月 21 日时"停经近 1 月"。按照医学诊疗用语规范，患者末次月经的最后一天为停经起算日，即小白最迟在 8 月中下旬仍有正常月经。结合案发时间 8 月 5 日可以看出，小白有可能是在 8 月中下旬最后一次月经后还与他人发生性关系导致怀孕。

综上所述，本案中的证据鉴定意见不能认定某甲和小白发生了性关系，且某甲、小白、小黑三人关于证明某甲和小白发生性关系的直接证据存在

严重瑕疵，不能作为定案依据，因此不能证明某甲存在强奸罪中的与女性发生性关系这一构成要件，某甲应被不起诉。

六、检察机关作出不起诉决定

后检察机关虽然一直没有对辩护人提出的排除非法证据申请进行正面回应，但于 2021 年 12 月 17 日以侦查机关认定的犯罪事实不清、证据不足，某甲不符合起诉条件为由，决定对某甲不起诉。检察机关认为，对某甲不起诉的理由为：一是小白、小黑对某甲是否实施强奸行为的指认均发生重大改变，经二次退回补充侦查，现有证据仍无法排除合理怀疑，不符合起诉条件；二是经调查，因提取的用于检测的标本均系胎盘组织，未能比中某甲的 DNA。

七、办案总结和意义

（一）刑事诉讼制度应细化"以威胁、欺骗非法方法收集证据"的排除规则

虽然当前已经通过司法解释的规定构建了排除非法证据的具体规程，但相关程序均重点针对通过刑讯逼供、变相肉刑而非法获取的证据。对于《刑事诉讼法》第 52 条规定"以威胁、欺骗以及其他非法方法收集证据"如何排除，至今没有具体规定。辩护人认同：为了有效打击犯罪分子，侦查人员在侦查活动中可以使用谋略；侦查人员运用一定具有威胁性、欺骗性的策略和方式讯问犯罪嫌疑人从而获取口供符合刑事政策、具有现实意义。但是，威胁性、欺骗性的审讯策略和方式应当存在界限。具体而言，本案中侦查人员所采取的威胁性、欺骗性方式已经超过了合法、合理的限度，符合《刑事诉讼法》规定的"以威胁、欺骗方法收集证据"的情形，某甲所作供述中承认与小白发生性关系的部分内容系非法证据，应予排除。

（二）辩护人应高度重视对讯问音视频的质证力度

本案中，侦查人员制作的某甲的讯问笔录可谓环环相扣、滴水不漏。作为辩护人，查阅某甲的讯问笔录内容后已深有无力回天、一筹莫展之感。

然而，在如本案一样缺乏实物证据、极端依赖犯罪嫌疑人、被害人和证人言词证据作为定案依据的情形，辩护人应当高度重视讯问音视频的质证力度，力求从中发现侦查人员有可能实施的骗供、指供的行为，为犯罪嫌疑人寻得一线生机。

（三）辩护人应广泛了解各领域专业知识，丰富辩护方向和内容

本案中，辩护人在医学诊疗用语规范方面的辩护意见有效提升了辩护质量，为最终说服检察机关作出不起诉决定起到了积极的作用。辩护人在日常生活中应广泛接触、了解并学习社会各阶层、各领域的知识，此举对刑事案件的有效辩护大有裨益。

李某涉嫌故意杀人被不予核准追诉案

张颖慧

一、当事人和辩护人基本情况及案由

当事人：李某。

辩护人：张颖慧，北京大成（广州）律师事务所律师。

案由：故意杀人罪。

二、案情介绍

1997年12月，曾某、黄某欺骗被害人李某1买下人民币约15,000元的人身保险，并约定受益人为黄某，曾黄二人为得到保险赔偿金共谋杀害李某1，由曾某联系司某，司某联系潘某，潘某（其间李某作为潘某的随行人员而参与本案）纠集刘某、陈某1、陈某2等三人于1998年2月某日晚截停伏击李某1，并持刀将李某1刺死。

案发后，曾某、黄某、司某、刘某、陈某1均到案。某省高级人民法院于2000年作出终审判决，判处曾某、刘某死刑，判处司某、黄某死缓，判处陈某1无期徒刑。

2022年，侦查机关对李某及陈某2采取刑事强制措施（本案除潘某在逃外，其他同案人均已归案，陈某2与李某同时期归案）。

三、本案争议的焦点

1. 在程序上，本案李某是否适用20年最长诉讼时效，包括侦查机关是否对李某采取针对性侦查措施、李某是否存在"逃避侦查"的行为。

2. 在实体上，本案李某作为潘某的随行人员是否构成故意杀人罪。

四、双方的意见

（一）辩护人的辩护逻辑主要围绕解决上述两大问题展开

1. 意图解决程序性问题争议，即论证解决李某是否应当适用一般追诉时效问题。

根据《刑法》有关追诉时效的相关规定，由于本案涉嫌故意杀人罪，最高法定刑为死刑，本案应适用 20 年的追诉时限，已过追诉期且基于本案证据反映的客观事实，尽管该案当年案发时已被立案侦查，依据现有证据，在案发后李某并无逃避侦查的行为，不应当对其适用《刑法》第 88 条有关追诉期限延长的相关规定，应当依法适用《刑法》第 87 条一般追诉时效的相关规定。李某并不满足适用无限追诉期限的条件，不应当被追诉。

依据最高人民检察院发布的第 6 批相关指导案例的规定和精神，李某无再犯危险，其已不具有社会危害性且其犯罪影响早已消失，基于有利于被告人原则和刑事追诉时效延长制度设定的价值导向，综合判断本案不应当适用延长追诉时效的相关规定。

2. 解决实体性问题争议，即论证本案当事人李某的行为定性问题。

《起诉意见书》指控李某犯故意杀人罪的事实不清，证据不足。

主观上，李某缺乏作案动机和目的，在案发前一直对同案人实施故意杀人行为没有认知，不具有故意杀人的故意，且其不具有事先知悉相关同案人"雇凶杀人"意图的可能性。

客观上，李某在本案中并未实际参与实施具体的故意杀人/伤害的实行行为，且其作为潘某的手下，只是听命于"大佬"，其并未参与相关决策活动，仅是作为"陪同""跟班"随行，其行为对于同案人实施具体杀人行为并没有实质的促进作用，属于从犯且情节轻微。

由于本案各共同犯罪人对犯罪事实的认识有程度、范围上的差异，根据共同犯罪理论，在本案中，相关同案人的杀人行为超出了其和李某的共同意思联络，属于实行过限，李某不应对超出共同故意的犯罪行为负责，应当只在重合的范围内成立共同犯罪，即如果排除程序性事项认定问题，李某只有可能以故意伤害罪被予以追诉。

（二）某市人民检察院认定李某构成故意杀人罪并层报至最高人民检察院

某市人民检察院认定，黄某、曾某（均已判决）骗被害人李某1买下人身保险，并写明受益人为黄某，黄某和曾某二人为得到保险赔偿金而共谋杀害李某1。1998年2月，曾某、黄某密谋雇人杀害被害人李某1，由曾某联系同案人司某寻找他人杀害李某1，司某通过同案人潘某、被不起诉人李某纠集了同案人刘某、陈某1及陈某2。曾某、刘某、陈某1、陈某2在被害人李某1回家的路段伏击，当李某1驾驶摩托车经过时，陈某1截停李某1，同时陈某2、刘某持刀乱刺被害人李某1的背部、胸部等位置致李某1死亡。经鉴定，李某1系被单刃锐器刺伤背部，刺破胸主动脉等造成失血性休克死亡。

某市人民检察院认为，被不起诉人李某触犯了《刑法》第232条的规定，其故意杀人的行为法定最高刑为死刑，追诉期限为20年。本案发生在1998年，被不起诉人李某直至2021年5月14日方被抓获，其犯罪已过追诉期限。根据《刑法》第87条第（4）项的规定，某市人民检察院层报至最高人民检察院核准追诉。

五、辩护结果和理由

（一）辩护结果

最高人民检察院根据《刑法》第87条第（4）项之规定，决定对李某不予核准追诉。根据《刑事诉讼法》第16条第（2）项和第177条第1款的规定，决定对李某不起诉。

（二）辩护理由

程序上，在"已过追诉时效"的论证过程中，具体到李某是否存在"逃避侦查"行为的认定，由于并未有法律法规或司法解释予以规定，辩护人经过对学术文章及学术观点的整理，援引主流学术观点，① 主张"逃避侦查"应认定为"积极、主动地逃避或者对抗司法，致使侦查、起诉、审判工作无法进行的逃避行为"。并梳理了李某自案发至今 23 年来的个人生活、工作情况，以证明李某在客观行为及主观心态上均不存在"逃避侦查"的行为，从而主张李某的犯罪行为已过追诉时限。"逃避侦查"是对行为的违法性评价，不应将其认定为一个消极行为，应认定为主动、积极地促成此行为，就此而言，可以认为最高人民检察院不予核准追诉的决定是对该主张的认可。

实体上，本案李某犯罪地位的认定有误，在案证据反映的事实主要为李某在案发前可能为实行人提供作案工具、在案发后可能参与分赃，李某未实际参与杀人行为。就故意杀人罪中未参与实行行为的人员，先要评价的是，被害人的死亡结果是否在其认知程度范围内，后才能根据其行为是否对实行行为有实质性推动来认定其在故意杀人罪中的犯罪地位。就本案李某而言，主观犯意上，李某对本案各共同犯罪人的犯罪行为的认知程度仅限于"教训李某1、打架斗殴"，不具有杀人故意。客观行为上，李某仅是与潘某同行，而未实际参与对被害人李某1 的伤害或杀害行为，辩护人以此积极进行实体辩护。

六、办案总结和意义

本案在辩护路径的选择、辩护突破点的选取、办案过程中律师的办案原则和办案精神，以及办案结果回应的价值层面上均有一定的借鉴意义。

（一）积极调查取证、积极程序抗辩、注重细节

结合在案卷宗，辩护人发现，侦查机关用以证明曾对李某展开有效侦查的证据为拘留证等程序性文书，对此，辩护人经过反复核对案卷材料中的公章、笔迹、纸质材料后，提出侦查机关存在补签程序性文书的违规行

---

① 参见高铭暄、马克昌主编：《中国刑法解释》（上卷），中国社会科学出版社 2005 年版，第 864 页；张明楷：《刑法学》，法律出版社 2016 年版，第 651 页；陈兴良：《刑法总论精释》，人民法院出版社 2010 年版，第 950 页。

为。此外，就李某本人的供述，辩护人亦就笔录材料与审讯录像进行一一比对，发现审讯录像与讯问笔录所记录的内容存在矛盾，笔录记录内容与李某实际供述存在出入。

案外证据收集上，就李某并未"逃避侦查"的核心辩护要点，辩护人积极寻找案外证据，包括：李某23年来的工作单位变动、职业情况、活动轨迹、工作表现以及李某的家庭情况，并由侦查机关对陈某2在23年间所采取的措施进行对照，结合最高人民法院的典型案例，寻找并深挖突破点，在案卷卷宗材料的基础上，不断收集相关客观证据，对其是否"逃避侦查"，是否"具有社会危害性"进行全面、客观、真实的论证。

在目前没有相应的法律依据及司法解释的情况下，辩护人检索、整理把握相关的学术观点，把主流的学术观点作为论点立论，再就李某客观实际情况及案件情况进行综合性论证。

(二) 办案过程中积极沟通、坚持不懈

在辩护思路的选择上，以程序辩护为先，同时积极进行实体辩护，综合全案的事实和程序所展现出来的证据情况以说服、打动案件承办人。

辩护人与承办检察官反复进行沟通，就案件事实和程序性问题与检察官进行交流，现场约见承办检察官3次，电话沟通不下20次，与当事人及其家属的现场、电话、信件沟通更是频繁。本案历时1年有余，从辩护思路到辩护工作的实行是个比较漫长的过程，办案过程中积极有效、坦诚互信地与案件承办人沟通交流，由此带来一定的办案效果，具有借鉴意义。

(三) 办案效果回应程序性辩护的价值意义

由于已过追诉时效不予核准追诉制度中，"未逃避侦查"作为一个构成要件，并未有具体的法律或司法解释对此予以规定，本案最高人民检察院不予核准追诉，是对本案中李某不存在"逃避侦查"行为的认可，亦对此类案例的辩护和裁判具有一定的借鉴意义。

在重实体和轻程序的司法传统影响下，司法工作人员和辩护律师都非常重视实体性辩护，而容易忽视程序性辩护的价值。本案例中，虽然最终检方仍认定李某存在触犯故意杀人罪的犯罪行为，但是以犯罪已过追诉时效为由，对李某不予核准追诉，亦是最高人民检察院对程序性辩护价值的认可。

翁某琴故意伤害致人死亡二审发回重审改判案

陈一天

一、当事人和辩护人基本情况及案由

当事人：翁某琴，绰号"老三"，男，1984 年 11 月 20 日出生，汉族，文化程度初中，个体户。因本案于 2019 年 2 月 14 日被刑事拘留，同年 3 月 23 日被逮捕，后被羁押于广州市白云区看守所。

辩护人：陈一天，广东广信君达律师事务所律师。

案由：故意伤害罪（致人死亡）。

二、案情介绍

2019 年 2 月，被告人覃某鹏在广州市白云区某综合市场内露天桌球档因琐事与桌球档老板娘赖某霞发生冲突，后通过朋友黄某超召集被告人钟某景、翁某琴、张某震等赶到现场。双方因打架劝架一事再次发生争执打斗，被告人覃某鹏、钟某景、翁某琴、张某震等人持桌球棍等殴打被害人韦某伍、徐某生，致被害人韦某伍头部受伤，经送院治疗无效死亡。经鉴定，被害人韦某伍符合头部受条状钝物作用，致重型颅脑损伤死亡。被害人徐某生被打后逃至附近巷子，被告人覃某鹏、钟某景仍持棍追逐殴打，致被害人徐某生身上多处受伤，经鉴定，被害人徐某生构成轻微伤。案发后，被告人钟某景、张某震、翁某琴、覃某鹏逃离现场，后分别在各自住处被公安机关抓获。

2020 年 11 月 19 日，广州市中级人民法院作出（2019）粤 01 刑初 540 号刑事附带民事判决认定覃某鹏犯故意伤害罪，判处无期徒刑，剥夺政治权利终身；被告人钟某景犯故意伤害罪，判处有期徒刑 14 年，剥夺政治权利 4 年；被告人翁某琴犯故意伤害罪，判处有期徒刑 13 年，剥夺政治权利 4 年；被告人张某震犯故意伤害罪，判处有期徒刑 11 年，剥夺政治权利 3 年；被告人覃某鹏、钟某景、翁某琴、张某震共同赔偿附带民事诉讼原告人韦振文、覃大洪、韦其英、韦振姣共计 115,944.96 元，并互负连带赔偿责任；被告人覃某鹏、钟某景、翁某琴、张某震共同赔偿附带民事诉讼原告人徐某生 10,000 元，并互负连带赔偿责任；缴获的作案工具予以没收。宣判后，被告人张某震服判，被告人覃某鹏、钟某景、翁某琴提出上诉。经广东省高级人民法院审理，二审于 2021 年 11 月 22 日作出（2021）粤刑终 373 号刑事裁定，认为原判认定刑事部分事实不清，证据不足，撤销原判，发回重审。广州市中级人民法院经再审审理，于 2022 年 9 月 1 日作出（2022）粤 01 刑初 90 号刑事判决书认定被告人覃某鹏犯故意伤害罪，判处无期徒刑，剥夺政治权利终身；被告人钟某景犯故意伤害罪，判处有期徒刑 10 年；被告人翁某琴犯故意伤害罪，判处有期徒刑 5 年；被告人张某震犯故意伤害罪，判处有期徒刑 5 年。

三、本案争议的焦点

1. 被告人翁某琴是否应当对被害人韦某伍死亡结果承担责任。
2. 被告人翁某琴是否与其他被告人构成共同犯罪。
3. 被告人翁某琴犯罪地位。

四、双方的意见

（一）被告人翁某琴是否应当对被害人韦某伍死亡结果承担责任

辩护人认为，本案被害人韦某伍的死亡后果，是导致本案由聚众斗殴罪转化为故意伤害罪的唯一事实原因。一审判决，连被害人韦某伍在犯罪实施过程中所处的位置、具体的衣着特征、所实施的行为、行动轨迹，以及何时被谁如何殴打都没有弄清楚，这显然是说不过去的。特别是在有监控视频并且可以明确看清死者的情况下，一审法院却没有认真查清，而使无辜者遭受牵连。现场监控视频虽然模糊，但是根据各被告人衣着特征足以认定被告人翁某琴并未实施殴打被害人的行为，因此，翁某琴无须对被害人死亡承担刑事责任。

理由有以下四个方面：

1. 一审判决事实不清。

错误地将被告人翁某琴列入了殴打被害人韦某伍的施暴者之中，未对施暴者的行为进行识别与区分，未对被害人予以明确甄别，径自得出 4 名被告人共同故意伤害致人死亡的结论。该判决书的表述是说明 4 名被告均有殴打 2 名被害人的行为，如果有证据能证明 4 名被告之一没有实施殴打其中一名被害人的行为，则该陈述即为不实陈述，应当依法予以改判。

2. 各方关于被害人韦某伍的相关陈述存在矛盾。

（1）关于殴打事件。"证人尹某勇证实覃某鹏是指责钉子（案外人纪某丰）等人劝架不当，然后队长（被害人韦某伍）是被覃某鹏朋友打到头部趴在地上，覃某鹏一方持桌球棍、桌球等追打尹某勇一方……""证人尹某勇证实他跟徐某生、钉子、队长等人都一起被排骨他们指责，然后队长是被覃某鹏打到头部趴在地上，后来是在离桌球档 500 米处的地方，看到队长坐在地上，然后就跟钉子一起将队长送去东仁医院……然后后来这个队长是转到了广东省人民医院……这个队长所指的就是被害人韦某伍。"①

但是，关于"队长"韦某伍究竟是被谁打到头趴在地上，尹某勇的陈述是彼此矛盾的，一说是"覃某鹏朋友"，另一说是"覃某鹏"。

（2）关于被害人身份。"那么后来证人赖某霞跟黄某静也都证实当时劝架男子当中有一名是被打到头部倒在地上的，结合刚才我们所看的监控视频可以看到当时被打到头部倒在地上的这个人，看到他在现场蹲下来起身之后走路摇摇晃晃，经过被害人徐某生的辨认，以及韦某伍的代理律师辨认，这个人应该也就是本案的被害人韦某伍。"根据该陈述，在监控视频中摇摇晃晃被白色衣服纪某丰搀扶离去的韦某伍当天身着深色上衣，下身着浅色裤子。

（3）关于各被告人追打被害人身份。有监控视频可以体现，是覃某鹏

---

① 双引号内容为引用一审证据卷各同案供述及证人证言，本页下同。

跟钟某景拿着一根棍子追到巷子里去打，打了一个穿黑衣服外套的人，经过被害人徐某生自己的辨认是他本人，而不是韦某伍。本案的被害人共两名，一名韦某伍（队长）已死亡，另一名徐某生（东北）受轻微伤。综合公诉人在一审庭审过程中的陈述，韦某伍被殴打至其离开现场与徐某生被殴打并逃离现场应分为两段，该二人的致害人并不能完全重合，按阶段区分之后，各被告人所犯罪行也就非常清楚了。

3. 一审判决与监控视频所见案发过程严重不符。

监控视频中可见韦某伍被殴打的全过程。被指责的"钉子"就是穿白色衣服的纪某丰，钟某景先打了纪某丰一耳光，纪某丰挨打后，覃某鹏又冲上去与纪某丰撕扯；站在覃某鹏旁边的被害人韦某伍绕过钟某景，冲上去帮忙，却被在1号球桌旁观望的张某震阻挡，韦某伍先被张某震推开，后背又撞到徐某生，韦某伍便向前一大步，两手举高以手持的台球击打张某震的头部；在张某震左边的钟某景见此，立刻低头向右前方跑到翁某琴的背后躲藏，而覃某鹏有高举球杆从被害人左前方殴打被害人韦某伍头部的动作，尽管纪某丰有举起手来阻挡，但是覃某鹏的球棍还是绕过了纪某丰，直接砸在韦某伍的头上。张某震刚被韦某伍砸了头，双手抓着韦某伍的衣领，顺势放开了瘫倒在地上的韦某伍。穿白色衣服的纪某丰有用身体保护被害人韦某伍的动作，覃某鹏向自己的右边即原本翁某琴所站位置移动了一两步，再次举起手中的桌球棍，绕过纪某丰，用力砸向已经倒地的韦某伍，这就是死者韦某伍被殴打的全部过程。

4. 被害人韦某伍的尸检报告与沾染被害人韦某伍血迹物证所处位置可以排除张某震、翁某琴与钟某景实施殴打造成被害人韦某伍死亡的可能性。

根据尸检报告的内容可知，被害人韦某伍致命伤位于"顶部偏左"部位，按照当时其举起双手对张某震进行殴打时所处位置，对他的致命打击来自他的左前方。当时，钟某景已经跑向翁某琴后方，只有覃某鹏位于其左前方；张某震在其面前抓着韦某伍的衣领；被告人翁某琴位于被害人韦某伍的左后方1米外处，因此，足以排除张某震、翁某琴与钟某景实施殴打造成被害人韦某伍死亡的可能性。

(二) 被告人翁某琴是否与其他被告人构成共同犯罪

辩护人认为，一审判决关于监控视频中翁某琴的犯罪行为事实查明有误。

1. 被告人翁某琴在案发时仅用桌球棍朝徐某生挥舞了一次，且并未打到，这就是翁某琴的全部犯罪事实。

2. 一审判决认定"翁某琴有持桌球棍殴打被害人韦某伍"，是事实认定有误。结合监控视频，足以证实翁某琴当晚所实施的唯一一次挥舞桌球棍的对象就是徐某生，而非韦某伍。在覃某鹏跟钟某景持桌球棍对徐某生进行殴打后，徐某生跑出桌球厅之前，翁某琴有手持桌球棍朝徐某生挥舞的动作，而且仅有一次。该动作实施之后，徐某生跑出桌球厅室内的监控范围，覃某鹏与钟某景追打出去。徐某生当晚被殴打后造成轻微伤的后果，据此，即便要求翁某琴对徐某生的伤害后果承担全部责任，也仅仅是行政处罚的范畴，尚远远无法达到刑事犯罪的程度，不应属于共犯范畴。

(三) 被告人翁某琴犯罪地位

1. 从犯罪构成的主观方面来说，翁某琴最初只存在关心朋友的故意。除覃某鹏本人之外，其他三被告在案发前仅知覃某鹏被打受伤，匆匆赶到案发桌球厅，明显是出于对朋友情况的关心。翁某琴到现场后，先是简单听了覃某鹏的陈述，又在人群中旁听事件来龙去脉。覃某鹏对钟某景指责纪某丰拉架，纪某丰有些愤怒地冲向前用手指着覃某鹏进行对质，翁某琴又向前走过去，故意拉住纪某丰的手，按下其手臂，并轻轻向后推了一下纪某丰，纪某丰也往后退了一步，但彼此均未表现出任何的挑衅与敌意。其后，翁某琴从对峙的双方间缓慢走过，足以认定翁某琴有劝阻双方、避免矛盾升级的意愿。随后其仍然在侧旁观，直到韦某伍用桌球砸伤张某震，钟某景跑到翁某琴身后，翁某琴均没有任何不礼貌或者动手的动作。

2. 被告人翁某琴见覃某鹏举棍对韦某伍砸下第二棍时，本能地向右闪躲，并往2号球桌的方向奔跑，从球桌台面捡起桌球棍的行为，也无非是出于自身安全的自卫考虑。见双方已经开始互殴，翁某琴并未积极地加入。

其加入是在张某震被打，钟某景躲到其背后自保，覃某鹏举棍还击之后。首先使用工具实施暴力的是殴打张某震的韦某伍，作为张某震与覃某鹏的朋友难免有最低的自卫自保需求。后面逃至 2 号球桌拿起桌球棍的行为，无疑具有正当防卫的主观意愿。

3. 通过前述论证，可见翁某琴最初并不具有聚众斗殴或者故意伤害的犯罪故意，也不曾与其他同案犯进行犯罪预谋，从未达成共同实施犯罪行为的共识，也并未积极实施暴力行为或给他人造成实质性的损害后果。拾起桌球棍，对徐某生进行殴打的行为，也仅仅具有单纯的自我保护或者正当防卫的性质，且只是以挥棍的动作将这种意图表现出来，却并未有积极地追求伤害他人的结果。见徐某生跑出去后，翁某琴也并未积极追赶，只是跟着出去看看，监控显示仅 6 秒钟就折返并驾驶摩托车离去。因此，翁某琴与覃某鹏不具有共同的犯罪故意，不能构成共同犯罪，不能作主从犯区分，也同样不能一并适用聚众斗殴向故意伤害的转化条款。

鉴于粤天鉴〔2019〕临鉴字第 85 号《法医临床司法鉴定意见书》的鉴定意见，徐某生仅构成轻微伤。而且是另外 3 名被告与 2 名漏网的犯罪嫌疑人共同造成，翁某琴对徐某生唯一一棍并未造成徐某生的伤害，也并未参与徐某生轻微伤的形成，应当认定其情节显著轻微，可免予刑事处罚。

五、辩护结果和理由

二审阶段：通过本次辩护将本案一审事实认定矛盾、错误之处进行一一列明，推动二审法院关注到本案有客观事实被忽略，一审判决存在偏差。二审法院裁定撤销一审判决，发回重审。

重审一审：基于二审辩护的基础，在重审一审中，辩护人提出，应当结合监控视频，综合分析被告人供述及证人证言，翁某琴当晚仅持桌球棍朝徐某生挥舞且并未打到，并未伤害死者韦某伍，而徐某生仅构成轻微伤。翁某琴最初不具有聚众斗殴或故意伤害的犯罪故意，也未与其他同案犯预谋，且未积极实施暴力行为或给他人造成实质性的损害后果，不应承担刑事责任，或应认定情节显著轻微，免予刑事处罚。

公诉人认可了辩护人对监控视频中各被告人行为及行动轨迹的判断，

回应：翁某琴在共同犯罪中虽不是纠集者，也未直接致被害人韦某伍死亡，但其主动到案发现场参与打斗，持械追打被害人徐某生，起到了壮势、助威、助力的作用，在共同犯罪中系从犯，应当对其所实施的犯罪行为承责。

重审一审辩护结果：通过重审一审阶段的有效辩护，法院结合客观证据根据审理查明的事实，采纳了辩护人观点，最终判决被告人翁某琴犯故意伤害罪，判处有期徒刑 5 年，相较于原审一审减少了 8 年有期徒刑。

六、法院判决意见

二审法院裁定：原判认定刑事部分事实不清，证据不足。依照《刑事诉讼法》第 236 条第 1 款第（3）项的规定，裁定如下：

1. 撤销广东省广州市中级人民法院（2020）粤 01 刑初 540 号刑事判决；

2. 发回广东省广州市中级人民法院重新审判。

重审一审判决：被告人覃某鹏犯故意伤害罪，判处无期徒刑，剥夺政治权利终身。被告人钟某景犯故意伤害罪，判处有期徒刑 10 年；被告人翁某琴犯故意伤害罪，判处有期徒刑 5 年；被告人张某震犯故意伤害罪，判处有期徒刑 5 年。

七、办案总结和意义

（一）为确认本案基础事实，辩护人做了大量比对工作

1. 分别核对各当事人关于对被害人韦某伍进行殴打的陈述。经过核对被害人、被告人的确认，各当事人所提及的"广西老乡"就是被害人韦某伍，张某震明确指证覃某鹏有用桌球棍打韦某伍头部，此处是本案中最重要的指证，与监控视频相符，可以作为裁判依据。

2. 分别核对各当事人关于韦某伍身份的陈述。将韦某伍被殴打至其离开现场与徐某生被殴打并逃离现场分为两段，该二人的致害人并不能完全重合，应当依法排除翁某琴与钟某景实施殴打造成被害人韦某伍死亡的可能性。

3. 通过各被告陈述、证人证言与现场监控录像进行比对，并确定被害

人与被告人的衣着及形体体征，明确各自的行为、行动轨迹及在全案中的作用和地位。确定被告人翁某琴在案发时仅用桌球棍朝徐某生挥舞了一次，且并未打到，这就是翁某琴的全部犯罪事实。

（二）在办理本案过程中，辩护人发现本案存在多重疑点，案件真相模糊不清，辩护人从以下几点切入

1. 事实问题与法律问题并重。

本案中存在大量客观证据，辩护人通过反复核对各当事人陈述，确定被害人全局行动轨迹、确定与被害人发生实际接触的被告人、确定各被告人在本案中实际发生的影响作用，全面建构复盘本案客观经过，通过查明本案被告人的行为，向二审法院提出定罪量刑建议，为二审法院厘定各被告人刑事责任提供有效参考。

2. 坚持辩护可视化、专业化、精细化。

辩护人认为，被理解是被采纳的前提，清晰简洁地表达意见，能够提高自己的法律意见被采纳的可能性。在基本工作外，采用可视化方法辅助展现工作成果，方便办案人员理解，可以高效有力地传递法律意见，实现良好的诉讼效果，这也是刑事辩护专业化、精细化的内在要求。

（1）辩护可视化。

辩护人对本案客观证据进行全面梳理，根据现场监控录像，逐帧分析。分别制作了图一"长涅市场视频4"中韦某伍倒地前翁某琴路线图、图二"长涅市场视频4"中韦某伍举手砸张某震时翁某琴及各被告位置示意图、图三"长涅市场视频4"中韦某伍倒地瞬间翁某琴及各被告位置示意图、图四"长涅市场视频4"中韦某伍倒地后翁某琴及各被告拿到桌球棍位置示意图、图五"长涅市场视频4"中韦某伍被殴打后翁某琴（黑色）及各被告（红色）与徐某生（蓝色）对打过程路线图、图六"长涅市场视频4"中韦某伍被殴打前翁某琴路线图，与被害人韦某伍血迹位置比对，图七"长涅市场视频4"中韦某伍被殴打时翁某琴、覃某鹏、张某震、钟某景、徐某生、纪某丰所处位置图，通过多个层次、多个维度建构了本案案发经过，最终确定本案被告人只是进行了挥棍的动作，且是为了自我保护或者正当

防卫，并未有积极地追求伤害他人的结果。

（2）辩护专业化。

辩护人在确定被告人实施行为基础上，对被告人行为进行逐个分析，通过跟踪、分析被告人翁某琴在本案中所做出的每一个行为，分别在主客观上论述翁某琴最初只存在关心朋友的故意，而无犯罪故意；通过监控视频以及被告人陈述，确定被告人翁某琴到现场后，并无激化矛盾行为；分析了翁某琴有劝阻双方，避免矛盾升级的举动。其从球桌台面捡起桌球棍的行为，也无非是在混战开始后，出于自身安全的自卫考虑。其加入是在张某震被打，钟某景躲到自己背后自保，覃某鹏举棍还击之后。明确了首先使用工具实施暴力的是殴打张某震的被害人韦某伍，作为张某震与覃某鹏的朋友难免有最低的自卫自保需求。翁某琴并未积极实施暴力行为或给他人造成实质性的损害后果。

（3）辩护精细化。

辩护人在辩护工作中，列举大量被告人陈述，一一罗列各被告人陈述中的矛盾，将被告人相互印证的客观事实进行分析，最终还原出完整案件事实，将案件事实列明后再对各当事人主客观进行逐个分析，最终获得客观的结论，在此基础上形成全维度多层次辩护观点。

正所谓"一图胜千言"，辩护人采取对案件区块建模的方法，通过大量图表建立动态模型，实现了对案件的立体化分析，将案件事实进行最大限度的还原与解读，与书面辩护意见相辅相成，成功使本案在二审阶段取得"撤销原审判决、重审减轻刑罚"的结果。

四、侵犯财产罪

陈某涉嫌诈骗无罪案

——以受骗主体和受骗过程为辩护切入点

陈 征

一、当事人和辩护人基本情况及案由

当事人：陈某。

辩护人：陈征，广东启源律师事务所律师。

案由：诈骗罪。

二、案情介绍

（一）基本事实

1993年1月，K公司从某市国土局通过出让的方式取得涉案土地使用权。同年2月，K公司与被害人黄某实际控制的R公司签订转让合同，约定：K公司将涉案土地使用权转让给R公司，转让款为人民币6,824,790元。R公司按合同约定全额支付了转让款，但涉案土地使用权未过户登记至R公司或黄某名下，而为确保R公司和黄某可以实际使用涉案土地，黄某持有涉案土地的《建设用地批准书》原件。

1999年11月，黄某因没钱治病，遂用涉案土地的《建设用地批准书》原件为质，向被告人陈某借款。被告人李某（另案处理）得知该情况后，以"借地融资"为由，唆使陈某趁与黄某共同外出之机，在两张白纸上偷盖由黄某保管的R公司公章，其中一张写上"K公司：我公司（R公司）已将涉案土地转让给D公司（案外人）、H公司（案外人），请将涉案土地过户给D公司、H公司"，另外一张写上"某市国土局：我公司（R公司）

已遗失涉案土地的《建设用地批准书》，请予补办"的内容。陈某一时糊涂，听信李某之言，偷盖 R 公司公章并伪造上述两份文件，并将该两份伪造的文件以及黄某质押的《建设用地批准书》原件一并交给李某。

2000 年，K 公司与案外人 D 公司以及 H 公司签订土地转让合同，在没有收到该两公司土地转让款的情况下，将涉案土地切割分别过户给该两公司。

2014 年，经黄某劝说，陈某向公安机关投案，如实供述当年偷盖 R 公司公章并伪造文件的行为。经公安机关委托鉴定，涉案土地在案发时（1999 年）的使用价值为人民币 7,255,208 元。

（二）公诉机关指控

根据以上事实，公诉机关提出指控，认为陈某伙同李某以偷盖 R 公司公章的方式伪造两份文件，再利用黄某质押的《建设用地批准书》原件，骗取涉案土地使用权过户至案外人 D 公司以及 H 公司名下，造成 R 公司及黄某损失，陈某的行为构成诈骗罪，数额特别巨大。同时，公诉机关认为陈某的行为构成自首。

（三）被告人认罪

陈某对公诉机关提出的指控无异议，承认控罪。

三、本案争议的焦点

在案证据可以证明：第一，被告人陈某偷盖了 R 公司公章并伪造两份文件；第二，黄某将涉案土地的《建设用地批准书》原件交给了陈某；第三，涉案土地使用权并未过户给已支付土地转让款的 R 公司，而过户给没有支付土地转让款的案外人 D 公司以及 H 公司。

本案争议焦点在于：仅根据以上事实，是否足以认定陈某以诈骗方式非法占有涉案土地？

四、双方的意见

（一）控方意见

控方认为，本案中陈某的行为构成诈骗罪：

第一，案发时，涉案土地虽然通过合同约定转让给 R 公司，但一直登记在 K 公司名下，K 公司之所以将涉案土地使用权转让并过户给案外人 D 公司以及 H 公司，对于此最合理且唯一的解释，就是陈某和李某将偷盖 R 公司公章并伪造的两份文件交给 K 公司，K 公司错误相信两份文件是 R 公司的真实意思表示，故启动了过户手续，将涉案土地过户给案外人 D 公司以及 H 公司。

第二，K 公司将涉案土地使用权转让并过户给案外人 D 公司以及 H 公司，虽然过户过程、谁人操作等事实无法查明，但不影响诈骗罪成立，因为涉案土地最终没有过户给已支付土地转让款的 R 公司，即被害人的损失事实已经发生，诈骗犯罪行为已经完成。

第三，本案符合诈骗罪的犯罪构成，K 公司受到欺骗，误以为 R 公司已将涉案土地转让给案外人 D 公司以及 H 公司，因此启动了过户程序，处分了 R 公司的财产，造成 R 公司损失。

（二）辩方意见

辩护人经阅卷并询问被告人，发现：虽然陈某投案认罪，客观上陈某也确实偷盖 R 公司公章并伪造两份文件，但是，涉案土地最终过户给案外人 D 公司以及 H 公司而不是 R 公司，此结果是否必然是陈某偷盖 R 公司公章伪造两份文件的行为所致，如此关键的事实，却没有任何证据证明，这是一个非常大的疑点。

因此，经被告人知情并同意，辩护人基于独立辩护权，在尊重被告人认罪意愿的前提下，提出以下几点主要辩护意见：

第一，本案没有形成完整证据链证明 K 公司将涉案土地使用权过户给 D 公司以及 H 公司是陈某偷盖 R 公司公章伪造两份文件的行为所致，且有相关证据证明涉案土地的过户与陈某伪造的两份文件无关。

第二，本案没有适格的受骗主体，受害人也不是基于受骗而处分自己的财产，不符合诈骗罪的犯罪构成：首先，单位不可能成为受骗人，单位（法人）不是真正意义的人，只是虚拟的人，因此，诈骗行为人不可能直接对单位本身实施欺骗行为，只有通过对单位的决策者或处分行为人实施欺骗行为，才能骗取单位的财产，在没有查明 2000 年是谁代表 K 公司操作涉案土地过户的情况下，认为 K 公司受骗没有依据；其次，R 公司和黄某也没有因为受骗而处分涉案土地，因为黄某将涉案土地的《建设用地批准书》原件交给陈某是借款质押，两份伪造的文件是陈某偷盖 R 公司公章所形成，黄某并不知情，谈不上错误意思表示。

第三，公诉机关构建的"诈骗过程路线图"是：K 公司收到了陈某伪造的两份文件，然后产生了"R 公司已将涉案土地转让给案外人 D 公司以及 H 公司"的错误认识，最后将涉案土地使用权过户给 D 公司以及 H 公司。然而，如此关键的定罪事实，却只是公诉机关主观推断出来的所谓"最合理且唯一的解释"，不仅缺乏证据支持，而且不能排除涉案土地因"一地多卖""他人作梗"而过户给案外人 D 公司以及 H 公司等诸多合理怀疑。

第四，公诉机关根据"涉案土地过户给没有支付土地转让款的案外人 D 公司以及 H 公司"的最终结果，从而倒推此交易过户过程中存在诈骗行为，认为"涉案土地最终没有过户给 R 公司，说明存在诈骗，至于此过程中谁负责交易、怎么交易、为何进行交易都只是形式，不影响诈骗犯罪成立"。但刑事诉讼中，公诉机关不能以推测代替举证，本案必须查明，当时是具体哪个自然人代表 K 公司进行交易，此人是否基于受骗而产生错误认识，以及是否因受骗而代表 K 公司作出错误决策，如此才能证明"诈骗行为"的存在。

五、辩护结果和理由

（一）一审辩护结果和理由

广州市某区人民法院考虑控辩双方意见后，采纳辩方的意见。一审法院认为：公诉机关指控的基础事实存在极大疑点，是在关键事实不清的情况下所作的合理推测,但这样的推测不足以完成控方的举证责任,更不能成为认定事实与犯罪的依据,刑事诉讼不应且不能在关键事实不清、证据不足的情况下,草率地根据推测作出裁判,公诉机关指控陈某犯诈骗罪事实不清、证据不足,指控的犯罪不能成立。

(二)二审辩护结果和理由

广州市中级人民法院考虑控辩双方意见后,仍采纳辩方的意见。二审法院认为:被告人陈某伪造文书的行为,并非涉案土地使用权被过户、被害人被骗的唯一原因,仅凭被告人陈某的有罪供述及两份文件认定陈某与李某共同诈骗,事实不清、证据不足,抗诉机关指控的犯罪事实存在矛盾与疑点,不足以证实陈某和李某以诈骗的手段非法占有涉案土地,根据疑罪从无原则,依法应作无罪判决。

六、法院判决意见

(一)一审裁判结果

一审法院判决被告人陈某无罪。

(二)二审裁判结果

一审判决后,公诉机关提出抗诉。
二审法院裁定驳回抗诉,维持原判。

七、办案总结和意义

本案与传统的诈骗案件不同,要认定陈某是否构成诈骗罪,必须解决两个核心问题:"谁被骗"以及"如何被骗"。

首先,大部分诈骗案件中,受害人与受骗人是一致的,且是自然人,认定受骗主体和受害人并无难度或争议。但本案中,可能是单位作为诈骗罪的受害人或受骗人,如此则对公诉机关的举证有更高要求。因为,单位(法人)不是真正意义的人,只是虚拟的人,诈骗者不可能直接对单位实施欺骗行为,只有通过对单位的决策者或处分行为人实施欺骗行为,才能骗取单位的财产。当人们说单位受骗时，实际上只是单位的决策者或者是其他可以处分财产的人受骗。如果不能查明是单位中哪个具体的自然人受到欺骗，从而代表单位作出错误意思表示，则不能确定受骗主体以及是否存在受骗情况。

其次，诈骗罪的犯罪构成是"行为人实施欺诈行为→受骗人产生错误认识→受害人基于错误认识处分财产"，公诉机关必须严格按照此构成要件顺序进行举证，从而认定事实，而不能以推测的方式进行指控，更不能仅以受害人失去财物的损害结果来"倒推"存在诈骗行为。

本案中，客观而言，公诉机关的指控并非毫无根据，其推测的诈骗事实也有一定合理性，被告人陈某偷盖公章伪造文件的行为也确实应该受到谴责，然而，刑事诉讼事关被告人的人身自由甚至生命，绝不允许如此轻率地定案。公诉机关必须提出完整且充分的证据链，证明涉案当事人是如何受骗、如何产生错误认识，并排除合理怀疑，而仅凭一个相对合理的推断，并不足以完成控方的举证责任。

综上所述，辩护人认为：本案中，公诉机关的指控，并不是根据完整证据链而作出的事实认定，只是根据零星证据碎片作出的"有罪推测"，而且还不能排除诸多合理怀疑，如此显然不符合刑事诉讼法的定罪规则。以审判为中心的刑事诉讼制度，不但要求人民法院强化罪刑法定、疑罪从无等理念，更要求人民法院全面贯彻证据裁判原则，即所有定罪的事实证据都要经得起法律检验，指控的犯罪是否成立，不是由被告人是否认罪决定，而是由事实和证据决定，事实不清或证据不足，依法应作无罪判决。两审法院没有降低案件证据证明标准，均坚持客观证据裁判原则，对公诉机关的指控和举证进行严格审查把关，依法采纳辩方的无罪辩护意见。此案是体现"罪刑法定""无罪推定"两大原则的经典判例。

甲涉嫌职务侵占罪被不起诉案

郭佳宜

一、当事人和辩护人基本情况及案由

当事人：甲。

辩护人：郭佳宜，北京市炜衡（广州）律师事务所律师。

案由：职务侵占罪。

二、案情介绍

甲于2014年10月入职A公司，任工程副总经理，于2016年12月3日受公司委派担任某工程项目经理，并与公司签署了目标绩效责任书。其间，甲出于个人原因于2017年4月2日、6日、14日向某项目苗木供应商之一乙借款合计人民币66万元，并在签署的3张借条上加盖了A公司某项目部印章。2017年6月26日，甲以支付乙苗木款名义向A公司请款44万元支付给乙，后因货款结算纠纷，乙起诉A公司至法院，A公司败诉，法院认定该44万元为偿还乙的借款，判决A公司仍须赔付乙不包括44万元人民币借款在内的剩余苗木款，并将甲涉嫌职务侵占罪的案件线索移送至某公安分局，后该局立案侦查。

三、本案的争议焦点

1. 甲与A公司之间成立什么关系？甲是否为本案的适格主体？

2. 涉案44万元是否为甲个人借款以及用途去向？甲是否有非法占有公司财物的主观恶意？

四、辩护意见

2017年《刑法》（已被修改）第271条第1款规定："公司、企业或者其他单位的人员，利用职务上的便利，将本单位财物非法占为己有，数额较大的，处五年以下有期徒刑或者拘役；数额巨大的，处五年以上有期徒刑，可以并处没收财产。"根据该条款规定，本案甲不构成犯罪。

（一）本案中犯罪主体不适格

职务侵占罪的犯罪主体为特殊主体，仅限于公司、企业或者其他单位的人员，非公司人员不符合本罪的主体要件。

在本案中，甲是自主经营、独立核算、自负盈亏、自我管理的团队，与A公司之间约定的权利义务明确，甲与A公司的关系是平等主体之间的合作关系，不是表面上的劳动关系。主要体现在以下方面：

1. 甲于2014年10月入职A公司，任工程副总经理，领取公司工资，公司为其购买社保，甲同时也遵守公司规章管理制度，甲与公司成立劳动关系。

2. 从2016年开始，A公司人员制度改革，由公司与公司的部分高层管理人员签订《目标绩效责任书》，公司与甲签订《目标绩效责任书》，从这个时候开始，双方的关系发生变化，不再是劳动关系。

3. 具体在本案中，甲不受公司考勤制度影响，公司也未按月发放工资给甲。而双方签订的《目标绩效责任书》虽然名为绩效，但实为合作协议，甲要承担的是在该项目中的全部责任与义务。

从责任书约定的内容看，甲要承担的是该项目中的全部责任与义务，并且负责全部资金投入，包括但不限于招投标的保证金，工程款的发票税金，为项目员工购买的意外保险，工伤事故即安全事故的赔偿。公司收取的是这个项目结算款的5%，而无论这个项目成功与否，公司都不会发放正常的工资给甲。因此他们之间并不是劳动用工关系，而是合作关系，可见，甲在项目中是自主经营、独立核算、自负盈亏的。

4. 甲对外以A公司项目部的名义进行运营，而A公司在双方的关系中充当一个类似中介的角色，在工程款进入A公司后，A公司扣除5%的管理费及甲的团队人员的社保、工资等费用后，甲以请款的方式提取。A公司在双方的承包、合作关系当中提取固定的管理费用，不承担项目运营的其他风险。

5. 公司并没有也不会视甲的付出按月发放相应的劳动报酬即工资。在本案中证据显示，公司报案人在2019年3月17日的询问笔录中提及："我们为了鼓励员工，与他们签订《目标绩效责任书》。一般一个项目签订一份责任书，约定公司收取管理费5%，税金也就是企业所得税2%，剩下的部分作为项目部管理人的绩效奖励。因此考虑到对甲会发放绩效奖金，我们就没有按月发放固定工资。"故无论A公司作何种解释，甲没有按月领取工资是客观存在的事实。

6. 在某公安分局第一次退回补查重报的补充证据卷宗中，丙作为甲在该项目的合伙人，也多次向公安机关口头答复其是与甲合作投资款项做这个项目，而项目公章负责人和财务负责人丁也明确甲与丙某是该项目承包人。

综上，甲入职之初与公司存在劳动关系，属于公司员工，但是甲与公司之间的关系自签订《目标绩效责任书》后不具有劳动关系的人身依附性，不属于劳动关系，此时甲属于非公司人员，不是涉案犯罪罪名的适格主体。

（二）涉案的44万元款项（主要是40万元本金）均已经用于涉案项目中，甲不存在主观上非法占有公司、企业财物的恶意，不构成犯罪

1. 在某公安分局第一次退回补查重报的补充证据卷宗中的资料显示，丙承认了自己是承包项目的合伙人，与甲合作为涉案项目出资，且明确了跟乙借款的款项全部用于该项目。

2. 在某公安分局第一次退回补查重报的补充证据卷宗中的资料显示，丁（项目公章负责人和财务负责人）的询问笔录明确了：（1）丙将跟乙借的20万元的商票交付给丁，由其直接兑现；（2）丙拿走了40万元的商票，但在同个时间段（2017年4月）共向其交付365,650元（这个金额应当是扣除商票兑换的手续费后的），并且表示认可丙交付的该笔费用是该笔

借款。

3. 从某公安分局第二次退回补查重报的证据卷宗中的甲、丙、丁的银行流水来看，体现其三人的款项往来的转账记录与丁所作《某项目现金收入、支出、结余明细》的台账明细吻合，且从该台账看出，甲和丙所支出的款项均是用于某项目开支。

故，甲对项目投入资金，采用的不是简单的为公司垫付款项后进行报销的方式，而是自负盈亏模式，显而易见的是目前该项目还是亏损状态。

因此，甲为该项目开支进行借款，并且将项目款项用于还款，是合情合理合法的，并不存在非法占有的主观恶意。

（三）甲与A公司之间的44万元纠纷是普通的工程款民事纠纷，A公司因合同关系向第三人支付款项后，可以依据双方的约定内容向甲进行民事追偿

1. 根据双方签订的《目标绩效责任书》，甲可以公司项目部名义对内对外签订相关的合同。

《目标绩效责任书》（合同编号：MYCB-2016-001）第2条第1款约定，"公司将应提供的……项目印章等文件或物品交给项目经理"；第3条第11款约定，"凡以公司项目部名义签署的劳务合同、材料设备购销合同、供应合同、租赁合同等资料，项目经理应在该合同签订7日内报公司工程管理部备案"。根据该约定，A公司授权甲可以以项目部的名义对外签订相关的合同。

2. 既然A公司知晓甲对外以项目部的名义签订合同，那么甲是代理A公司对外签订相关的合同，根据我国民事法律的相关规定，签订合同后的相关权利义务是由委托人A公司承担的。

3. 具体项目的《目标绩效责任书》《补充协议书》《员工廉洁协议》《承诺书》已经对项目执行过程中的相关费用承担进行了约定，A公司在对外承担完相关责任之后，如认为应当由甲承担的，可以根据约定向甲追偿。而事实上，甲并没有逃避这些项目债务，且多次向公司表示愿意承担相应责任。

综上，犯罪嫌疑人的行为并不构成犯罪。

五、案件结果

2019年10月16日，某人民检察院认为某公安分局认定的犯罪事实不清，证据不足，不符合起诉条件，依照《刑事诉讼法》第175条第4款的规定，决定对甲不起诉。

六、办案总结和意义

（一）案件评析

本案是民事诉讼纠纷引起的且由法院移送公安立案侦查的案件。涉案罪名职务侵占罪首先要确定犯罪主体是否适格。本案中犯罪嫌疑人主体是否适格是本案的争议焦点之一。而涉案人员在入职之初与公司是存在劳动关系的，因为其领取公司工资且遵守公司规章制度，对公司具有很强的人身依附性。但是涉案人员与公司的关系自签订《目标绩效责任书》后发生变化，分析涉案人员与公司的关系，不能仅仅从公司为其购买社保来作简单判断，应当结合双方约定以及实际履行的权利义务来加以分析。本案在加以分析之后发现，《目标绩效责任书》约定的内容并不是公司员工的权利义务内容，而是关于甲承接项目后自主经营、独立核算、自负盈亏的约定，双方从劳动关系转变为合作关系，故甲是公司员工在绩效合同书中无法确定，主体问题影响到职务侵占罪犯罪的成立与否。

在确定主体不适格后，其他的问题便迎刃而解，具体分析涉案项目的运作过程以及工程款的请款情况可知，涉案项目是甲自行投入款项进行运作，公司并没有参与其中的运营，只是在每次进度款中提点，因此，项目款项全部由甲支出。而丁是本案关键性人物，因为丁作为项目部的印章负责人和财务负责人，能对甲运作项目以及涉案款项是否用于项目作充分说明。

针对本案证据与证据之间，证据与事实之间的诸多矛盾与疑点，承办律师进行具体的分析，为甲作出不构成犯罪的辩护意见，并且在二次退补后获得人民检察院不起诉的决定。

（二）建议

企业在经营过程中，员工特别是高管等工作人员最容易涉及的就是职务侵占罪、挪用公款罪、挪用资金罪等。像本案中的企业单位因未能理清楚与员工劳动关系、承包关系或其他合作关系，也未能管理好公司公章，以至于相关人员可以擅自使用自己的公章而致使公司需要对外承担责任。

对于企业来说，制定运营管理的法律规范应当有主动性，避免亡羊补牢为时已晚。企业要增强法律意识，特别是需要对重点领域、重点环节、重点岗位进行风险诊断和排查。对于对外使用公司名义的高管人员，应当及时做好跟进追踪，随时做好法律风险后果评估。

对于企业高管人员来说，在对外履行职务行为的时候，应避免发生擅自使用属于公司款项的情况，并且及时向公司有关部门做好报备工作，在取得公司有关部门同意的前提下再进行有关开支的使用。

陈某某诈骗被变更犯罪金额并减轻处罚案

黄 彪

一、当事人和辩护人基本情况及案由

当事人：陈某某，男，1966年1月出生，住广东省汕头市。
辩护人：黄彪，广东红棉律师事务所律师。
案由：诈骗罪。

二、案情介绍

本案中，某区人民检察院于2021年4月指控陈某某及同案被告人李某甲、李某乙明知其上线实施电信诈骗活动，仍提供帮助，数额巨大。后变更起诉，指控陈某某明知其弟弟在国外实施电信诈骗活动，仍提供4张银行卡卡号给其弟弟，通过转账、取款以及收取同案被告人李某甲、李某乙交给其的诈骗款项后交给他人的方式，帮助转移诈骗款共2000余万元。

据陈某某所述，2020年12月前后，其受在国外的弟弟陈某甲的指使在老家收钱，有人给其送现金后，陈某甲再让其把钱送到指定的地方或者让人专门去其家里取钱。自陈某甲安排陈某某取钱开始，一直是李某甲给陈某某送钱。

三、争议焦点

1. 三被告人是否构成诈骗罪。
2. 三被告人犯罪数额的确定。
3. 本案的涉案财物应如何处理。

四、控方意见

《刑法》第266条规定：诈骗公私财物，数额较大的，处3年以下有期徒刑、拘役或者管制，并处或者单处罚金；数额巨大或者有其他严重情节的，处3年以上10年以下有期徒刑，并处罚金；数额特别巨大或者有其他特别严重情节的，处10年以上有期徒刑或者无期徒刑，并处罚金或者没收财产。最高人民法院、最高人民检察院《关于办理诈骗刑事案件具体应用法律若干问题的解释》第1条规定："诈骗公私财物价值三千元至一万元以上、三万元至十万元以上、五十万元以上的，应当分别认定为刑法第二百六十六条规定的'数额较大'、'数额巨大'、'数额特别巨大'。"

公诉机关认为，被告人陈某某、李某甲、李某乙明知上线实施电信诈骗活动，仍提供帮助，数额特别巨大，其行为触犯了《刑法》第266条的规定，应当以诈骗罪追究其刑事责任。被告人陈某某、李某甲、李某乙在共同犯罪中起次要作用，系从犯，应当从轻或者减轻处罚。被告人陈某某、李某甲、李某乙具有坦白情节，依法可从轻处罚。被告人李某甲带领侦查人员抓捕同案犯，有立功表现，可以从轻或者减轻处罚。

五、辩护意见

本案中，辩护人提出如下辩护意见：

1. 被告人陈某某的行为不符合诈骗罪的犯罪构成要件，起诉书中指控被告人陈某某的行为构成诈骗罪，犯罪事实不清、证据不足。主观上，被告人陈某某没有非法占有案涉款项的直接故意；客观上，本案无证据证明被告人陈某某实施了哪些诈骗行为；结果上，陈某某没有占有涉案款项。在陈某某实施取钱、送钱的行为之前，涉案款项早已脱离了本案被害人的控制，且指控的被告人陈某某的涉案金额也不是直接来自本案被害人账户转出的款项。

2. 本案证据不足以认定案外人李某丙、陈某甲构成诈骗罪。本案既无证据证明案外人李某丙、陈某甲实施了哪些诈骗行为，亦无证据证明李某丙、陈某甲的行为导致哪些受害人因其实施的诈骗行为而财产受损。

3. 本案无证据证明被告人陈某某与案外人李某丙、陈某甲之间存在诈骗罪犯意联络。犯意联络是实现单独实行行为向共同实行行为跨越的桥梁。如若不要求各被告人之间有一定的主观联系，就必然把刑事责任建立在几个人的不同行为客观巧合的基础上，导致所发生结果的客观归罪。大部分共同犯罪都是通过共同商议实施的，彼此间的犯意沟通很明确，但是就本案而言，被告人陈某某与案外人李某丙从未认识、毫无关联，更别说双方之间存在犯意联络。而被告人陈某某与案外人陈某甲作为亲兄弟，双方有一定的联系实属正常，但本案也无任何证据证明双方为本案犯罪活动而进行商议。

4. 本案无证据证明被告人陈某某是如何配合案外人李某丙、陈某甲实施诈骗活动。

5. 3名被告人对款项的性质、资金来源、资金去向等都不清楚。从本案3名被告人供述中可知，明显3名被告人对于涉案款项的来源、性质、最终去向均是不清楚的。被告人李某甲、李某乙主要是给被告人陈某某送钱，而被告人陈某某主要是收取被告人李某甲、李某乙送过来的现金。3名被告人之间未曾认识，更未有任何犯意联络，对收取的款项未曾占有。同时，3名被告人对案涉款项如何得来、最终送给了谁均是不清楚的。

6. 本案指控被告人陈某某涉案款项高达2225.639595万元，但款项的性质、构成、来源、去向均未有相应证据加以佐证。首先，被告人陈某某在供述中承认收到的李某甲送来的款项远远低于本案指控其犯罪的金额。其次，即使是被告人陈某某从被告人李某甲、李某乙处收到的款项的性质、来源、构成、去向等也未有证据证实。最后，对于超过被告人陈某某承认的收到的款项外的巨款的性质、来源、构成、去向等也未有证据证实。综上，指控被告人陈某某的巨额涉案款项存在款项性质不清、受害者不明的情况。而刑事损害后果是构罪的要件之一，在未有受损结果的情况下无法将被告人陈某某定罪量刑。

7. 本案无证据证明被告人陈某某4张银行卡的资金流转构成诈骗罪。本案无证据证明向被告人陈某某转款的账户源于诈骗罪的直接受害者；无证据证明被告人陈某某银行的转款来自诈骗罪的其他实施者，亦无证据证明被告人陈某某账户资金来源就是实施诈骗罪的非法所得。被告人陈某某本身为商人,其4张银行卡的资金流转无法排除是生意上的资金往来。

六、法院判决意见

本案中,一审法院认为,电信诈骗是一种利用电信网络技术手段针对不特定人群实施的诈骗,犯罪手段新颖,形式多样化。与传统诈骗相比,最大的特征在于它是点对面的诈骗,它由收集、提供、出售被害人信息,拨打诈骗电话,发送诈骗短信,提供收款、转款银行账户,刷卡套现,取款等一系列环节组成,缺少任何一个环节,该诈骗犯罪都难以成功。在实施犯罪过程中根据其表现形式的不同,各环节参与者参与的时间节点、参与程度也各不相同,相对于点对点的传统诈骗,每个环节的参与者并非都相互认识,且对于所实施犯罪的性质、实施方法、地点、时间和分工通常也无具体的商议。只要各参与人基于一个非法占有他人财物的概括故意,知道或可能知道要实施电信网络诈骗,但仍在各环节参与进来,且相互之间有一定程度的事务联系,就可形成共同犯罪。而认定明知或可能知道他人实施电信网络诈骗犯罪,则要结合各参与人的认知能力、既往经历、行为次数和手段、分配、获利的情况以及是否故意规避调查等主客观因素综合进行分析判断。虽本案3名被告人与直接进行诈骗的人在犯罪时身处不同地点,但通过一对一、上线与下线的联系,整个诈骗—存款—取款—分赃过程紧凑、迅速,应当认为3名被告人在犯罪前已通过意思联络达成犯罪合意。虽各被告人不清楚每次实施诈骗行为的具体过程以及诈骗对象、人数、金额等情况,但与上线之间已就实施电信诈骗犯罪行为达成了概括的共同故意,无论欺骗什么人、以多大数额的财物为诈骗目标均不违背其本意。各被告人的帮助行为渗透于诈骗犯罪,始终为诈骗行为实施者提供了有效的影响,是电信诈骗实施过程中不可或缺的重要环节,增强了犯罪的隐蔽性,离开他们的帮助电信诈骗犯罪难以迅速取款获利,达到犯罪目的,因此认定3名被告人属于诈骗犯罪实施者的共犯。

关于本案犯罪数额确定的问题,一审法院认为,本案系针对不特定多数人实施的电信诈骗,因客观条件限制部分被害人的身份信息无法查实,根据最高人民法院、最高人民检察院、公安部《关于办理电信网络诈骗等刑事案件适用法律若干问题的意见》第 6 条第 1 款的规定："办理电信网络诈骗案件，确因被害人人数众多等客观条件的限制，无法逐一收集被害人陈述的，可以结合已收集的被害人陈述，以及经查证属实的银行账户交易记录、第三方支付结算账户交易记录、通话记录、电子数据等证据，综合认定被害人人数及诈骗资金数额等犯罪事实。"

据此，一审法院认为，被告人陈某某、李某甲、李某乙为获取非法利益，明知他人实施电信网络诈骗犯罪，仍帮助支取、转移电信网络诈骗赃款，数额特别巨大，3 名被告人的行为均已构成诈骗罪，且分别构成共同犯罪。公诉机关指控 3 名被告人的罪名成立，对公诉机关指控金额予以变更。

最后，本案一审判决被告人陈某某犯诈骗罪，判处有期徒刑 7 年，并处罚金 10 万元。

七、办案总结和意义

近年来，利用通信工具、互联网等技术手段实施的电信网络诈骗犯罪活动持续高发，本案中，辩护律师极力主张被告人陈某某行为中关于诈骗罪的每一犯罪构成要件均存在事实不清、证据不足、无法排除合理怀疑的情形，法院最终未予采纳，但认定被告人陈某某受上线人员指使而参与电信网络诈骗犯罪的转移赃款环节，在整体的电信网络诈骗共同犯罪中起辅助作用，认定为从犯。结合被告人陈某某系初犯，具有坦白情节，且考虑到从被告人陈某某处扣押、冻结的钱款可用于弥补被害人的损失，对被告人陈某某予以减轻处罚。

本案意义在于法院明确了对本案被告人犯罪行为的定性及通过网络实施诈骗罪的数额认定。法院认为，虽然本案中 3 名被告人与直接进行诈骗的人在犯罪时身处不同地点，但 3 名被告人配合紧密，且均与上线之间已就实施电信诈骗犯罪行为达成了概括的共同故意，据此认为 3 名被告人构成共同犯罪。对于犯罪数额问题，法院结合各种证据及各被告人参与诈骗犯罪的时间段，通过诈骗团伙账户转入 3 名被告人提供的账户内的资金数额和各被告人取现的资金数额来确定各被告人的犯罪数额。

王某某诈骗判处缓刑案

黄泽珊

一、当事人和辩护人基本情况及案由

当事人：王某某。

辩护人：黄泽珊，广东金桥百信律师事务所律师；周贵鑫，广东金桥百信律师事务所实习律师。

案由：诈骗罪。

二、案情介绍

2021年1月起，本案被告人王某某在经营场所位于广州市某区的A公司（以下简称A公司）下单购买耐克、FILA等品牌运动鞋、羽绒服后，利用A公司的"急速退"政策，将从其他网站上购买的类似的商品调包冒充收到的A公司商品退回A公司骗取退款，将正品在"得物"网店上兜售获利。同年7月，公安机关接到A公司报案，怀疑有不法分子利用该企业"极速退"购物保障政策调包诈骗，涉案财物达200多万元人民币。同年9月，被告人王某某在偶然得知此事后，向家人坦白了其在A公司调包诈骗的事。同年9月13日，王某某在家人教育和陪同下前往公安机关投案自首，并将其调包未出售的573双鞋子交至公安机关。经公安机关统计，被告人王某某通过上述方式诈骗A公司退款共计人民币892,376元。同年9月16日，其家属委托本所律师为其辩护律师，在辩护律师介入下经沟通多方积极退赔被害单位A公司的损失并取得被害单位谅解。

三、本案争议的焦点

1. 王某某诈骗的涉案金额是否为人民币 892,376 元？
2. 王某某是否主观恶意小、犯罪情节轻、悔罪态度积极，量刑是否可适用缓刑？

四、双方的意见

审查起诉阶段，公诉机关经审查认为侦查机关根据被害单位报案提交的证据材料认定王某某涉案诈骗的金额为 892,376 元，而被害单位认为其损失不止该金额；被告人王某某对公诉机关认定其涉案诈骗的金额为 892,376 元无异议，但为体现其深刻的悔罪态度和取得被害单位的书面谅解，愿意按被害单位所提的金额进行赔付。经辩护律师沟通了解到，被害单位对王某某退回的 537 双鞋子估价为 499,485 元，要求再退赔 476,577 元才愿意出具谅解书；为让王某某能得到公诉机关更轻的量刑建议，辩护律师向公诉机关说明情况，争取到经办人推迟提审王某某，通过协调各方当事人的意见，在王某某家属转款的当天取得被害单位对王某某的书面谅解书并提交给公诉机关。但公诉机关认为该案数额特别巨大，在认定王某某有自首、认罪认罚等法定情节的前提下量刑建议为有期徒刑 4—5 年；辩护人认为该量刑建议过重，经多次沟通，强调其涉罪的缘由、主观故意、危害性以及其是刚毕业不久的大学生且也在准备继续考试等情节后，公诉机关最终同意辩护人的意见，将量刑建议改为有期徒刑 3—4 年，王某某在律师的见证下，亦签署了认罪认罚具结书。

五、辩护结果和理由

（一）辩护结果

公诉机关同意辩护人当庭提出的对被告人王某某适用缓刑的量刑建议，合议庭合议后进行当庭宣判，判处王某某有期徒刑 3 年，缓刑 4 年，并处罚金。

(二) 辩护理由

1. 关于被告人王某某的主观故意和客观行为。

王某某于 2020 年大专毕业后就去一公司上班，在上班期间，其觉得还是读书好，于是辞职重新学习想考专升本，但其知道其家庭经济条件一般，在学习期间不想再跟家人要生活费，想通过自己努力来解决读书的费用问题。2021 年年初在网络上搜索资料时无意中了解到在 A 公司购买产品后可通过退假货的方式来获利，由于其法律意识淡薄、一时的贪念等，从 2021 年 1 月开始，王某某通过以其本人和家人信息（家人并不知情）注册的账号多次在 A 公司购买鞋子和衣服，在收到货品后，以调包方式退货来获利；在多次作案后，王某某内心感到很不安，经常无法入眠，也害怕出事被处罚。2021 年 9 月初其家人发现其精神状态差，经与其沟通了解，王某某将自己在 A 公司购买产品后调包退货来获利的情况告诉家人，在家人的批评教育和引导下，王某某于 2021 年 9 月 9 日通过其父亲的电话主动向公安机关自首，后在家人陪同下于同年 9 月 13 日主动到公安机关投案自首。

主动投案当天，王某某还将购买回来后调包还没有出售的鞋子共计 537 双退到公安机关，由公安机关交还给 A 公司。据其本人所称，在其此前所购买的产品中，有小部分鞋子或衣服所退的确实是真货，但由于间隔时间久其亦无法提供证据证明，因此，对于涉案金额愿意以公诉机关认定的金额为准，亦愿意按被害单位所述金额进行退赔，之所以表述出来是为了说明其确有悔罪态度，主观恶性小。王某某到案后，主动积极交代自己参与涉案犯罪行为的事实经过，配合调查，认罪态度好，主动积极退赔 A 公司的全部经济损失并已取得谅解，自愿认罪认罚。

2. 被告人王某某具有以下法定、酌定减轻、从轻处罚的情节。

（1）被告人王某某在公安机关未对其进行讯问或立案的情况下，先通过其父亲手机打电话到公安机关表示要投案自首，后于 2021 年 9 月 13 日在家人陪同下主动到公安机关投案，并如实供述全部罪行，主动上缴涉嫌诈骗的大部分物品（退回涉案鞋子 537 双），根据《刑法》第 67 条的规定，此种行为是自首，可以从轻或者减轻处罚。其中，犯罪较轻的，可以免除处罚。

（2）辩护人在会见被告人王某某时，王某某表示，他在打电话给公安机关表示要去投案自首期间，曾于2021年9月9日主动致电案外人欧某磊，因为他知道欧某磊也有在A公司购买产品调包的事，王某某告诉他说自己要去投案自首，也劝欧某磊去归案自首，争取宽大处理，在王某某的劝说下，欧某磊亦表示随后会去公安机关投案自首，以上事实情况，辩护人恳请法院给予核查，如王某某所述情况属实，依法对王某某劝说欧某磊去投案自首的情节，应认定为被告人王某某有立功表现：第一，根据最高人民法院《关于处理自首和立功具体应用法律若干问题的解释》第5条的规定，立功是被告人到案后实施的检举、揭发他人犯罪等，经查证属实的行为，体现了被告人将功赎罪的意愿和真诚的悔罪态度。规劝他人投案的结果是让犯罪嫌疑人主动投案，这不仅大大节约了司法资源，减少了为抓捕所要付出的人力、物力，而且有利于体现国家刑罚权行使的及时性和必然性。同时，促使在逃犯罪嫌疑人悔罪服法，其人身危险性也得以消除，这当然是对国家和社会作出了一定的贡献。第二，上述司法解释第5条规定的"协助司法机关抓捕其他犯罪嫌疑人"，不问犯罪嫌疑人的主观悔过程度，只要其协助司法机关抓捕其他犯罪嫌疑人，即可认定作出了有利于社会或国家的行为，并达到立功所要求的有利于社会或国家的程度。规劝他人投案行为从产生的作用和效果来看，都明显超过了协助抓捕行为，按照刑法"当然解释"的解释方法，根据"举轻以明重"的原则，实际产生作用和效果都相对较小的"协助抓捕"行为可以构成立功，那么作用和效果更大的规劝其他犯罪嫌疑人投案的行为，更应当可以认定立功。《刑法》第68条规定：犯罪分子有揭发他人犯罪行为，查证属实的，或者提供重要线索，从而得以侦破其他案件等立功表现的，可以从轻或者减轻处罚；有重大立功表现的，可以减轻或者免除处罚。如经查证，无充分证据证实王某某上述供述的内容，辩护人也恳请法院量刑时综合考虑王某某的认罪认罚态度好等情节，给予最大限度的从轻、减轻处罚。

（3）被告人王某某在归案后已主动退回涉案鞋子537双，减少了被害单位的经济损失，在此期间，王某某亦通过家人和律师与被害单位联系，向被害单位表示真诚的歉意，积极沟通退赔问题，王某某本人对公诉机关认定其涉案的金额为892,376元无异议，经过多次沟通和协商，被害单位A公司最终确认，扣除王某某归案后通过公安机关退回537双鞋子的价格（自行估价人民币499,485元），要求王某某须再退回476,577元，王某某为了体现其深刻的悔罪态度和尽快退赔被害公司的经济损失，以争取能得到从轻、减轻和宽大处理，在其家属和律师的帮助下，于2021年12月22日通过其姐姐王某翠的中国建设银行账户分两次共转账476,577元到A公司的账户上，A公司在收到款项后当天亦出具书面的刑事谅解书和收据给王某某家属。王某某在案发后能及时挽救被害单位的全部经济损失，辩护人恳请法院能考虑王某某涉嫌犯罪的主观恶性小、危害性小，系初犯、偶犯，其认罪态度好、已积极主动退回违法所得并取得被害单位谅解等情节而对王某某最大限度地从轻处罚。

（4）被告人王某某于2020年5月开始报读专升本培训课程，相关培训报读费用已缴纳，报读院校为广东某某学院，如不是因一时失足涉嫌本案的犯罪行为，此时的他应该是坐在大学教室里读书。王某某一向遵纪守法、表现良好，从未有任何刑事犯罪记录或行政处罚记录，其被羁押至今，一直积极配合侦查，如实供述，认罪态度好。在辩护人的会见中，其对自己的行为给被害单位造成损失、对家人造成伤害的结果是深感后悔的，有深刻的悔罪态度，也明确表示以后不会再犯此类错误，保证不会再参与涉嫌犯罪的行为。根据《刑法》第67条第3款的规定，可从轻处罚。

（5）辩护人从多次会见中得知，被告人王某某愿意主动接受财产刑处罚，以体现其悔罪表现，根据最高人民法院、最高人民检察院、公安部、国家安全部、司法部《关于适用认罪认罚从宽制度的指导意见》，最高人民法院《关于贯彻宽严相济刑事政策的若干意见》，最高人民法院、最高人民检察院、公安部、国家安全部、司法部《关于规范量刑程序若干问题的意见》第26条的规定，主动接受财产刑处罚的属于酌定的量刑要素，辩护人恳请法院能本着教育、挽救的司法理念，对被告人王某某酌情从轻处罚。

（6）参考《刑法》第72条的规定，辩护人认为，被告人王某某在本案中涉嫌犯罪的主观恶性小，犯罪情节轻，社会危害性不大，自愿认罪认罚，有自首和立功情况，已全额退赔被害单位的经济损失并取得谅解，愿意接受财产刑处罚且系初犯、偶犯，王某某具有从轻、减轻处罚的法定情节和酌定情节。另外，王某某被捕前原是一名准备专升本的学生，没有再犯或危害社会的可能性，被告人王某某的行为符合缓刑适用条件。

综上所述，辩护人恳请法院根据本案的事实、性质、情节等，本着惩治与教育相结合的原则，请求法院在公诉机关对王某某作出的认罪认罚具结书量刑建议的基础上依法对被告人王某某最大限度地减轻处罚，请求对其判处有期徒刑3年并考虑适用缓刑，给被告人王某某一个改过自新、重新做人的机会，这不仅可以让王某某在劳动中继续改造，也能够解决其自身和家庭的问题，避免给政府和社会造成新的负担，真正实现法律效果和社会效果的有机统一。

六、法院判决意见

1. 被告人王某某犯诈骗罪，判处有期徒刑3年，缓刑4年，并处罚金人民币3万元。

2. 依法扣押的作案工具银行卡一张，予以没收（由广州市公安局荔湾区分局执行）。

七、办案总结和意义

辩护律师通过与王某某会见，在核实案件事实经过的同时，也了解其涉案的缘由等，对王某某所反映的学习情况与家属进行核实，并让家属提交对当事人有利的学习材料并经整理后提交办案机关；在此过程中，辩护人勤勉尽责，在仔细反复分析证据和材料的基础上，也对王某某进行法治教育令其反省；案件从侦查、审查起诉至法院审理期间，辩护律师多次与家属、被害单位积极沟通退赔损失，最终被害单位的经济损失得到全额的赔偿并向公检法机关书面表示对王某的谅解；通过与公诉机关、法院的多次沟通，辩护律师提出王某某有自首情节、主观恶意小、犯罪情节轻、自愿认罪认罚，有深刻悔罪态度且系初犯、偶犯，具有从轻、减轻处罚的法定情节和酌定情节并符合缓刑适用条件的辩护意见，最终打动公诉机关当庭改变量刑建议，同意辩护人的缓刑建议，也让合议庭当庭作出缓刑的判决结果，这与辩护律师在此过程的用心、耐心的沟通和有效辩护策略是分不开的，体现了辩护律师的专业水平和尽心尽职的职业操守。

本案的成功辩护，体现了有效辩护的重要性，也体现了刑法宽严相济的基本原则，王某某经过教育认罪悔罪、积极改造，也能够解决其自身和家庭的问题，避免给政府和社会造成新的负担，真正实现法律效果和社会效果的有机统一。

当前互联网经济新形态发展迅速，一些互联网公司为抢占市场，以提供无条件退货、退款的网购保障政策的形式吸引客户。对于刚毕业踏入社会的大学生来说，若其法律意识淡薄，又有不劳而获的思想，误认为这是个漏洞，则易误入歧途涉嫌犯罪。我们应该加强青少年法治教育以及校园普法宣传工作，提升青少年法治素养，使其树立正确的世界观、价值观和人生观。

张某某涉嫌诈骗被无罪释放案

李金铭

一、当事人和辩护人的基本情况以及案由

当事人：张某某，男，48岁，在广州、潮州等地从事工程承揽业务，家住广东潮州，长期往返广州、潮州两地。

辩护人：李金铭，广东四端律师事务所律师。

案由：诈骗罪。

二、案情介绍

张某某与即将竣工的广州市JB广场的开发商是战友、老乡关系，两人私交很好，报案人李某龙，通过朋友介绍认识犯罪嫌疑人张某某，希望通过犯罪嫌疑人张某某从中斡旋、介绍，拿到JB大厦的网络工程业务，并承诺事成之后，视为双方合作开发项目，李某龙给犯罪嫌疑人张某某40万元的业务费用。2018年5月，报案人通过犯罪嫌疑人张某某的引荐，认识JB广场经理，并多次陪同张某某一起宴请该经理，最终获得了JB广场的网络施工工程的业务，JB广场向李某龙出具了一份《关于JB广场信号覆盖建设函》，该函明确同意：李某龙所在的HR网络科技有限公司"统筹建设该物业三家运营商共用的无线覆盖系统"。拿到该函后，报案人李某龙陆续通过支付现金、微信转账等方式分别向犯罪嫌疑人张某某支付了6万元、2万元两笔费用，总计8万元，有聊天记录和转账记录证实。犯罪嫌疑人张某某在第一次笔录中，也承认自己收取了对方8万元，但大部分都在为李某龙争取项目工程的过程中请客、送礼花掉了。另外，报案人李某龙还向犯罪嫌疑

人张某某书写了一张10万元的欠条。犯罪嫌疑人张某某被抓时，10万元欠条在张某某随身证件中夹带，并被警方扣押在看守所，张某某未向办案民警出示该欠条，该欠条也未被民警搜查发现。犯罪嫌疑人张某某在笔录中始终未承认收取了李某龙30万元的费用。

犯罪嫌疑人张某某与报案人李某龙产生矛盾，引发矛盾的主要原因是广州JB广场超高违建，消防和规划部门一直不能通过该大厦的竣工验收，致使报案人李某龙的网络施工不能如期开工。报案人李某龙系四川人，听信旁人挑拨离间，说犯罪嫌疑人张某某系潮州人，看样子很狡猾，不可靠。报案人多次催问开工时间无果，加之疫情影响，开工的时间遥遥无期，其不愿意与犯罪嫌疑人张某某继续合作，决定退出JB广场的工程业务。犯罪嫌疑人张某某打电话给报案人李某龙，希望他等一等，不要着急退出，李某龙去意坚决。犯罪嫌疑人为帮助李某龙承接JB广场项目也做了不少工作，付出了人情、金钱和时间，对李某龙不愿意等待、就此放弃的行为，十分不快。犯罪嫌疑人张某某多次打电话劝告李某龙，开始，李某龙还接听犯罪嫌疑人的电话，后来，电话打得太频繁了，李某龙便不乐意接听了，犯罪嫌疑人张某某因此十分生气。从此，也以牙还牙，同样不接听李某龙的电话，但是双方都未更换电话号码。双方你不理我，我不理你，僵持一段时间后，李某龙便以犯罪嫌疑人张某某涉嫌诈骗为由，向白云公安局黄石派出所报案。报案时，JB广场尚未通过竣工验收，也未寻找其他人到该广场进行网络施工。

三、本案争议的焦点

本案争议焦点是：张某某与李某龙之间的纠纷，到底是刑事诈骗还是民事纠纷？

《刑法》第266条规定，诈骗罪是以非法占有为目的，使用虚构事实或者以隐瞒真相的方法，骗取数额较大的公私财物的行为。根据诈骗罪量刑标准如果犯罪嫌疑人张某某的行为涉嫌诈骗，那么张某某可能将面临10年的刑期。

四、双方的意见

律师接受委托后,虽然当时疫情十分严重,会见十分困难,仍克服困难立即会见了犯罪嫌疑人张某某,随后马上向办案机关提交了辩护意见如下:李某龙与犯罪嫌疑人张某某之间的矛盾,属于居间合作经济纠纷,犯罪嫌疑人张某某并未使用虚构事实或者隐瞒事实真相的方法,骗取对方钱财,双方产生矛盾是存在客观原因的,双方的纠纷属于民事纠纷。犯罪嫌疑人张某某的行为并未导致刑事犯罪,完全可以通过民事诉讼解决双方的财产和经济问题。将民事纠纷转为刑事立案,应该综合考量案件起因、演变、主观原因和社会后果,以事实为根据,以法律为准绳。侦查机关在审理本案,处理经济纠纷时,应该确保促进社会和谐,将经济纠纷升级为刑事案件,不仅不利于化解民事纠纷和社会矛盾,反而会导致新的社会矛盾和新的社会仇恨。为此,恳请立即无罪释放犯罪嫌疑人张某某。

五、辩护结果和理由

犯罪嫌疑人张某某被刑拘后,家属万分焦急,咨询了多名律师后,决定委托本律师担任其辩护人。接受委托后,本律师抓紧时间会见了犯罪嫌疑人张某某,向犯罪嫌疑人本人了解了本案的真实情况,目的是争取在30天内,释放犯罪嫌疑人或者改变强制措施。

会见后,本律师于2021年12月3日向经办民警递交了书面的《法律意见书》,同时还应家属的要求向黄石派出所递交了《取保候审申请书》。经办民警收到取保候审申请和法律意见后,于2021年12月6日就以案情复杂、社会危害性大为由,驳回了取保的申请。但同时李某龙主动使用私人手机联系了律师,就犯罪嫌疑人是否构成诈骗与办案律师进行了电话交流,沟通过程中,律师敏锐地察觉到:报案人李某龙对办案机关施加了一定的压力,如果能说服家属退还一定金额的款项,取得报案人的谅解,律师的辩护意见是有希望被采信的。于是本律师抓紧时间与犯罪嫌疑人家属联系,犯罪嫌疑人家属刘某美与报案人李某龙之前也相互认识,毕竟双方之前是友好合作关系,家属是女性,遇事会示弱,报案人李某龙面对柔弱的家属也敞开了心扉，表示：自己花费了大量的精力和财力，但是项目迟迟不能开工，看不到希望，犯罪嫌疑人张某某又躲着他，不肯出面面对面协商解决问题，使他十分不忿。在律师的指导下，最终双方达成和解，张某某家属退还和赔偿17.2万元给报案人李某龙，李某龙向办案机关出具谅解张某某，撤销刑事报案的申请书。

六、办案机关意见

2021年12月17日，广州市公安局白云分局最终作出了对张某某不追究刑事责任的决定，并于当晚9点释放了犯罪嫌疑人张某某。

七、办案总结和意义

本案能够成功地在犯罪嫌疑人被拘留的第28天，使犯罪嫌疑人获无罪释放，作为办案律师，笔者有如下几点心得体会：

1. 犯罪嫌疑人被刑事拘留，并非就一定会被定罪、判刑。每个刑事案件最后定罪都要经过公安侦查、检察审查、法院审理三个阶段，每一个阶段律师都可以为犯罪嫌疑人提供法律帮助。但律师建议，一旦涉嫌刑事犯罪，犯罪嫌疑人的家属就应当在第一时间请专业律师介入，律师介入越早，效果越好。律师越早了解案情，越能更好地为犯罪嫌疑人提供法律帮助，争取到理想结果。

2. 辩护律师也应该把握好时间，争取在批准逮捕之前提交专业的法律意见书，并尽快通过退赔等手段化解当事人之间的矛盾，获得当事人谅解，将矛盾解决在当事人被批准逮捕之前。

3. 刑辩律师不仅要精通法律条文和立法基本原则，还应善于从整个事实的过程中厘清法律关系，发现问题的本质，还原事实真相，这样才能把握罪与非罪。张某某从涉嫌犯诈骗罪到无罪释放，历时28天，得益于律师提出的精准的、专业的法律意见。

被害单位广东某实业有限公司成功控告员工彭某犯职务侵占罪案

李文源

一、当事人和诉讼代理人的基本情况以及案由

当事人（被害人/报案人）：广东某实业有限公司。
诉讼代理人：李文源，广东卓信律师事务所律师。
案由：职务侵占罪。

二、案情介绍

犯罪嫌疑人彭某，男，2017年12月26日入职被害人/报案人广东某实业有限公司，同日双方签署了《劳动合同》，入职后其职务为销售经理，主要负责报案人在湖南省长沙分公司的幼儿园专线业务，以及幼儿园产品的市场开发与客户开拓业务。报案人提供的《办事处业务经理—岗位说明书》中也已明确经理的具体职责包含对客户售前、售中、售后服务以及与客户关系的维护，按公司制度向客户催收或者结算货款。

2017年12月26日，彭某在其《入职承诺书》中向报案人承诺在职期间将严格按公司要求，让客户将款项汇入公司指定账户（不得汇入其私人账户），不得以任何理由将公司货款占为己有，若有违反，其愿意承担一切法律责任。

2018年6月26日，长沙市宁乡市某双语幼儿园与报案人签订了幼儿园配套设施的《购销合同》（合同总金额为人民币770,000元）。因为宁乡市属于长沙市管辖范围，上述项目最终由报案人长沙区域的销售经理即彭某

对接，并跟进该双语幼儿园的全部工作。《购销合同》签订后，报案人向双语幼儿园发送了合同约定的产品，幼儿园也按合同约定前后向报案人支付了部分合同款人民币 531,000 元。

项目后期，由于幼儿园园内的部分木制类产品需要根据场地实际情况调整进行增添，在原《购销合同》约定的产品名称及货物金额以外，彭某以销售经理的身份代表报案人与双语幼儿园签订增加产品的补充合同，随后报案人按照彭某的要求向双语幼儿园发货，合同总金额由原来的 770,000 元增加至 823,890 元，扣除已经支付的 531,000 元进度款后，还有尾款 292,890 元，依约双语幼儿园需要在 2018 年年底支付给报案人。

然而，在 2018 年年底双语幼儿园完成了安装验收，报案人多次要求彭某在限定期限内向双语幼儿园追收尾款时，彭某却以正在催款或者客户尚需要走流程等各种理由予以拖延。其后，在 2019 年春节前，彭某以家中有事需要请假处理为由向报案人提前请了 11 天长假，在春节假期结束后，彭某未按公司规定的时间准时返回上班。

报案人进而感觉事情十分异常，遂联系彭某了解其为何未按时回公司上班，彭某以公司未向其发放提成为由表示不想在公司继续工作后，电话即持续无人接听，无法联系。同时，报案人安排其余工作人员对彭某跟进的客户进行了回访，继而发现，彭某竟然在《购销合同》履行过程中向双语幼儿园谎称其是报案人湖南分公司的总负责人，并在 2018 年 12 月变更合同款项的收款账户为其妻子个人账户，要求双语幼儿园将后续 292,890 元的合同尾款直接支付到其妻子的银行账户内，双语幼儿园向彭某指定的账户支付了 292,890 元合同尾款。

三、本案件争议的焦点

彭某以用人单位未向其足额发放工资、提成为由进而私下更改收款账号，收取合同尾款拒不退还的行为是否构成职务侵占罪？

四、双方的意见

犯罪嫌疑人彭某认为，报案人年终未依约向其发放承诺发放的业绩提成款，而且公司尚欠其部分工资未发放，其离职后公司也应当对其进行补偿，进而认为其可以直接收取合同尾款进行抵扣。

代理人认为，彭某利用其担任长沙区域销售经理洽谈客户、签署合同、提供服务、催收款项等的职务便利，在未经得公司许可的情况下，擅自变更收款账号将双语幼儿园本应向报案人支付的 292,890 元合同尾款支付到其妻子个人账户内，意图非法占有该巨额款项，并且已经实际向客户收取合同尾款，彭某的行为已经涉嫌构成职务侵占，数额巨大，应当按照《刑法》第 271 条职务侵占罪之规定予以处罚。

在侦查阶段中，起初，公安机关不认可报案人的刑事控告，认为属于用人单位与劳动者之间的劳动争议（工资、提成）等纠纷，对报案人的控告未进行正式刑事立案受理。其后，代理人协助报案人梳理了本案全案事实、整理了客观证据材料，并向公安机关提交了书面的《刑事控告书》，公安机关最终认可了报案人的报案意见，认为有犯罪事实发生，彭某的行为涉嫌职务侵占罪，属于公安机关应当依法受理并立案侦查的案件。

审查起诉阶段中，公诉机关认为，2018 年 6 月至 12 月，彭某在担任广东某实业有限公司幼教长沙办销售经理期间，利用其签订合同、催收货款的职务便利，与双语幼儿园签订教学教具设备采购的补充协议，并私自指定其妻子的银行账户为收款账户，收取原购销合同约定的尾款及补充协议约定的货款共计人民币 292,890 元拒不归还被害单位，后离职。被告人彭某的行为无视国家法律，身为公司工作人员，利用职务上的便利，将本单位财物非法占为己有，数额较大，行为触犯了《刑法》第 271 条第 1 款之规定，应当以职务侵占罪追究其刑事责任。

五、法院判决结果

一审法院认为：被告人彭某身为公司工作人员，利用职务上的便利，将本单位财物非法占为己有，数额较大，其行为已构成职务侵占罪。公诉机关指控被告人彭某犯职务侵占罪事实清楚，证据确实、充分，罪名成立。

被告人彭某归案后如实供述自己的罪行，承认指控的犯罪事实，愿意接受处罚，法院依法对其从轻从宽处罚。被告人彭某通过家属积极赔偿被害单位的全部经济损失，法院酌情对被告人彭某从轻处罚。鉴于被告人彭某犯罪情节较轻，有较好的悔罪表现，没有再犯的危险，适用缓刑对所居住社区没有重大不良影响，并综合考虑其身患疾病等具体情况，决定对其宣告缓刑。依照《刑法》第 271 条第 1 款、第 67 条第 3 款、第 72 条第 1 款、第 73 条第 2 款及第 3 款，最高人民法院、最高人民检察院《关于办理贪污贿赂刑事案件适用法律若干问题的解释》第 11 条第 1 款、第 1 条第 1 款之规定，法院判决被告人彭某犯职务侵占罪，判处有期徒刑 1 年 2 个月，缓刑 1 年 9 个月。

六、办案总结和意义

（一）对公司、企业等用人单位的建议

本案报案人在刑事控告前，根据客观情况，实事求是地梳理清楚全案事实、整理客观证据材料，并向公安机关提交书面《刑事控告书》是十分重要且关键的步骤，完整、全面的报案材料有助于公安机关迅速了解、核实案情，并依法开展刑事立案、侦查工作，迅速拘留犯罪嫌疑人，最大限度地挽回被害单位的损失。

因此建议公司、企业等用人单位建立并完善企业用工规章制度，明确各岗位的职责范围，在员工入职/离职时建立员工入职/离职档案资料，并且在经营过程中规范经营，妥善留存合同、送货单、收货单、签收凭证、收付款凭证等经营资料，当合法权益受到侵害时要及时采取相应的法律行动，依法维护合法权益。

（二）对用人单位员工的建议

员工在公司、企业等用人单位工作过程中应当依法、依规遵守用人单位的各项规章制度，尤其是不能耍小聪明或者贪小便宜，应当诚实、勤勉、尽责做好本职工作。在用人单位未及时将劳动报酬或其他提成款项发放给员工产生劳动纠纷时，建议员工通过法律赋予的合法手段维护权益，比如向劳动监察部门反映，寻求监督、调处，或者依法提起劳动仲裁予以维权，未经用人单位同意的情况下切勿直接占有原本属于用人单位的其他款项而直接进行抵扣，该类行为非常危险，一不小心将可能触犯刑事法律。同时，建议员工要不断提高基本的法律认识，树立职业风险意识也是重要和必要的。

  职务侵占罪的案件具有一定的隐蔽性，通常公安机关履行工作职责时难以主动发现，需要在被害人认为存在犯罪嫌疑，并且向公安机关提出明确的刑事控告及提供相应的客观证据情况下，公安机关方能更有效地依职权进行刑事调查。本案公安机关依法侦查、行动及时高效，公诉机关指控事实清楚、准确，审判机关依法、公正判案，并且综合考量了犯罪嫌疑人/被告人的认罪认罚、积极退赃退赔等法定从轻、减轻情节，以及身患疾病等具体情况，最终对被告人判处缓刑，既体现了司法的公正，也体现了司法部门的执法温度，切实彰显了刑事诉讼教育为主，惩罚为辅的宽严相济刑事法律精神，本案最终取得了法、理、情相统一的良好司法效果。

杨某等人诈骗案

——分案处理共同犯罪时，主从犯认定的辩护困境与思考

王　志　蔡晓庆

一、当事人和辩护人基本情况及案由

当事人：杨某等人。

辩护人：王志，广东四端律师事务所律师。

案由：诈骗罪。

二、案情介绍

2018年至2019年，张某甲伙同张某乙组建某科技公司，聘请员工，建立广告部、财务部、质检部、策划部、销售部等部门。后领导公司员工利用微信公众号宣传"某某老中医""治愈白发、脱发"等虚假事实，指使员工假冒老中医身份，通过微信对不特定被害人的白发、脱发等疾病进行问诊。在骗取被害人信任后，以原价几十元的"古方某某膏"等饮料类食品，冒充治疗白发、脱发等疾病的高价药品，向被害人进行销售，骗取他人钱财，最终该诈骗团伙获益金额合计6000多万元，其中大部分利益由老板张某甲、张某乙获得，其他员工仅得基本工资以及部分诈骗金额的提成。

公司销售部负责人为销售经理张某丙，总管销售业务。销售部下设5个销售团队，每个团队负责人为销售主管，直接管理该销售团队的业务员及销售业务。本案被告人杨某为销售主管之一，所在销售团队诈骗金额合计500多万元。

案发后，办案机关将该诈骗团伙分成三案处理：张某甲与张某乙等人诈骗罪案、张某丙等人诈骗罪案，以及杨某等人诈骗罪案（本案，其余被告人均为杨某销售团队成员）。经侦查、审查起诉、审判后，办案机关在张某甲与张某乙等人诈骗罪案中认定张某甲、张某乙构成诈骗罪主犯，判处有期徒刑 11 年 3 个月；在张某丙等人诈骗罪案中认定张某丙构成诈骗罪主犯，判处有期徒刑 10 年 3 个月；在杨某等人诈骗罪案中认定杨某构成诈骗罪主犯，判处有期徒刑 10 年 3 个月。

三、本案争议的焦点

1. 杨某应当被认定为主犯还是从犯？
2. 本案（在分案处理下）在定罪量刑上是否存在"同案不同判"以及"量刑畸重"？

四、双方的意见

（一）被告人方面的意见

1. 本案的诈骗行为从着手实施到完成，要经过 11 个环节。"销售行为"只是构成本案诈骗行为的环节之一，不构成一个独立、完整的诈骗行为。并且，销售人员具体实施的"销售行为"，是由公司策划部先制定"话术手册"，再由质检部监管销售人员执行，销售人员实际接触不到本案诈骗活动的虚假产品和诈骗金。所以，销售环节不是本案整个诈骗行为重要的一环，不能单独分案处理并认定销售环节的人员为主犯。

2. 根据身份、岗位职责以及犯罪获利、任职时间等比较，张某丙才是销售环节的负责人，在销售环节中起到主要作用。而被告人杨某只是张某丙下属 5 个团队的"主管"之一，不在关键岗位，也不是公司管理层，起到的作用比较小，实际只是起到上传下达的作用。所以，即便将单个"销售"环节抽离出来视为一个单独的共同犯罪，主要负责人也只有张某丙，杨某并非为主犯。

3. 办案机关未将本案与张某甲与张某乙等人诈骗罪案、张某丙等人诈骗罪案并案审理，认定杨某在整个犯罪中的地位、作用。张某甲、张某乙、张某丙等人在共同犯罪中所起的作用远大于杨某（量刑却未能予以体现），是公司管理者及诈骗主要获利人，特别是张某丙作为杨某的上司、销售环节的负责人，诈骗金额也远高于杨某，但张某丙的量刑却完全与杨某相同，不符合罪责刑相适应原则。

（二）办案机关方面的意见

1. 根据最高人民法院、最高人民检察院、公安部《关于办理电信网络诈骗等刑事案件适用法律若干问题的意见》的规定，多人共同实施电信网络诈骗，犯罪嫌疑人、被告人应对其参与期间该诈骗团伙实施的全部诈骗行为承担责任。在其所参与的犯罪环节中起主要作用的，可以认定为主犯；起次要作用的，可以认定为从犯。本案被告人杨某系案涉科技公司团队主管，领导团队其他成员具体实施冒充老中医骗取他人钱财的客观行为，对团队成员和业绩进行管理，在其所参与的犯罪环节中起主要作用，应认定为主犯，以其所参与和组织的金额认定为其犯罪数额。本案虽认定被告人杨某在共同犯罪中起主要作用，属主犯，但亦认定其作用相对小于张某甲、张某乙，属于作用相对较小的主犯。故办案机关对杨某在共同犯罪中的地位、作用把握适当。

2. 关于本案（在分案处理情况下）在定罪量刑上是否存在"同案不同判"以及"量刑畸重"，办案机构认为：根据最高人民法院、最高人民检察院、公安部《关于办理电信网络诈骗等刑事案件适用法律若干问题的意见》第2条的规定，利用电信网络技术手段实施诈骗，诈骗公私财物价值3千元以上、3万元以上、50万元以上的，应当分别认定为《刑法》第266条规定的"数额较大""数额巨大""数额特别巨大"。《刑法》第266条规定：诈骗公私财物，数额较大的，处3年以下有期徒刑、拘役或者管制，并处或者单处罚金；数额巨大或者有其他严重情节的，处3年以上10年以下有期徒刑，并处罚金；数额特别巨大或者有其他特别严重情节的，处10年以上有期徒刑。故法院判处本案被告杨某有期徒刑10年3个月，量刑适当。

五、辩护理由

根据《刑法》第26条第1款和第27条第1款的规定：组织、领导犯罪集团进行犯罪活动或者在共同犯罪中起主要作用的，是主犯；在共同犯罪中起次要或者辅助作用的，是从犯。可见，行为人在共同犯罪中所起作用的大小，是区分主从犯的唯一标准。从犯的认定应紧紧围绕"次要和辅助作用"这一标准，通过各方对共同犯罪所起作用的对比，来判定谁是主犯、谁是从犯。杨某在本案中起到的作用符合"起次要作用"的从犯的特征：（1）杨某对本案的犯意的形成起次要作用，是在本案共同犯罪的犯意、诈骗行为已经成熟之后，才通过合法招聘渠道入职公司；（2）在实施犯罪过程中，杨某处于被支配地位，"销售行为"只能严格按照策划部和质检部的要求进行；（3）杨某没有参与有关犯罪的决策和谋划，只是一个领取工资的受雇者；（4）杨某没有主持分赃，犯罪获利也非常少。故办案机关应按照《刑法》第26条第1款和第27条第1款的规定，结合具体案情，具体分析各行为人在共同犯罪中所起作用大小，特别是将作为销售环节负责人的张某丙与杨某的犯罪情节进行比较，不能径直依据《关于办理电信网络诈骗等刑事案件适用法律若干问题的意见》第4条第2款的规定认定杨某为主犯。

并且，张某甲与张某乙等人诈骗罪案、张某丙等人诈骗罪案与杨某等人诈骗罪案应该并案审理，这样才能查清案件事实以及共同犯罪中主从犯的地位问题，理由如下：（1）根据办案机关的指控，可查明仅有销售团队是无法实施犯罪的，必须有公司其他部门的分工配合才能够完成。办案机关将杨某等人团队从公司拆分，片面地认定杨某等人团队构成"共同犯罪"、杨某为主犯，未能结合张某甲与张某乙等人诈骗罪案、张某丙等人诈骗罪案全面查清案情，导致量刑失当。（2）只有三案并案处理，法院及各诉讼参与人才能对"共犯"进行发问，由共犯相互对质，才能查明真相，公正审理。在本案相关指控中，张某甲、张某乙、张某丙、杨某等人互为各自案件中最为重要的证人之一，各自"供述"也都是对方案件的重要定案依据。将三案并案处理，无疑可以使各个犯罪嫌疑人在诉讼中相互做证、对质，以查明案件事实。（3）在本案认定共同犯罪主从问题上，办案机关应从公司作为共同犯罪的整体出发，结合张某甲与张某乙等人诈骗罪案、张某丙等人诈骗罪案，综合考虑三案，认定杨某从犯地位。

六、法院判决意见

被告人杨某等人以非法占有为目的,利用互联网技术冒充老中医骗取他人钱财,诈骗数额特别巨大,其行为构成诈骗罪。本案中,被告人杨某在共同犯罪中起主要作用,是主犯。据此,经审判委员会讨论决定,依照《刑法》第 266 条、第 25 条、第 26 条、第 27 条、第 67 条第 3 款、第 52 条、第 53 条、第 64 条,《刑事诉讼法》第 15 条、第 201 条之规定,判决:被告人杨某犯诈骗罪,判处有期徒刑 10 年 3 个月,并处罚金人民币 200,000 元。

七、办案总结和意义

1. 问题:共同犯罪在分案处理时,辩护人提出的"综合考虑全案整体的犯罪事实、在全案中判断主从犯地位"等辩护意见,可能在辩护实践中难以得到采纳,容易出现"同案不同判""量刑畸重"的情况。

辩护人经办的这起案件,从公安机关对案件嫌疑人采取拘留措施之后,即分成三案处理,进入审查起诉、一审、二审、刑事申诉等阶段,也均被分成三案处理。辩护人在经办过程中,多次向多个办案机关以口头以及书面形式提出并案审理的申请,但未得到采纳。此后,辩护人一方面继续提出并案处理的申请,另一方面努力在辩护意见中重点提及另案处理的犯罪事实、公司人员结构等,以此说服办案机关综合考虑全案的犯罪事实,紧紧围绕"次要和辅助作用"这一标准,通过各方对共同犯罪所起作用的对比,认定本案的主从犯地位。但最终仍难以突破《关于办理电信网络诈骗等刑事案件适用法律若干问题的意见》第 4 条第 2 款的规定,故辩护人认为,共同犯罪在分案处理下,存在以下辩护难点:

第一,共同犯罪在分案处理时,原本属于同一案件的犯罪嫌疑人/被告人变成对方案件的证人,在身份上存在冲突。并且,作为证人的同时,犯罪嫌疑人/被告人又往往无法以证人身份出庭,接受其他被告人的辩护人的当庭发问,也不能当庭接受其他公诉人讯问,不能对质,从而无法查清全案的事实。

第二，在认定共同犯罪的主从犯问题上，办案机关容易"未审先判"，无法从共同犯罪的整体出发，结合被分案处理的案件及被告人，认定主从犯地位，而仅在分案中、在忽视其他共犯犯罪事实的情形下，处理主从犯的认定问题，导致无法查清共同犯罪成员实际起到的作用，从而容易出现同案不同判的判决结果。

2. 思考：对共同犯罪案件进行并案/全案处理，是在办理此种类型案件过程中应该遵循的正确办案方式，也符合现行法律和司法解释的要求。

（1）最高人民法院《关于适用〈中华人民共和国刑事诉讼法〉的解释》重申同案同审的原则，并在第 220 条第 2 款强调："对分案起诉的共同犯罪或者关联犯罪案件，人民法院经审查认为，合并审理更有利于查明案件事实、保障诉讼权利、准确定罪量刑的，可以并案审理。"

（2）《关于当前办理集团犯罪案件中具体应用法律的若干问题的解答》对集团犯罪合并审理的必要性进行了说明，"为什么对共同犯罪的案件必须坚持全案审判？办理共同犯罪案件特别是集团犯罪案件，除对其中已逃跑的成员可以另案处理外，一定要把全案的事实查清，然后对应当追究刑事责任的同案人，全案起诉，全案判处。切不要全案事实还没有查清，就急于杀掉首要分子或主犯，或者把案件拆散，分开处理"。

（3）《刑事审判参考》（2009 年第 2 辑）第 545 号案例裁判理由认为："共同犯罪案件有一定特殊性，对于在审判先归案被告人过程中，在逃的犯罪嫌疑人也归案的，原则上应并案审理。主要考虑是，每个共同犯罪人都是犯罪的亲历者，对其他共犯的犯罪事实最为知情，其供述对证明其他共犯人的犯罪事实十分重要。同时，共同犯罪人在责任分担上存在直接利害冲突，每个人均可能为减轻罪责而在供述时避重就轻，推卸责任。在审判中，只有尽可能全面听取每个被告人的供述和辩解，并结合在案的其他证据，才能排除矛盾，澄清疑点，查明案件事实，准确区分各被告人在共同犯罪中的地位和作用，确保案件质量。"

作为辩护人（律师），应该在经办的每个案件中，在每一次对外发声中一方面，尽量推动案件并案处理，另一方面，在分案处理的情况下，继续努力推动办案机关在共同犯罪的主从犯认定上，能够全案考量、准确量刑，使共同犯罪的主从犯认定越来越准确、适当。

　　笔者明白当前诈骗犯罪态势严峻，但越是严峻的时刻，越需要坚守法律的阵地。在量刑上，只有科学、合理量刑才能有效打击诈骗犯罪，相反，如不顾法律，不严格区分主、从犯而追求一律重刑，将促使原本罪轻的人走向更严重的犯罪活动、真正罪重的犯罪分子轻视法律，反而与中央打击诈骗犯罪的方针相悖、与人民的利益相悖。诈骗犯罪中最需要严厉打击的是起到纠集、指挥作用的犯罪分子，其余通过合法的渠道受雇佣的员工，应考虑到他们不是明知故犯，而是尚可拯救的对象。法院依法认定主从犯，并据此量刑，就完全可以处理量刑基准不一的问题，真正做到"综合考虑全案"，取得判决最佳的法律效果和社会效果。

陈某盗窃被判缓刑案

杨明亮

一、当事人和辩护人基本情况及案由

当事人：陈某，男，1999年6月12日出生，西安某学院的在校学生。因本案于2021年12月23日被羁押，次日被刑事拘留，2022年1月21日被取保候审，2022年9月23日被宣告缓刑。

辩护人：杨明亮，广东尚美律师事务所律师。

案由：盗窃罪。

二、案情介绍

陈某是西安某学院的学生（还有几个月就毕业），在某教育培训机构实习，任摄影培训老师一职，平时会根据学员的人数需要，从培训机构里面拿照相机用于教学工作（有时几部相机，有时十几部相机不等），拿照相机时，陈某有时候在前台登记、有时候不用登记。一般情况下，培训老师都会因为工作需要持有该相机一段时间后才归还机构，陈某当时因为急用钱，就将从培训机构里拿来的照相机拿去典当公司做了典当。至案发时，陈某已经从培训机构拿了二十多部相机做了典当，其中大部分是上班时间从培训机构前台文员手里拿设备室钥匙去取的，少部分是自己擅自去培训机构前台拿设备室钥匙取的。

案发前，陈某将他从培训机构拿照相机去典当的事情告诉其父亲，其父亲让陈某去机构向李老板坦白。2021年12月22日，李老板让陈某将因工作需要而拿走的照相机拿回机构，当时陈某就说自己已经拿该部分照相机去典当公司典当了，在陈某坦白之前，培训机构李老板和其他同事对这件事是完全不知情的。当天下午 4 点钟左右，陈某和其父亲与培训机构李老板就如何处理陈某拿照相机去典当的事情进行协商，但是当时双方未达成一致。陈某父亲当时想惩罚和教育一下陈某，就报了警，警察过来了解情况后就让双方好好协商解决。12 月 23 日，陈某培训机构的同事打电话给陈某，让他去机构继续协商处理该事情，陈某到培训机构没多久后就被警察抓获了。

三、本案争议的焦点

陈某作为培训机构的实习老师，利用职务之便从培训机构拿照相机去典当，典当后把所得的钱花了，这从主观上看，是否具有非法占有的目的？

四、双方的意见

（一）人民检察院的意见

1. 被告人陈某以非法占有为目的，盗窃他人财物数额巨大，其行为已触犯《刑法》第 264 条的规定，犯罪事实清楚，证据确实充分，应当以盗窃罪追究其刑事责任。唯被告人陈某属自首，可以从轻或者减轻处罚。被告人陈某认罪认罚，可以从宽处理。

2. 建议量刑有期徒刑 1 年 2 个月，不建议判处缓刑。

（二）辩护人的意见

陈某虽然有非法占有的目的，但是具有自首情节，主观恶性不大、社会危害性较小，而且是在校学生，因此建议判处缓刑。

五、辩护结果和理由

（一）辩护结果

法院最终采纳了辩护人的辩护意见，判处陈某有期徒刑 1 年 2 个月，缓刑 2 年执行。

（二）辩护理由

1. 被告人陈某的行为属于自首，符合《刑法》中关于自首的相关规定，依法可以从轻、减轻或者免除处罚。

《刑法》第 67 条规定："犯罪以后自动投案，如实供述自己的罪行的，是自首。对于自首的犯罪分子，可以从轻或者减轻处罚。其中，犯罪较轻的，可以免除处罚……"

2021 年 12 月 22 日，陈某被拘留前向被害人某教育培训机构老板李某坦白其将照相机拿去典当公司典当了，当天下午 4 点钟左右被告人陈某明知其父亲报警而留在现场等候民警到场处理；12 月 23 日，某教育培训机构工作人员何某再次报警，被告人陈某根据该培训机构工作人员的要求回到培训中心等待，然后被民警带回派出所调查，以上事实说明被告人陈某自愿置于有关机关的控制之下，在这整个过程中他没有拒绝、抗拒、逃跑的行为，而且到案后能够积极主动地向司法机关交代自己的行为，这应视为主动投案、如实供述自己罪行，符合自首的相关规定。

2. 被告人陈某到案后，愿意认罪认罚，并在审查起诉阶段签署了"认罪认罚具结书"，之后又当庭自愿认罪，可见他认罪、悔罪的态度非常良好。

3. 被告人陈某的家属已经把照相机全部赎回，并赔偿 3 万元给被害人，取得了被害人的谅解。

案发后，被告人陈某认识到自己行为的错误，其父亲多次向培训机构赔礼道歉，现已将陈某典当的照相机全部赎回并归还给被害人，而且照相机也没有任何损坏，还赔偿人民币 3 万元给被害人并获得被害人的充分谅解，该行为反映其主观上具有真诚悔过的决心，请法庭在量刑时充分考虑该情节，对其从轻处罚。

4. 被告人陈某主观恶性不大、社会危害性较小。

案发前陈某告诉其父亲，他从培训机构拿照相机去典当了，让其父亲过来帮忙解决此事；被告人陈某于 2021 年 12 月 22 日主动向李某坦白其已经将照相机拿去典当公司典当了；案发前陈某与典当行的老板商量，让他们先不要处理他典当的照相机，并表示愿意多支付费用来续期，由此可见，陈某虽然实施了犯罪行为，但其主要是因为赌博输了钱，当时心里想着先将培训机构的照相机拿去典当，然后等筹到钱就马上赎回来归还给培训机构，或者让其父母帮他赎回后归还给培训机构（因为他知道其父母有这个经济条件），从这些可以看出，陈某的想法和行为与社会上一般的盗窃犯有很大的区别，所以说他的主观恶性相对较小；陈某的家属已经把陈某典当的照相机全部赎回并归还给被害人，最终没有给被害人造成任何经济损失和经营上的相关影响；本案涉嫌罪名是非暴力型犯罪，没有危害到国家安全、公共安全或者给社会秩序带来现实危险，也没有导致严重的经济损失或社会危害。

因此，陈某虽然存在过错，但其主观恶性和社会危害性不大，应该认为可以依法酌情从轻或减轻处罚。

5. 被告人陈某在归案后，积极配合侦查机关的工作，如实向侦查机关陈述案情，属于坦白；依法可以从轻、减轻处罚。

6. 被告人陈某无犯罪前科，属于初犯、偶犯，平时表现一贯良好，依法可以从轻、减轻处罚。

7. 陈某作为一名即将毕业的大学生，正值青春年华，如果法院判处他实刑进行关押的话，更不利于对他的改造，因此，恳请法院考虑以上从轻、减轻的情节，根据我国"宽严相济刑事政策"，对陈某判处缓刑，这更有利于对他的改造，能达到更好的社会教育效果，也更符合国家法治精神和宗旨：重在教育，而不是惩罚。

六、法院判决意见

被告人陈某以非法占有为目的，盗窃他人财物，数额巨大，其行为已构成盗窃罪，依法应予惩处。唯被告人陈某有自首情节，依法对其减轻处罚。被告人陈某已退赔被害人的全部经济损失并取得了被害人的谅解，酌情对其从轻处罚。被告人陈某自愿认罪认罚，法院依法适用认罪认罚从宽制度，采纳公诉机关的量刑建议。辩护人的相关辩护意见有理，法院予以采纳。依照《刑法》第264条、第67条第1款、第72条、第73条和最高

人民法院、最高人民检察院《关于办理盗窃刑事案件适用法律若干问题的解释》第 1 条、第 14 条之规定,判决如下:

被告人陈某犯盗窃罪,判处有期徒刑 1 年 2 个月,缓刑 2 年(缓刑考验期限从本判决确定之日起计算),并处罚金人民币 1 万元(罚金在本判决发生法律效力之次日内一次性向法院缴纳)。

七、办案总结和意义

在侦查、审查起诉阶段我方作无罪辩护,争取到不予逮捕,取保成功。但基于涉案数额巨大,犯罪嫌疑人又有秘密窃取的行为,所以从稳妥和有利于当事人的角度来考虑,我方改变了策略:在审查起诉阶段劝说当事人认罪认罚;同时在庭审中充分展示出当事人勇于改过自新,最终法院判决缓刑,取得当事人满意的效果。

在办案过程中,辩护人要积极、主动和及时地同办案单位沟通,让他们完全清楚案情及特殊点,争取他们对涉案当事人充分了解和体谅,这样他们就会在法律的框架内,公正合理地处理,达到更好的社会教育效果。

王某某涉嫌诈骗被改判轻罪案

——关于在刑事诉讼中死抠证据，坚持罪与非罪的辨析

杨树筠

一、当事人和辩护人的基本情况及案由

当事人：王某某，男，1979年12月5日出生，汉族，山东省某某县人，文化程度大专，原系广东某物业公司某楼盘项目经理，因本案于2015年3月25日被公安机关抓获，3月26日被刑事拘留，4月30日被逮捕，羁押于某市看守所。同年12月1日，王某某被某市某区人民检察院以诈骗罪提起公诉。

辩护人：杨树筠、隋喜鑫，广东以泰律师事务所律师。

案由：诈骗罪。

二、案情介绍

被告人王某某自2014年4月初开始担任广东某物业公司某楼盘项目经理，于2014年6月13日辞职离开该公司，2014年8月，该物业公司某楼盘新上任的项目经理发现该楼盘地下车库内有9个未售车位被人长期占用，经与车主沟通得知，涉案的9个车位已被王某某长期租赁给了8名楼盘内的业主，并收取了该8名业主总共965,000元的租金。后经内部核查，该公司内部并没有长期出租车位的规定，同时该公司电脑以及合同备案资料中均未显示涉案的9个车位有出租或是出售的信息。该物业公司于2014年9月15日报警，2015年3月25日王某某被某公安机关抓获归案，3月26日被刑事拘留，同年4月30日被逮捕，同年12月1日，被某市某区人民检察院以诈

骗罪提起公诉，2016 年 8 月 3 日一审法院以职务侵占罪判处王某某有期徒刑 1 年 9 个月，王某某未上诉。

三、本案争议的焦点

1. 被告人王某某的行为是否构成犯罪？
2. 若构成犯罪，应构成诈骗罪还是职务侵占罪？

四、双方的意见

（一）公诉机关意见

王某某虚构了车位可以长期出租的事实，骗取了 8 名业主 90 多万元人民币。

王某某主观上具有诈骗的故意。

王某某客观上先是利用职务上的便利，虚构物业公司有出租 50 年期的长租车位，后私刻物业公司印章，与 8 名业主签订了书面车位租赁合同，收取了 8 名业主的车位租金，并向该 8 名业主出具了虚假的收款收据，最后还将该租金据为己有。

故王某某的行为符合诈骗罪的主客观要件，构成诈骗罪，且已达到数额特别巨大的量刑情节，依法应判处 10 年以上有期徒刑。

（二）辩护人意见

王某某没有构成诈骗罪，应当认定无罪。

王某某主观上没有诈骗的故意，客观上没有实施诈骗的行为。公诉机关指控被告王某某涉嫌诈骗的理由和证据都不充分。其中，公诉机关提供的证人证言相互矛盾，鉴定报告明确认定公章并非伪造，收款收据显示涉案金额仅有 36 万元，本案明显属于事实不清、证据不足。

故王某某不构成诈骗罪，请求法院依法判决被告王某某无罪。

五、辩护结果和理由

该案在一审公诉之后，本辩护人才开始介入本案，了解案情。根据本案当事人以及之前辩护人的介绍，在审查起诉阶段，被告家属和8名租赁了车位的业主曾共同向公诉机关请求过刑事和解，被告家属自愿向8名业主退赔96.5万元人民币，8名业主则出具谅解书，不再追究96.5万元的诈骗行为，并请求人民检察院以王某某涉嫌职务侵占36万元向一审法院提起公诉。但是广东某物业公司坚决不认可该刑事和解，认为王某某伪造该公司的合同专用章和收款收据的行为非常恶劣，且其认为物业公司才是实质上的受害者，故要求对王某某严惩，从而导致审查起诉阶段的刑事和解以失败告终。

辩护人介入案件后，通过认真细致地查阅案卷，发现了公诉机关和原辩护人都忽略了鉴定报告中的"检材"异常。针对该事实证据，结合工作权限，辩护人于第一次开庭时主要提出了以下辩护理由：

1. 本案的事实方面，被告人王某某在任职广东某物业公司某楼盘项目经理期间，既没有管理该物业公司公章的权限，也没有为业主在电脑系统上开设停车卡的权限，更没有伪造该物业公司的公章，所以公诉机关起诉书中所指控的王某某涉嫌诈骗8名业主一事明显事实不清、证据不足、时间不对，根据现有证据材料根本无法确定该行为是被告所为。

（1）时间衔接上有问题，广东某物业公司向侦查机关报案称被告人伪造其公司印章、票据，但某市公安司法鉴定中心鉴定意见中清楚明白地写着涉案合同上的公章与样本二是同一印章所盖，而非伪造的公章，而样本二是在被告离职后一个月才更换使用的，因此该合同以及合同上的公章与被告根本没有关联性。

（2）本案没有被诈骗者（受害人），8名业主一直确认自己是与广东某物业公司签订了车位租赁协议，并且双方均已实际履行或正在履行协议所约定的义务。广东某物业公司却以其财务核查时未查到自己收取协议中约定的款项，且合同和收据均为被告伪造为由打算解除该租赁协议。但是8名业主一直都坚持合同的真实性与合法性，要求广东某物业公司继续履行合同。事实上涉案合同的鉴定结果也证实了8名业主的说法，广东某物业公司和8名业主的合同是真实的，不存在伪造一事，伪造合同、票据之说法仅是广东某物业公司的个别管理人员为了解除与8名业主签订的租赁协议而杜撰的。

(3) 8名业主作为本案证人，陈述前后矛盾，证词无法互相印证，不能采信。这8名所谓的受害人到底是通过什么人、什么时间办的停车卡，如何签订的合同？如何交纳的费用？侦查机关对相关事实根本就没有查、没有问，检察机关在未进一步查清相关证据的情况下根本就不应当提起公诉，人民法院更不应当在缺乏相关证据的情况上采信公诉机关的意见。

(4) 受害人所称的涉案金额根本没有关于取款时间、取款数额的证据，无法形成有效证据链；8名业主都说把钱给了王某某，却无法准确说出交易的时间、地点、数额多少，更没有转账或取现的银行流水或取款凭证予以辅证。比如交易时间：许某称是2014年4月底的一天，黄某说是2014年4月左右的一天，王某说是2014年4月前后的一天。交易金额：许某称要价12万元多，后来谈到12万元左右，王某说开价15万元多，后来15万元左右成交。诸多实例不胜枚举，证词全部都是顾左右而言他，根本没有准确的交易数额，故该随意拼凑的数额不应成为法院认定被告所涉诈骗金额的依据。

(5) 证人广东某物业公司为了证明涉案合同、票据是伪造的，自行伪造了大量的合同、票据，且代表物业公司报案的罗某是在被告离职后才入职物业公司的，其在报案之前并不认识被告，却向公安机关出具证言指认被告实施了诈骗行为，因此该证词根本不具有任何证明力。

2. 本案的证据方面，被告仅在广东某物业公司下属的某楼盘项目任职3个半月，其既没有去总公司加盖公章的权力，也没有收取款项的权力，更没有办理停车卡的权力。在本案中如果被告真的实施了诈骗行为，则那8名业主手上的合同必然是假公章、收据是假收据、停车卡根本无法使用，但是在本案中：

(1) 公安机关没有鉴定收据上面的收费专用章，但是合同上面的公章经鉴定却是真实的，而且是在被告离开该单位后才加盖的，由此一方面反映了广东某物业公司与8名业主存在真实的合同关系，另一方面也恰恰说明了被告的无辜。

(2) 涉案的8名业主不知用什么渠道拿到了停车卡（被告完全没有能

力办理），故本案不可能存在该8名业主由于陷入错误认识之后作出财产处分的可能性。

（3）广东某物业公司由于财务管理混乱，致使9个50年使用期限的车位办理了相关手续却没有租金入账，从而导致了本案的发生。

综上所述，被告人王某某主观上没有诈骗的故意，客观上没有诈骗的行为，其从被刑拘起至今一直供述一致，对指控其涉嫌犯罪持有异议。被告人王某某归案后，亦如实地供述了在广东某物业公司任职的事实经过，其确实不存在构成诈骗罪的可能性。建议合议庭根据被告人的陈述、结合法庭查明案件情况，依法判决被告王某某无罪。

第一次开庭后，由于证据存在瑕疵，一审法院向公诉机关退回了案卷，公诉机关在补充侦查后再次向一审法院提交了证据，针对该证据，辩护人又从三个方面提出了辩护意见：

1. 补充侦查的证据四"鉴定文书"可作为王某某没有犯罪的直接证据。

从补充证据可知，广东某物业公司于2013年至2014年可能同时存在至少3枚公章：一枚为揭公（司）鉴（文）字〔2015〕04002号文检鉴定书中的样本一；另一枚为涉案合同所加盖的印章；还有一枚为补充侦查时提取的4份文件（垃圾清运合同）上加盖的印章。

2. 补充侦查证据三"受害人陈述"与报案时描述存在多处重大差异，虚假证词不能作为认定案件事实的依据，应当依法排除。

3. 补充侦查证据五，广东某物业公司的情况说明以及之前的多份所谓标准合同模式、收据模式完全不具备真实性，应当直接排除。

综上所述，辩护人认为经过第二次庭审，进一步确定被告王某某不存在犯罪事实，依法应当宣判无罪。

六、法院判决意见

一审法院针对控辩双方对本案事实、证据、法律适用方面的意见，综合评判如下。

1. 关于被告人王某某是否与8名业主签订长租车位合同的问题，证人王某、黄某、林某、陈某证实他们在某广场6楼广东某物业公司办公室与王某签订《车位租赁协议》，现场由一女子在《租赁协议》上加盖物业公司合同专用章，上述证人就签订合同细节的陈述基本一致，能相互印证，且有加盖广东某物业公司合同专用章的租赁协议等证据证实，被告与 8 名业主签订长租车位合同的事实应予认定。

2. 关于被告是否收取 8 名业主长租车位款及数额的问题。公诉机关指控被告先后骗取 8 名业主长租车位款共 96.5 万元。虽然证人王某、黄某、林某证实他们在物业管理处将车款交给被告，但三人均只证实其有看到其他二人将钱交给被告，但对款项具体数额没有证实，96.5 万元的数额只有 8 名业主的供述作为证据，而被告对收款一直予以否认，本案又没有其他充分证据对 8 名业主缴交共 96.5 万元予以印证，故对公诉机关指控被告骗取 96.5 万元不予认定。至于被告向 8 名业主收取长租车位款的数额，应结合 8 名业主的陈述及物业公司向 8 名业主出具的收款收据予以认定，即被告向 8 名业主收取长租车位款的数额合计共 36 万元人民币，被告在收取 36 万元后，拒不供述、举证收取款项后资金去向，应认定该款由其非法占为己有。

3. 被告与 8 名业主签订的《车位租赁协议》《收款收据》是不是被告伪造，被告的行为是否构成诈骗罪？

（1）2015 年 4 月 20 日，鉴定中心作出的报告书中，结论为 8 名业主签订的 9 份协议中的合同专用章印文与作废的合同专用章印文不是同一印章所盖，但与物业公司提供的印文是同一印章所盖。其证实 8 名业主签订的 9 份协议中的合同专用章虽然不是由公司上缴给公安机关的原印章所盖，但是由公司一贯使用的合同专用章所盖；2016 年 4 月 14 日鉴定中心作出的鉴定报告中，结论为物业公司提供的合同专用章 4 个印文与作废的合同专用章印文不同一。鉴定结论印证了物业公司一贯使用的合同专用章与公司上缴给公安机关的原印章不是同一印章。现有证据不足以证实 9 份租赁协议中的合同专用章为被告所伪造。

（2）8 名业主持有的收款收据加盖有物业公司收费专用章、会计黄某的私章，并有经收人"陈"的签收字样，故不能认定是被告伪造。

综上所述，本案没有充分证据证实 8 名业主签订的 9 份租赁协议、收款收据是由被告伪造，9 份租赁协议应认定为物业公司加盖印章签订的，属公司行为。因此，公诉机关指控被告王某某伪造租赁协议、收款收据，骗取8名业主长租车位款的证据不足，其行为依法不构成诈骗罪。

4. 如何适用法律？

被告与8名业主签订租赁协议的地点是物业公司办公室，并由一女子现场加盖公章，同时8名业主先后将款项交至被告办公地点，由被告将盖有物业公司收费专用章的收据交给8名业主，再将车位办理停车卡交给业主，故车位款从8名业主交付给被告时，物业公司取得车位款。被告利用职务之便，将9个车位处置后侵占处置款项，其行为符合职务侵占罪的客观构成要件，应以职务侵占罪追究其刑事责任。公诉机关指控被告人犯诈骗罪的定性不当，应予纠正。故判决被告王某某有期徒刑1年9个月。

七、办案总结和意义

回顾整个办案过程，我们认为，该案虽然没有达到最佳辩护效果即无罪，但也取得了重大的突破，基本上是达到了羁押多久判多久的实际效果，这样的判决也比较符合法院一贯的判决策略。这一结果的取得主要原因如下：

1. 一定要坚定不移地相信自己的专业判断，用心去做好每一个案件。任何一个刑事案件中，被告人从拘留、逮捕到审查起诉，都经过了无数专业办案人员的认真调查取证和层层把关，没有一定的把握，公诉机关不会提起公诉，这本身说明刑事案件的辩护是有一定难度的。但正因如此，当事人及其亲友才会委托我们律师参与诉讼，才需要我们提供专业的服务，所以，我们在任何时候都必须有敢于怀疑一切的敏感和战胜一切的信心。

2. 一定要认真细致地查阅案卷，仔细推敲研究证据材料。本辩护人刚刚介入这个案件时，家属和审查起诉阶段的律师对本案几乎已经完全失去信心了，他们均认为被告一定会被判处10年以上有期徒刑。在听到他们的案情介绍时，我也曾以为这是一个证据确实充分的案件，研究卷宗时，才发现案件材料内容存在多处矛盾，鉴定报告表述非常不清楚，有模糊混淆之处。经过对每一处"检材"的筛查、比对，我终于发现侦查机关在办案过程中错误地将检材搞反，从而给了所有办案人员一个错误的指引和假象，以为检出的结果可以证明被告伪造公章。

3. 一定要死抠证据，不能放松。对于公诉机关提交的证据，其证人证言与物证、书证都应当相互印证，并形成完整的证据链。辩护律师应仔细甄别对被告不利的证据，找到相关不利证据中矛盾、不实之处并提出异议，并通过提交既有的有利证据佐证自己的观点，强化事实。

4. 一定要仔细查阅相关法律法规、司法解释以及典型案例。通过查阅相关资料并结合对证据材料的分析，我们进一步否定了公诉机关的观点，坚定了自己的观点。

5. 一定要保持头脑清晰、冷静，坚持独立判断与团队研究相结合；在有了初步判断后，应和同事一起对案件进行深度剖析，让团队律师站在控方角度对自己的观点和证据进行驳斥，以便寻找到案件盲点。

6. 对案件的走向要作合理和科学的分析，要做到坚持以事实为依据。不要因为怕无罪辩护的辛苦，就在刑事辩护中仅在意自首、立功、家庭状况等罪轻情节，而不去死磕证据。必须始终把当事人的利益放在第一位，在有充分证据的基础上，以最有利当事人的原则去为当事人提供辩护，走稳自己的诉讼之路。

总之，本案在审查起诉阶段经过了三次延期、两次退查，且在一审开庭审理后，又重新退回补充侦查一次，并且经过了重新补充鉴定，最后虽然未得到无罪的判决，但是无论是法官还是辩护人，都知道该判决已经相当于无罪的变通判决了。而且在判决之前，法院也与被告家属进行过沟通，被告家属对于这个关多久判多久的结果是非常满意的。所以，作为一名以当事人利益和家属满意为自己服务宗旨的律师，我们的努力是成功的，办案的结果也是理想的，因为被告人的合法权益已得到了最大限度的维护。

梁某某诈骗案

——辩护的第六空间，涉案财产之辩

钟其胜

一、当事人和辩护人基本情况及案由

当事人：梁某某，某物业管理公司的股东。
辩护人：钟其胜，广东合邦律师事务所律师。
案由：诈骗罪。

二、案情介绍

当事人梁某某系某物业管理公司的股东，其女儿张某曾担任该物业管理公司的法定代表人。

在2007年至2009年某地块交通枢纽站征地拆迁补偿期间，梁某某与陈某、吴某、黄某等人合谋，通过伙同范某提供虚假宅基地证件，再让挂名租户与村经济社签订《合同书》《补充协议》等方式，成功从政府处骗取了高额拆迁补偿款人民币2400多万元。事后，梁某某分得违法所得170万元。

在2010年至2011年某片区综合整治拆迁项目补偿期间，梁某某伙同林某、陈某某（时任某经济社社长），通过办理虚假宅基地证件的方式再次从政府处骗取了高额拆迁补偿款178.55万余元。

2022年1月14日，梁某某被公安机关以涉嫌诈骗罪刑事拘留，梁某某及其女儿张某名下的所有房产、银行账户均被公安机关查封、冻结，保全金额2000余万元。

三、本案争议的焦点

本案中，梁某某涉案行为的定性没有太大争议，但其个人和女儿的财产是否应当被公安机关查封、冻结？若需要依法查封、冻结，则允许查封、冻结的限额又是多少？这是本案急需解决的问题。

在传统的刑事诉讼背景下，司法机关往往都较为看重对行为人是否进行了公正、精准的定罪量刑；刑事律师也通常着眼于在犯罪构成要件、此彼罪、轻罪重罪、刑罚适用（如是否有机会定罪免刑、是否有机会缓刑）等方面进行辩护。可见，在司法实践中对涉案财产的辩护并没有受到广泛的重视。

其实，除了无罪辩护、罪轻辩护、量刑辩护、程序辩护以及证据辩护这5类传统的领域，还存在"第六空间的辩护"，即财产辩护。

尤其是本案中的张某，对她来说，她和本案的犯罪事实并无关联，就因为其曾担任过涉案公司的法定代表人，和犯罪嫌疑人梁某某是母女关系就被牵扯其中，张某难免觉得有些冤枉。因此，如何帮张某的财产解套，如何为梁某某、张某母女的财产进行辩护，便成了本案后续辩护工作的重点，也是今后经济犯罪案件辩护工作的又一攻坚方向。

四、本案的财产辩护思路及主要工作内容

财产辩护包括了对财产刑（如罚金、没收财产）的辩护和对当事人、无端被牵扯其中的案外人的合法财产的保护，即通过剥离合法财产和涉案财产，从而避免当事人、案外人的合法财产被无端查封、扣押、冻结甚至执行。特别是后者，在当前的刑事业务领域乃至对今后的刑事业务拓展都显得尤为重要。

司法机关在办理梁某某诈骗案这类经济犯罪案件时，出于后续追赃挽损工作能够执行到位的考虑，在一开始就采取了"财产保全宜广不宜窄"的做法，将梁某某和其女儿张某名下的所有房产、银行账户全部予以查封、冻结，保全金额2000余万元，已经远远超过梁某某所分得的170万元违法所得。

在这种情况下，笔者需要针对梁某某和张某的财产辩护做不同方案。梁某某需要降低对其财产的查封、冻结额度；张某则需要完全将其财产解套。具体如下。

（一）对梁某某的财产辩护

1. 了解、收集同案犯的财产保全情况。

经过阅卷，笔者发现多名同案犯的房产、银行账户也被公安机关采取了查封、冻结等强制措施且保全总金额已经远远超出全案的涉案总金额，因此本案不可能存在赃款无法追回的情况。

2. 向法院预缴170万元用于退赃。

证据显示，梁某某的违法所得至多为170万元，依法需要退回，因此家属在笔者的建议下预先将该笔违法所得全额退缴至法院指定账户。在已经全额退赃的情况下，对梁某某财产的查封、冻结已经完全没有必要，因为梁某某完全不具备在财产保全措施解除后继续故意逃避履行退赃义务的可能性。

3. 退赃责任属于独立责任而非连带责任。

虽然本案系共同犯罪，但共同犯罪中的"部分实行全部责任"仅仅是归责视角下共同犯罪因果性和正犯性判断的原则，各共同犯罪人应负的刑事责任或者法律后果依然需要根据各自在共同犯罪中起的作用大小分别判断，即"违法是连带的，责任是个别的"。故，不能因为梁某某和其他人是共犯就当然地认为梁某某应当对其他人的违法所得承担退赃义务，否则会造成"谁先到案，谁先退""谁有财产，谁多退"的不公正局面。

因此，在梁某某的家属已经代为全额退赃的情况下，司法机关应当尽快将梁某某的财产解除保全措施，而不应当用于没有被查扣到财产的同案犯的退赃上面。

（二）对张某的财产辩护

由于笔者已经担任了梁某某的辩护律师，不宜再在本案中担任张某的代理人，因此笔者安排了同所的胡冰雯律师为张某提供代理服务，为其财产进行辩护。

胡律师在了解了案件的相关情况后，旋即配合笔者开展了如下工作。

1. 开展调查取证工作。

（1）查询涉案物业管理公司的工商内档。

经查，虽然张某曾经担任过该物业管理公司的法定代表人，但其担任法定代表人是在 2010 年至 2011 年，也就是梁某某骗取拆迁补偿款后的一年，因此张某与诈骗案没有任何关系。

（2）查询在案相关合同的签订背景。

虽然张某曾经以法定代表人的名义对外签署过租赁合同、转让协议等文件，但该两份文件旨在使用案涉土地及上盖房屋，并非为了骗取拆迁补偿款。而且，张某签署合同和协议时拆迁政策尚未公布，其也根本无法预见房屋建好后会遇上拆迁政策。虽然梁某某等人在拆迁政策公布后利用修好的房屋骗取了拆迁补偿款，但骗取的方式是通过办理假宅基地产权证而不是通过张某签订的合同和协议。因此张某和本案没有任何关系。

（3）查询张某名下房产的资金来源。

经查，张某名下的房产系张某向银行贷款购买，至今仍在用其公积金和工资偿还贷款，且该房屋首付款系从张某的账户直接支付给卖家，即该房产不是由梁某某分得的赃款所购，不属于涉案赃物。

（4）查询张某名下银行账户的流水性质。

经查，张某名下银行卡的流水性质全部显示为租户转来的租金、水电费以及张某个人的日常生活支出，没有收取过梁某某或物业管理公司其他人员转来的任何钱款，因此该账户里面的余额全部是张某的合法财产，与案件无关。

2. 申请参与刑事案件的开庭审理。

据最高人民法院《关于适用〈中华人民共和国刑事诉讼法〉的解释》（2021 年）第 279 条第 2 款"案外人对查封、扣押、冻结的财物及其孳息提出权属异议的，人民法院应当听取案外人的意见；必要时，可以通知案外人出庭"和中共中央办公厅、国务院办公厅印发的《关于进一步规范刑事诉讼涉案财物处置工作的意见》第 12 条"善意第三人等案外人与涉案财物处理存在利害关系的,公安机关、国家安全机关、人民检察院应当告知其相关诉讼权利,人民法院应当通知其参加诉讼并听取其意见"之规定,张某的代理人胡律师向刑事案件的经办法官申请参与梁某某诈骗案的审理,最终经办法官同意并当庭听取了胡律师关于涉案财产的性质、归属等意见。

五、法院判决意见

定罪量刑方面,判决梁某某犯诈骗罪,判处有期徒刑 5 年,罚金 80 万元。

财产处理方面,立即将张某的房产、银行账户解封,对梁某某被查封的房产、冻结的账户在扣除 80 万罚金之后予以解封、返还。

六、办案总结和意义

涉案财产之辩护是一个复杂、涉及多方利益但目前又没有受到足够重视的领域。该领域辩护的难点在于:

第一,有关涉案财产处置的法律法规不够完善且较为分散,导致涉案财产处置问题从进入诉讼程序之初就陷入混乱、无从下手。

第二,"重自由舍财产"和"重人轻物"的传统观念长期存续,导致司法办案人员、刑事律师对财产重视不足。

第三,涉案财产极其容易和其他合法财产高度混同,使办案人员难以区分从而造成随意处置的局面。

因此,刑事律师宜全面了解、掌握有关涉案财产处置的法律法规,例如《公安机关办理刑事案件适用查封、冻结措施有关规定》、最高人民法院《关于刑事裁判涉财产部分执行的若干规定》、《人民检察院刑事诉讼涉案财物管理规定》等,熟悉诉前、诉中和执行阶段的救济权利、救济渠道,这样才能最大限度保障当事人的合法利益。

 # 五、妨害社会管理秩序罪

范某涉嫌寻衅滋事罪被不起诉案

黄伟麟

一、当事人和辩护人基本情况及案由

当事人：范某，女，汉族，小学文化程度。
辩护人：黄伟麟，广东金桥百信律师事务所律师。
案由：寻衅滋事罪。

二、案情介绍

2020年8月29日，范某因涉嫌寻衅滋事罪被佛山市公安局南海分局刑事拘留，2020年9月30日由佛山市南海区人民检察院对范某批准逮捕，同日本案由佛山市公安局南海分局对范某执行逮捕。

犯罪嫌疑人范某、陈某夫妇因家人车辆停放于邻居被害人梁某家后门区域而与之发生矛盾。2017年6月至2020年8月，犯罪嫌疑人范某、陈某多次用石墩、花盆、上锁的斗车、大木板、捆绑石块或竹竿的单车、摩托车、小汽车等物品阻塞被害人梁某家后门，妨碍其出入，挑起事端。其间，公安机关、犯罪嫌疑人及被害人所在村村委会、村直联等部门多次介入，但调解无果。

2020年6月15日，村委会决定设置禁停区严禁停车，对违停者实行锁车、罚款，并将被害人梁某家后门区域设置为禁停区。范某家人因在上址停放车辆而被锁车、罚款，犯罪嫌疑人范某、陈某两人认为被害人该村经济社社长、副社长（以下简称社长、副社长）偏帮被害人梁某，遂纠集家人分别于2020年8月10日、11日、13日到社长家屋外，于2020年8月11

日到副社长家屋外，以交纳违停罚款为由抛售人民币零钱（1角、5角、1元），辱骂被害人社长、副社长，犯罪嫌疑人范某扬言"要点烧煤气瓶，搂住一起死"。

2020年8月20日、22日、26日，犯罪嫌疑人范某、陈某在上述停泊于被害人梁某家后门的车辆上盖白布，又在白布上张贴被害人梁某家人相片、黑白字报，在车头位置上插上缠有白布条的竹竿。8月26日，被害人梁某见状受到惊吓，诱发身体不适而入院。8月26日至31日，被害人梁某因多发性脑梗、高血压等疾病住院治疗。

2020年8月28日，警察在镇上某巷抓获犯罪嫌疑人陈某。同日，犯罪嫌疑人范某到社区询问陈某情况时，被民警抓获。

2020年12月18日，双方达成和解协议。2020年12月25日，犯罪嫌疑人范某、陈某家属补偿被害人梁某此前因隐私权纠纷聘请律师的费用共计人民币5800元。同日，4名被害人对范某、陈某予以谅解。

三、本案争议的焦点

检察院对涉嫌寻衅滋事罪的犯罪嫌疑人范某是否有必要起诉到法院审理？

四、双方的意见

（一）公诉意见

犯罪嫌疑人范某虽实施了《刑法》第293条第1款第2项规定的行为，但犯罪情节轻微，具有认罪、悔罪，取得被害人谅解的情节，符合最高人民法院、最高人民检察院《关于办理寻衅滋事刑事案件适用法律若干问题的解释》第8条的规定。根据《刑法》第37条的规定，不需要判处刑罚，根据《刑事诉讼法》第177条第2款的规定，建议对范某不起诉。

（二）辩护意见

辩护人对犯罪嫌疑人范某涉嫌寻衅滋事罪的罪名没有异议，但范某具有自首、犯罪情节轻微、认罪认罚、取得多名被害人谅解的情节，已完全消除本案所产生的长达 5 年的社会矛盾；申请佛山市南海区人民检察院对范某作出不起诉决定。

五、辩护结果和理由

黄伟麟律师于 2020 年 10 月 13 日接受范某近亲属的委托，并于 2020 年 10 月 14 日在佛山市南海区看守所第一次会见涉嫌寻衅滋事罪的范某，在会见后仔细分析案情，研究涉案相关的法律规定，搜索同类型的司法判例，初步判断本案属于邻里纠纷的案件，想争取到最好的辩护效果就要从被害人的角度出发。

黄伟麟律师多次协助范某的家属与 4 名被害人协商沟通谅解问题，随后又分别起草了《公开道歉信》《和解协议书》《保证书》等多份书面材料，不同书面材料有其针对性的作用，具体分为此前、当前和日后 3 个时间层次。如《公开道歉信》是以道歉信的方式公开道歉，张贴在村里的公告栏，以表达对此前造成村里矛盾的愧疚之意；《和解协议书》是对当前所产生的社会矛盾在双方之间、村里之间予以消解；《保证书》是作为承诺日后规范停车，服从村务管理，不在村禁停区域停车、堆放杂物，保证类似的事情不再发生，共建和谐邻里关系的书面文件。

随后黄伟麟律师向佛山市南海区人民检察院的经办检察官申请对本案听取意见并进行公开听证，经办检察官接受了辩护律师的提议，召开了犯罪嫌疑人范某、陈某涉嫌寻衅滋事罪一案公开听证会，在此期间，黄伟麟律师多次与经办检察官进行线上、线下的同步沟通，并先后递交了《请求不予起诉的法律意见书》《请求不予起诉的补充法律意见书》，经办检察官充分听取了黄伟麟律师的辩护意见，最终佛山市南海区人民检察院对范某等犯罪嫌疑人均作出不起诉决定。

在本案中，黄伟麟律师在第一时间安排会见了范某，全面了解了本案的具体情况，在会见后及时采取全方位、多层次的辩护策略，具体分以下三步：

第一步，黄伟麟律师积极配合家属与多名被害人进行沟通，搭建沟通的便捷之桥，秉承着求同存异的谈判策略，最终赢得了谈判的主动权。

第二步，黄伟麟律师申请检察院召开听证会，原本越演越烈的邻里关系在辩护人以及检察官的调解下趋于平静，让由停车位引起长达5年的邻里矛盾趋于缓和，让多方当事人坐下来面对面沟通，为本案创建最核心、最有利的沟通交流平台，为本案最终达到不起诉的辩护效果提供了切实保障。

第三步，黄伟麟律师多次与经办检察官进行线上、线下沟通，为范某争取不起诉赢得了辩护空间，最终取得良好的社会效果，达成当事人、被害人、村委会、公安机关、检察院、辩护律师等多方都满意的结果，在事后得到范某本人以及家属的一致好评。

六、办案机关意见

2020年12月28日，佛山市南海区人民检察院对涉嫌寻衅滋事罪案的范某作出不起诉决定，范某当天予以释放。

七、办案总结和意义

黄伟麟律师及其团队经过多次对案情的深入研讨，认定本案涉及的是典型的邻里纠纷，以化解矛盾、消除村内影响为辩护核心。本案的关键在于村民之间积压长达5年的邻里矛盾，而解决该长期积压的邻里矛盾最有效的方法就是面谈，将大家内心因停车问题多年积压而产生的不满全盘托出，这也是村委会、村直联、公安机关、人民检察院等部门一直想解决的社会矛盾。同时辩护人在多次与4名被害人谈谅解的前提下，申请人民检察院组织召开听证会，让发生矛盾的各方积极发表内心的想法，令积怨已久的邻里矛盾逐步消解，正所谓冤家宜解不宜结，这是本案的核心关键辩护点，黄伟麟律师结合范某年老体衰等个人身体情况以及搜索同类型案件的不起诉司法判例进行可视化表达，经办检察官充分听取了黄伟麟律师关于对范某作出不起诉决定的辩护意见，最终为人民检察院对范某作出不起诉决定奠定了良好的辩护基础。

在经办检察官主持的听证会上，律师通过清朝康熙年间张英（文华殿大学士兼礼部尚书）的老家人与邻居吴家在宅基地问题上发生争执的"六尺巷"经典故事，来对比本案因村民间长达5年的停车矛盾引起的邻里纠纷，以古为鉴，恰到好处。最终在听证会上律师以张英的一句经典名言"一纸书来只为墙，让他三尺又何妨？长城万里今犹在，不见当年秦始皇"收尾。

　　借古鉴今，本文希望让更多读者体会张英的智慧。邻里之间，互相爱，互相敬，互相体贴，互相团结，才能建造和谐的社区。

刘某某涉嫌帮助信息网络犯罪活动罪被不起诉案

邓国锐

一、当事人和辩护人基本情况及案由

当事人：刘某某，男，汉族，文化程度初中。因本案于2020年5月17日被刑事拘留，6月19日被某某市公安局某某分局执行逮捕；2020年8月11日，某某市公安局某某分局移送某某市某某区人民检察院审查起诉。

辩护人：邓国锐，广东君厚律师事务所律师。

案由：帮助信息网络犯罪活动罪。

二、案情介绍

某某市公安局某某区分局指控，陈某某（同案人）于2018年9月，与犯罪嫌疑人刘某某（案件当事人）和劳某某（同案人）在广州市越秀区中山一路咖啡厅商量好，由劳某某、刘某某投资建设百花丛论坛App，劳某某、刘某某共占55%股份，陈某某占45%股份，后劳某某通过支付宝分3次共15.5万元人民币转到林某某（同案人）支付宝，由林某某分3次转到陈某某支付宝，陈某某收到资金后开始从网上下载相关程序建设百花丛论坛App，建成该App后于2019年3月开始运营，由陈某某与黄某某（同案人）担任管理员，林某1（同案人）、林某某、李某某（同案人）担任版主，管理员负责卖淫女广告投放、审核嫖客注册，版主负责上传卖淫女信息。该App以卖淫女投放广告收费以及嫖客注册会员收费方式获利，陈某某自称获利共计十多万元。

据此，公安机关认为，犯罪嫌疑人刘某某与其他同案人明知他人利用信息网络实施犯罪，而伙同他人为犯罪提供互联网接入、广告推广、支付结算等帮助，已触犯帮助信息网络犯罪活动罪，应当移送审查起诉。

三、本案争议的焦点

1. 最重要的指控证据为同案人陈某某指控犯罪嫌疑人刘某某与其共同商议并出资建设该色情卖淫论坛 App 的具体明确供述，该供述可否采纳为本案证据？

2. 本案的证据是否达到提起公诉所要求的证据确实、充分标准？

四、双方的意见

控方意见：

刘某某在明知陈某某等人利用信息网络实施犯罪的情况下，伙同劳某某共同提供投资资金用以运作色情网站，其行为已经构成帮助信息网络犯罪活动罪，该案件中指控刘某某的犯罪事实清楚，证据充分，应当依法认定。

辩方意见：

刘某某从未与陈某某等人商议投资建立百花丛论坛 App，更无任何投资和参与行为，其不构成该犯罪；本案指控事实不清，证据不足，无法排除合理怀疑，且明显不符合常理，应对刘某某作不起诉决定处理。

五、辩护结果和理由

（一）辩护结果

检察机关解除对刘某某的强制措施。

（二）辩护理由

一方面，犯罪嫌疑人刘某某无实施投资建立百花丛论坛 App 的客观行为，其与陈某某、黄某某等人亦没有任何资金往来；另一方面，本案指控刘某某涉嫌投资建立百花丛论坛 App 的事实不清，证据根本达不到确实、

充分的程度,应依法作出不起诉决定,具体辩护意见为:

1. 刘某某从未与陈某某等人商议投资建立百花丛论坛 App,更无任何投资和参与行为,其不构成该犯罪。

一方面,刘某某虽因柬埔寨公干而认识陈某某,但是其在陈某某邀请其投资网站时已明确予以拒绝,刘某某根本没有与陈某某等人作进一步的交往,与陈某某之间并无设立百花丛论坛 App 的共同主观故意;另一方面,刘某某与陈某某、黄某某等人之间并没有任何资金的往来,没有向陈某某设立的百花丛论坛 App 进行投资,更没有任何参与百花丛论坛 App 经营和管理的行为,其与陈某某等人之间并无接触,客观方面上没有参与百花丛论坛 App 的投资、设立、经营和管理,其不构成帮助信息网络犯罪活动罪。

2. 本案指控事实不清,证据不足,无法排除合理怀疑,且明显不符合常理,本案应对刘某某作不起诉决定处理。

(1)陈某某的供述前后自相矛盾,且供述内容与案件事实存在矛盾,具有为使自己脱罪而将罪责推给他人的可能。

从陈某某的笔录来看,陈某某为了逃避和推卸其责任,减少其被追责的范围,在笔录中就其个人情况提供了较多的虚假供述:如陈某某开始时供述其仅为百花丛论坛的版主,其权限是管理员设置的,仅有审核会员订单、修改主题、删除评论等权限,其不清楚百花丛论坛服务器存放地点;同时,其谎称获利仅为7万元至8万元,公安机关从其家中扣押的物品并非属于其所有。其后,经过侦查机关的审讯,陈某某作出了与开始时完全不同的供述,存在明显的前后自相矛盾情形,而此前的虚假供述,明显是为了使自己能够脱罪。

此外,陈某某虽经侦查机关进一步审讯,但仍不断虚构事实,陈某某有关黄某某和林某某的指控供述明显与事实不符,存在有意加重他人罪责的情形:一方面,如陈某某供述其与黄某某、林某1均为管理百花丛论坛的人员,共同分享收益的45%,但是从黄某某、林某1的供述以及陈某某的另一次供述可以看到,林某1并非百花丛论坛的管理员,而且黄某某和林某1均由陈某某发放工资,并非陈某某所称的共同分享收益;另一方面,陈某某指控开始时是劳某某和刘某某叫林某某跟其一起管理投资，后来林某某主动做版主，而林某某明确供述其并非百花丛论坛的管理人员，其仅为版主，而且是2020年1月陈某某叫他加入百花丛论坛的，林某某根本不知道陈某某所称的劳某某和刘某某投资百花丛论坛事宜，更加不是主动加入。可见，陈某某为了减少罪责，在后期供述中仍不断将罪责推给他人，其供述明显与事实相违背，也与案件证据不符。

此等情况可见，陈某某的供述并不可信，而且存在为减少自己罪责而将责任推给他人的情形，不应以陈某某的单方面供述作为定案依据。

（2）陈某某有关刘某某投资建立百花丛论坛的细节完全与其他的证据无法对应，不仅前后矛盾，而且还不符合常理，该供述明显虚假。

关于商谈投资情况，陈某某指控刘某某和劳某某投资百花丛论坛，并供述其在2018年10月在广州城区一间咖啡馆和劳某某、刘某某见面，两人出资十多万元找其负责搞百花丛论坛（后自第4次笔录起供述突然改为"2018年9月在广州市越秀区中山一路的一间咖啡馆和劳某某、刘某某见面"）。刘某某则供述，其是2019年年初在越秀区中山一路路边与陈某某见面的，劳某某并没有在场，而且其没有答应陈某某投资网站的邀请；而劳某某供述，其不认识陈某某，而且也没有投资百花丛论坛。一方面，陈某某开始改口的第4次笔录为公安机关讯问刘某某后首次讯问陈某某的笔录，陈某某关于地址变更的说法明显是受刘某某供述的影响，有关地址的说法明显不具有可信性；另一方面，从陈某某前述的供述来看，按照陈某某的原说法，其与劳某某和刘某某在2018年10月才见面确定投资，明显与其指控劳某某和刘某某通过"珍姐"在2018年9月、2018年10月、2018年12月向其支付15.5万元进行投资的供述相矛盾，无法自圆其说。此外，陈某某的供述除前述自相矛盾外，与刘某某的供述无论是在时间、地点、人物、事件原因、经过和结果上都完全相异，没有任何相同点，与劳某某的供述更是完全不同，陈某某的供述明显与本案的其他证据相矛盾。

关于投资人情况，陈某某供述其多次向黄某某和林某1提及劳某某和刘某某的投资情况，并指称黄某某和林某1知道该两人投资开办百花丛论坛的情况。但从黄某某和林某1供述均可见，两人并不知道百花丛论坛的投资人情况，更加无法辨认出劳某某和刘某某，可见陈某某指控不具有可信性。

关于收款二维码事宜，陈某某的供述更是完全自相矛盾，且完全有悖常理：

陈某某第 1 次笔录表明其不清楚二维码的持有人；第 2 次笔录明确收款二维码是黄某某提供的（包括支付宝昵称为陈莫儿），后又改口为支付宝收款二维码是"发哥"和"刘生"提供、微信收款二维码是黄某某提供；第 3 次笔录则开始供述支付宝收款二维码是"发哥"和"刘生"提供、微信收款二维码是黄某某提供，后又改口为"发哥"和"刘生"使用微信和支付宝都有的收款二维码进行收款；第 4 次笔录其供述苑某杰、黄某凤、陈某、陈某儿等人的支付宝都在其手机上，是其自己使用，支付密码由其掌握，用于收款、发放提成；第 6 次笔录则供称支付宝收款二维码开始是由劳某某和刘某某提供，后来是由黄某某提供的身份开通，开始时的微信收款二维码是用其身份开通，后来的微信二维码是黄某某提供，并称"发哥""刘生"直接从支付宝二维码收钱，有多的就通过支付宝转给其；第 7 次笔录其供认在百花丛论坛中收款的二维码（bingoyes、黄某凤日用品店、苑某杰服装店、黄某凤支付宝、苑某杰支付宝）都是其在使用，后又改口称开始时微信、支付宝都是劳某某和刘某某那边收钱，后来微信是其收钱，支付宝是两人收钱，其没有直接支付过钱给两人。

结合前述情形进行分析，收款、结算是共同投资收益的最为重要步骤，但从陈某某的供述可见，其有关收款和结算情况的供述内容不断改口，一会儿推给黄某某，一会儿又推给"发哥"和"刘生"，明显经不起推敲。而且更为重要的是，从陈某某签认的二维码收款照片、陈某某第 4 次笔录供述、其签认的收取会员费的二维码收付款截图以及陈某某与林某 1、李某某、林某某的款项往来等客观证据可以明确，百花丛论坛中的二维码收款账户［二维码照片标注为某杰、某儿，另经辩护人扫码发现该等支付宝收款账户户名为黄某凤日用品店、×某凤、陈某儿（×维）］实际上均是由陈某某掌握，而且收取的款项都是由陈某某支配，陈某某亦通过这些账号发放工资给黄某某等人，这些事实根本上推翻陈某某所谓的支付宝二维码由"发哥""刘生"提供、微信二维码由黄某某提供，并由"发哥""刘生"自行收取支付宝二维码款项的供述。此外，如果存在共同投资，不可能不存在结算问题，更不存在陈某某第 7 次笔录供述中有关一方收取款项后无须支付给另外一方的情形，而公安机关经调查发现刘某某和陈某某之间没有资金往来则进一步证实陈某某第 6 次笔录的虚假供述。陈某某供述明显违背常理，不符合逻辑。

可见，陈某某供述不仅错漏百出，还违背常理和事实，根本不能作为认定刘某某参与犯罪的依据。

（3）本案指控刘某某参与犯罪根本达不到提起公诉所要求的证据确实、充分标准，不能在没有任何客观证据的情况下仅凭口供对刘某某定罪。

首先，从犯罪嫌疑人的供述来看，除陈某某指控刘某某投资建立百花丛论坛 App 外，本案其他犯罪嫌疑人的供述均没有反映刘某某参与了百花丛论坛 App 的管理或投资。

就陈某某指控劳某某和刘某某投资百花丛论坛，林某某指控劳某某让其支付十多万元给陈某某进而认为刘某某存在嫌疑的这一问题上，公安机关于 2020 年 8 月 13 日出具的《情况说明》明确载明，通过对已经调取的微信、支付宝等资料进行分析，未发现劳某某转账 15.5 万元人民币给林某某的相关记录。一方面，林某某供述劳某某将十多万元转账到她的支付宝，由她通过支付宝转账给陈某某，而在林某某供述中，并没有反映该十多万元与刘某某相关，更没有反映刘某某与百花丛论坛投资的其他事宜相关，无法反映出刘某某与陈某某有关。另一方面，根据公安机关的该份《情况说明》，可见林某某的供述明显存疑，在没有证据证实劳某某转给林某某十多万元、本案陈某某的所有银行记录均无法反映出林某某和陈某某存在 15.5 万元交易且劳某某否认的情况下，不能仅以林某某单方供述认定所谓的投资款项事宜。

从第 1、2 小点的详尽分析可见，陈某某的虚假供述内容极多，尤其是指控刘某某投资的供述内容，更是前后矛盾、有违常理，存在推脱责任的重大嫌疑，更为重要的是，陈某某的供述仅为孤证，其他犯罪嫌疑人的供述根本无法印证陈某某指控刘某某的内容，反倒印证陈某某供述的虚假。

而林某某供述也不能证实刘某某与百花丛论坛的投资有关联，故现有口供根本无法证实刘某某参与了百花丛论坛的投资。

其次，从公安机关搜查和扣押的各犯罪嫌疑人物品、电子物证检验记录等客观证据来看，公安机关于 2020 年 6 月 10 日出具的《情况说明》显示，刘某某被抓获归案时，公安机关控制了刘某某的两部手机并查阅了相关的微信聊天记录、微信和支付宝交易信息、QQ 聊天资料等，均没有搜查到与案件有关信息；林某某的手机和电脑设备中也没有查到犯罪嫌疑人相互间的聊天、转账等信息。而结合本案所扣押的各犯罪嫌疑人物品以及电子物证检验记录证据来看，均没有刘某某与各犯罪嫌疑人有关百花丛论坛相关的沟通记录，也没有刘某某投资、管理、参与百花丛论坛的关联信息。从此等客观证据可充分反映，百花丛论坛的事务均与刘某某无关。

最后，从银行开户资料、银行流水凭证、微信和支付宝交易记录等更为客观的证据资料来看，2020 年 8 月 13 日，公安机关出具了《情况说明》，明确该局对已调取的刘某某银行卡流水账、微信财富通、支付宝等进行核实，未发现刘某某与黄某某、陈某某有资金往来。若真如陈某某指控的刘某某共同投资建立百花丛论坛并与劳某某占股 55%，则按照逻辑和经验法则，必然会存在投资资金的相关投入、结算和分配行为，作为投资人不可能不进行任何款项交割，任由投资款项打水漂，各方之间不可能不存在任何的资金往来，但该份《情况说明》以及本案的所有银行流水、微信支付宝交易情况，均反映出刘某某并不涉及任何与百花丛论坛相关款项的交易，陈某某所谓各自收款的说法明显不符合常理，更没有任何的佐证，故此等更为深层的证据进一步证实刘某某与百花丛论坛无关。

综上所述，本案的客观证据从根本上证实刘某某并无实施任何投资百花丛论坛的客观行为，不能仅以陈某某虚假的口供、在没有任何客观证据进行印证、证据之间也不存在关联性的情况下，即以虚假口供这一孤证指控刘某某犯罪。

（4）刘某某手机中有黄某某拘留通知书照片以及让劳某某问询林某某是否参与色情网站并非认定犯罪的依据，刘某某的供述具有合理性，不能据此"推定"刘某某犯罪。

结合公安机关出具的文件以及指控内容，公安机关以陈某某指认、刘某某手机中有黄某某的拘留通知书照片以及刘某某电话告知劳某某百花丛论坛出事这 3 个理由作为推定刘某某参与违法犯罪活动的依据，该等依据明显是站不住脚的：首先，刘某某拒绝陈某某邀请投资的行为，可能导致其与陈某某之间存在交恶，陈某某为脱责指控其涉及本案犯罪活动；其次，刘某某手机中有黄某某的拘留通知书是因为自称为黄某某家属的人问刘某某其是否认识林某某并要求提供林某某的电话，刘某某认为是诈骗电话肤浅回答后对方发送该通知书以表示真实，并问询其是否可以帮助将黄某某弄出来以及找到林某某，因打电话和发相片是对方的自主行为，不能据此而推定刘某某有参与百花丛论坛。而此情况恰恰可以反映出，刘某某不存在删除手机内容行为（否则此文件早被删除），而且也不存在从事违法犯罪活动事宜（否则知悉该等情况后不可能在家待捕）；最后，从刘某某和劳某某的供述来看，刘某某打电话给劳某某的重点不是告知百花丛论坛出事，而是要劳某某问询林某某是否有参与违法犯罪事情，此内容两人的供述可以一一对应，而且结合林某某的供述可见，劳某某亦正是问询其是否参与了违法犯罪案件，而不在于告知其违法犯罪事情败露。刘某某作为公司的负责人，因劳某某原因林某某的社保挂在其公司，如果林某某涉案，会被认为该犯罪可能涉及公司等主体，故刘某某在黄某某家属问起林某某的联系方式后立即让劳某某核实林某某是否涉及黄某某案件，是完全合理的。刘某某和劳某某于 5 月 16 日频繁通话，是因为两人共事，两人对于通话内容的供述是一致的，不能仅截取其中一段时间频繁通话即推定两人密谋该事进而得出刘某某投资百花丛论坛的结论。

结合案件来看，一方面，在审查逮捕时，基于前述原因初步推定刘某某可能因实施投资而被批捕，但在 2020 年 6 月 19 日批捕后的两个月侦查时间里，刘某某涉案的证据不但没有增加，而且通过查证，还明确了此前陈某某指控的内容并没有任何客观证据予以印证，无论是犯罪嫌疑人之间的相互信息还是交易记录均无法查证；另一方面，通过进一步审讯，陈某某对刘某某的指控更是不断暴露出自相矛盾和违背常理之处。从案件证据看，指控刘某某投资百花丛论坛的内容明显缺乏必要的证据证明，据以指控刘某某投资的陈某某供述明显虚假、错漏百出，且本案证据无法证实陈某某供述内容属实。因此，本案指控事实明显不清，证据不足，完全不符合起诉条件，不能以推断方式定罪。

六、人民检察院审查意见

检察机关在逮捕并退回补充侦查后对刘某某作出取保候审决定并释放，退查后未重报，根据《刑事诉讼法》第79条规定（对于发现不应当追究刑事责任，应当及时解除取保候审），决定解除对刘某某的取保候审措施。

七、办案总结和意义

在刑事辩护中，一般而言，如果案件存在同案人所作的供述和指认不利于犯罪嫌疑人时，一般主张犯罪嫌疑人没有主观犯罪故意以及客观犯罪行为、不存在犯罪的，由于所辩护内容难以有确实、充分的证据予以反证，一般获得司法机关的支持极为困难；相对而言，通过论证证据达不到确实充分的标准、无法排除合理怀疑、不足以指控犯罪嫌疑人构罪的方式，使检察机关作出证据不足不起诉决定或者审判机关作出证据不足无罪判决，则是有实现可能的。为此，本案选择通过论证证据达不到确实、充分的标准进行无罪辩护。因同案人的供述和指认在整个刑事证据体系中占据极为重要的地位和作用，指出同案人供述和指认的前后矛盾和虚假之处，才能促使司法机关对该供述和指认的虚假情况予以注意，使该同案人的供述变为孤证，进而推翻该同案人的供述和指认。此外，有效的刑事辩护客观上要求辩护律师需要针对证据的常理进行判断，若指控犯罪嫌疑人有罪的证据不符合常理，则该份证据依法不应予以采信。结合常理分析，可以有效确定此类犯罪行为的证据链构成内容和要件，当案件中证据链条部分存在缺失的情况下，即会导致证据达不到确实、充分的标准，指控无法成立。

综上所述，有效的刑事辩护除了针对事实进行辩护外，更需要结合证据确实、充分的标准对指控证据予以论述。本案的亮点在于，通过横向和纵向的证据比较，指出指控犯罪嫌疑人构罪的重要证据存在虚假情形，通过常理的判断，进一步明确相关指控证据的不当以及证据链缺失的重大瑕疵，进而指出案件问题所在，极大地保障了犯罪嫌疑人的合法权益。随着辩护逐渐深入，常理论证应被重视，并有效运用在辩护之中。

李某涉嫌协助组织卖淫罪、介绍卖淫罪二罪被二审改判一罪案

方永源

一、当事人和辩护人基本情况及案由

当事人：李某，男，汉族，文化程度初中，无业。因本案于2018年4月29日被羁押，次日被刑事拘留，同年6月4日被逮捕。后由某某市某某区人民检察院以介绍卖淫罪、协助组织卖淫罪提起公诉。一审法院判决被告人李某犯协助组织卖淫罪，判处有期徒刑1年2个月，并处罚金人民币2千元；犯介绍卖淫罪，有期徒刑1年5个月，并处罚金人民币2千元。法院决定执行有期徒刑2年6个月，并处罚金人民币4千元。李某不服一审判决提起上诉。

辩护人：方永源，广东合盛律师事务所律师。

案由：协助组织卖淫罪、介绍卖淫罪。

二、案情介绍

（一）公诉机关指控

被告人何某（组织卖淫罪主犯）为谋取非法利益纠集他人从事卖淫活动，通过微信发布招聘信息及"摩托司机"（包括被告人李某等）在搭客过程中介绍卖淫服务等方式招揽嫖客，以某超市等地为据点安排上述人员卖淫，并通过微信群掌握卖淫人员的卖淫方式、金额、分成等内容，且对嫖资进行管理和分配。被告人李某等人，明知被告人何某有组织卖淫的行为，仍多次向其介绍嫖客，并使用摩托车接送上述人员到被告人何某的上述据

点从事卖淫嫖娼活动。另查明，被告人李某有向陈某英、邵某淋等人介绍嫖客从事卖淫嫖娼活动。

（二）一审法院判决结果

一审法院关于是否同时构成协助组织卖淫罪和介绍卖淫罪的评析如下：经查明，被告人李某有为主犯何某运送嫖客的行为，为被告人何某卖淫予以帮助、辅助的行为，该行为符合协助组织卖淫罪的成立要件。另查明被告人李某存在为卖淫者和嫖客之间牵线搭桥的行为，该事实由被告人李某通过微信转发招嫖信息，以及证人的证言予以证实，该行为已经构成介绍卖淫罪。故公诉机关指控被告人李某犯协助组织卖淫和介绍卖淫罪的犯罪事实清楚，证据确实、充分。判决被告人李某犯协助组织卖淫罪，判处有期徒刑1年2个月，并处罚金人民币2000元；犯介绍卖淫罪，判处有期徒刑1年5个月，并处罚金人民币2000元。决定执行有期徒刑2年6个月，并处罚金人民币4000元。

一审判决后，被告人李某不服，向法院提起上诉。

三、本案争议的焦点

被告人李某的行为是否同时构成协助组织卖淫罪和介绍卖淫罪？如不是，李某应当构成协助组织卖淫罪还是介绍卖淫罪？

四、双方的意见

（一）控方意见和一审判决结果

被告人李某为牟取非法利益，协助组织卖淫和有为卖淫者与嫖客之间牵线搭桥的介绍卖淫行为，其行为已经触犯《刑法》第358条第2款、第359条之规定，犯罪事实清楚，证据确实、充分，应当以协助组织卖淫罪和介绍卖淫罪追究其刑事责任。

一审法院认为，公诉机关指控被告人李某犯协助组织卖淫和介绍卖淫罪的犯罪事实清楚，证据确实、充分，判决被告人李某犯协助组织卖淫罪，判处有期徒刑1年2个月，并处罚金人民币2000元；犯介绍卖淫罪，判处有期徒刑1年5个月，并处罚金人民币2000元。决定执行有期徒刑2年6个月，并处罚金人民币4000元。

（二）被告人上诉人意见、辩护人意见

被告人上诉意见为其行为全部属于协助卖淫的性质，而不构成介绍卖淫。

辩护人意见为被告人的犯罪行为不受任何人控制和雇佣，是以介绍客人嫖娼成功为条件而收取提成的介绍卖淫人员，并不属于协助行为，其运输嫖娼人员的行为也属于介绍卖淫的其中一个环节，因此，其只构成介绍卖淫罪，不构成协助组织卖淫罪。

五、辩护结果和理由

根据公诉机关的起诉书内容以及一审判决的认定，辩护人认为，被告人李某的行为应该只属于协助组织卖淫罪或介绍卖淫罪，因为被告人的犯罪行为可以归类为同类性质，但是要定性为协助组织卖淫罪的犯罪事实还是介绍卖淫罪的犯罪事实，则法院均可自圆其说。因此，为了争取二审改判，辩护人与被告人达成一致辩护思路，即被告人继续坚持其上诉意见，主要体现其行为全部属于协助卖淫的性质，而不构成介绍卖淫。而辩护人的辩护意见为被告人的犯罪行为不受任何人控制和雇佣，是以介绍客人嫖娼成功为条件而收取提成的介绍卖淫人员，并不属于协助行为，其运输嫖娼人员的行为也属于介绍卖淫的其中一个环节，因此，其只构成介绍卖淫罪，不构成协助组织卖淫罪。

辩护人的该种辩护思路取得当事人李某的高度赞同，因李某也深知刑事案件二审改判机会非常低，但是如能将其犯罪行为全部归类为协助组织卖淫罪或介绍卖淫罪其中一种，则其刑罚可降低为其中一种犯罪的刑罚，而不需要二罪并罚。

六、法院判决意见

经查，原公诉机关将李某明知何某有组织卖淫行为而"多次介绍嫖客"

和"多次使用摩托车接送上述人员从事卖淫活动"的两种协助何某组织卖淫的行为分别认定为构成协助组织卖淫罪和介绍卖淫罪有违法律规定，显属不当。原判在公诉机关没有指控李某有单独实施介绍卖淫事实的情况下增加认定"李某向陈某等人介绍嫖客从事卖淫嫖娼活动"有违法律规定，显属不当。因此上诉人的上诉意见被二审法院采纳。被告人陈某只构成协助组织卖淫罪，不构成介绍卖淫罪。判处刑罚为有期徒刑1年2个月，并处罚金人民币2000元。

七、办案总结和意义

接受委托后，辩护人通过阅卷分析，一审法院将被告人李某的"多次介绍嫖客"和"多次使用摩托车接送上述人员从事卖淫活动"的两种行为分别定性为协助组织卖淫罪和介绍卖淫罪存在较大问题，这两种行为其实可以定性为一类行为。加之在会见被告人时，其多次强调没有收取老板的固定报酬，就是帮老板介绍点嫖客，顺便带过去，赚点人头费用而已。至此，辩护人发现，如果能将两个行为归类为一项犯罪行为，则被告人的罪名可以减少一个，刑罚也相应可以减轻。但是，在一审辩护时，被告人及其一审辩护律师已经提及被告人行为只是属于协助组织卖淫的范围，不属于介绍卖淫。经过和被告人协商取得他的同意后，我们决定分两个方向，因为被告人上诉时已经将其行为只属于协助组织卖淫范围的意见提交，那辩护人就主张被告人的犯罪行为只属于介绍卖淫的范围，不属于协助组织卖淫范畴。

根据《刑法》第358条第2款的规定，协助组织卖淫罪，是指协助他人组织卖淫，即为他人实施组织卖淫的犯罪活动提供方便、创造条件、排除障碍的行为。本罪侵犯的客体是社会治安管理秩序。组织卖淫罪是一种严重的犯罪行为，而协助组织卖淫虽不是组织他人卖淫，但却在组织他人卖淫的犯罪活动中起了重要作用。协助组织卖淫罪的行为人实施的是组织卖淫罪的帮助行为。所谓组织卖淫罪的帮助行为是指在多人共同实施组织卖淫犯罪活动中，为实行犯顺利地实行犯罪创造条件的行为，如为组织卖淫犯罪行为人充当打手、保镖、管账人员等。

而介绍卖淫的行为主要体现在卖淫者和嫖客之间牵线搭桥、沟通撮合，使他人卖淫活动得以实现的行为，俗称"拉皮条"。实践中，介绍的方式多表现为双向介绍，如将卖淫者引见给嫖客，或将嫖客领到卖淫者住处当面撮合，但也不排斥单向介绍，如单纯地向卖淫者提供信息，由卖淫者自行去勾搭嫖客。

本案中，一审法院将被告人李某为案件主犯运送嫖客的行为定性为为主犯组织卖淫予以帮助和辅助的行为，其行为符合协助组织卖淫罪的成立要件。此外，对被告人存在为卖淫者和嫖客之间牵线搭桥的行为，且该事实情况有被告人李某通过微信转发招聘信息和其他证人的证言予以证实，行为构成介绍卖淫罪。

但参考其他法院判决案例，许多法院将介绍嫖客和运输嫖客的行为定性为介绍卖淫行为。而本案中，被告人"多次介绍嫖客"和"多次使用摩托车接送上述人员从事卖淫活动"的两种行为在不同法院有不同认定，本案则将"多次介绍嫖客"单独定性为协助组织卖淫行为，"多次使用摩托车接送上述人员从事卖淫活动"单独定性为介绍卖淫行为。因此，辩护人推断，如果能说服二审法院将两种行为归为同一类，则被告人的罪名可减少一个，刑罚也相应降低。但是，两种行为在司法实践中均有不同定性。最终法院认定被告人的两种行为应当只属于协助组织卖淫罪，将原判介绍卖淫罪撤销，量刑由原来的两罪合并执行有期徒刑2年6个月，改判为有期徒刑1年2个月，成功为被告人降低刑罚。

黄某某涉嫌贩卖毒品被不起诉案

——贩卖毒品案疑点分析及无罪辩护对策

黄坚明

一、当事人和辩护人基本情况及案由

当事人：黄某某，男，瑶族，文化程度初中，农民。因涉嫌贩卖毒品罪，某年1月12日被刑事拘留，因人民检察院不予批准逮捕，于某年2月16日被取保候审12个月，2023年4月28日检察院决定不起诉。

辩护人：黄坚明，广东广强律师事务所律师。

案由：贩卖毒品罪。

二、案情介绍

涉案侦查机关认定：购毒者王某某得知从售毒者黄某某处能购买到毒品，便于2021年9月14日联系了黄某某，拟向其大额购买冰毒片剂毒品。为此，黄某某与王某某约定在交易地点见面，并把自己名下的涉案轿车抵押给王某某。黄某某交付抵押汽车给王某某之后，王某某向黄某某支付了购毒款4万元。第二天，黄某某再次电话联系了王某某，让王某某到涉案毒品交易地点接收毒品。毒品交易完毕之后，王某某将涉案汽车退还给黄某某。此次交易涉案毒资总额是5.4万元。2021年9月16日凌晨两点，购毒者王某某在某地因运输涉案毒品而当场被抓归案，此案遂案发。

为证实上述犯罪事实，侦查机关提交了抓获经过，涉案车辆，购毒手机，现场照片，提取、扣押、称量、取样笔录，辨认笔录及照片等证据材料。侦查机关认定犯罪嫌疑人黄某某无影响量刑的犯罪情节，而在案证据

和事实足以认定黄某某涉嫌贩卖毒品罪。

三、本案争议的焦点

1. 现有证据和事实能否证实犯罪嫌疑人黄某某涉案行为构成贩卖毒品罪；

2. 现有证据和事实能否证实所谓购毒者王某某与售毒者黄某某之间仅仅存在抵押汽车借款事实，进而导致此案无关涉毒犯罪的问题；

3. 黄某某涉嫌贩卖毒品罪一案是否属于事实不清，证据不足，依法应作出不起诉决定的涉毒无罪案。

四、双方的意见

（一）侦查机关意见

涉案侦查人员在案发现场当场抓获毒品买家王某某，当场查获涉案冰毒片剂625.5克。王某某归案后也多次供述涉案毒品上家就是黄某某，且案发前黄某某与王某某之间存在大额微信转账记录，两人于案发期间也有过多次通话记录，并在涉案毒品交易地点有实际见面。据此，侦查机关认定黄某某已触犯了《刑法》第347条的规定，此案犯罪事实清楚，证据确凿、充分，依法应当以贩卖毒品罪追究其刑事责任。

（二）辩方意见

基于在案证据和事实，辩方始终坚持：黄某某在王某某、陈某某运输毒品罪案中是彻彻底底的无辜者、案外人，而黄某某涉嫌贩卖毒品罪系购毒者王某某涉嫌蓄意诬告陷害的结果。此案实际作案者应另有其人，且除了王某某指证黄某某涉毒的孤证口供之外，所有在案证据和事实均恰好反证黄某某并未涉毒，而黄某某涉毒案当中，没有任何一份客观性证据可证实黄某某涉毒。此案证据链缺失的客观事实，以及王某某指证黄某某涉毒口供明显涉及造假的客观事实，均可证实黄某某涉毒案就是冤假错案。为了维护黄某某的合法权益，防止冤假错案的发生，我们请求某某人民检察院依法对黄某某涉嫌贩卖毒品罪一案作出不起诉决定。

五、辩护结果和理由

2023年4月28日，某某人民检察院以本案事实不清、证据不足为由，对黄某某作出不起诉决定。对此，我们简略陈述此案的核心无罪辩护理由。具体如下：

其一，黄某某因抵押车辆以借款4万元而接触王某某，诸多在案证据可反证黄某某不涉毒的辩解属实，可反证黄某某以抵押汽车借款方式向王某某借款4万元的辩解属实。

其二，从证据角度分析，本案除了王某某指证黄某某涉毒的孤证口供之外，所有在案证据和事实均无法证实黄某某涉毒一事属实，本案凭涉案毒品内外包装上没有提取到黄某某的生物物证或其他痕迹物证的客观事实，毒品上家没有到案的客观事实，涉案毒品属涉毒者王某某所有，或由王某某、陈某某两人实际控制、支配的客观事实，王某某涉毒手机已灭失的客观事实，涉案毒资缺失的客观事实，可见黄某某涉毒证据链缺失而在案证据无法认定黄某某涉案行为符合贩卖毒品罪基本构成要件。

其三，指证黄某某涉毒之王某某孤证口供涉及公然造假，可直接证明王某某存在蓄意诬告陷害黄某某的重大嫌疑，证明黄某某涉毒一案是冤假错案，起码此案无法排除这样的合理怀疑。

其四，从法律适用角度分析，本案有诸多相反证据链可直接证实黄某某参与交易毒品的犯罪事实谬误，而王某某指证黄某某涉毒口供属孤证，王某某口供涉及公然造假及蓄意诬告陷害黄某某，黄某某涉毒犯罪行为要件不符，黄某某涉毒之DNA及痕迹物证缺失，黄某某涉毒证据链缺失，黄某某与王某某之间存在抵押汽车借款4万元之民事纠纷，黄某某归案之后的无罪辩解与在案微信转账记录相互印证，可见黄某某涉毒案基本事实不清，应排除合理怀疑。

六、检察机关意见

此案最大争议焦点是黄某某是否涉毒，在涉案毒品下家王某某、陈某某均因犯运输毒品罪而被判重刑，在涉案侦查机关拒绝撤销黄某某涉毒一案的前提下，涉案人民检察院以此案事实不清、证据不足为由，对黄某某作出不起诉的决定，但涉案人民检察院并没有作出黄某某没有涉毒的彻底无罪结论。

七、办案总结和意义

针对黄某某涉嫌贩卖毒品罪案，辩方认为，此案为何最终取得不起诉结案的辩护效果，有以下4点办案经验值得思考。

其一，尽管犯罪嫌疑人黄某某只有初中文化，且此案涉毒者王某某多次供述涉案毒品源自黄某某，但黄某某被抓归案之后始终坚持自己不涉毒，坚持不认罪，这也是此案不起诉结案的重要理由之一。

其二，涉案侦查人员始终都无法掌握黄某某涉毒的证据链，更无法掌握黄某某直接涉毒的铁证，尽管在审查起诉阶段涉案侦查人员继续提供新证据，意图说服检察机关对黄某某提起公诉，幸好涉案检察官要求对涉案毒品内外擦拭物进行DNA鉴定，在痕迹物证、DNA缺失的前提下，涉案人民检察院最终拒绝对此案提起公诉。

其三，从法律适用角度分析，此案确实涉及涉案侦查人员有罪推定、孤证入罪、单凭购毒者言辞证据入罪的情况，进而导致黄某某被错误刑事拘留，被错误移送审查起诉。

其四，此案最大意义是在涉案冰毒片剂数量高达625.5克的前提下，在案发前黄某某与所谓的涉案毒品买家王某某确实认识且案发前有在所谓毒品交易现场见面沟通的情况下，辩方运用系列无罪证据及严密论证，详细剖析此案实际涉毒者另有其人，涉案毒品实际源自他人，涉案毒品交易行为实属他人所为，与黄某某涉案行为没有任何关联，所谓黄某某涉嫌贩卖毒品的犯罪事实明显不属实。

综上所述，在涉毒疑犯黄某某没有被批准逮捕，不认罪，在有罪证据链缺失的前提下，辩方详细论述所有在案证据和事实恰好反证黄某某不涉毒，并证实指证黄某某涉毒的王某某口供明显涉及造假且前后矛盾，依法不能作为贩卖毒品罪的定案根据，再结合涉案冰毒片剂625.5克属王某某实际控制及支配，可证实黄某某涉毒之指纹、DNA等痕迹物证、生物物证均缺失的客观事实，辩方为此坚持黄某某在此案当中就是彻彻底底的无辜者、案外人。此案最终也取得检察院不起诉的辩护效果。涉毒案辩护确实很难，但不能因无罪辩护难而放弃无罪辩护，更不能因无罪辩护难而违背在案证据和事实，强行劝无辜者、案外人认罪。

吴某涉嫌贩卖毒品被撤回起诉案

唐以明

一、当事人和辩护人基本情况及案由

当事人：吴某，男，汉族，文化程度小学，因本案于2017年12月22日被刑事拘留，于2018年1月26日被执行逮捕，因患严重疾病，于2018年4月25日被变更强制措施为取保候审；2018年9月17日被某某市人民检察院以贩卖毒品罪提起公诉。

辩护人：陈树彬，广东埔穗（揭阳）律师事务所律师。

案由：贩卖毒品罪。

二、案情介绍

公诉机关指控：

1. 2017年6月29日晚，被告人吴某在惠来县某村桥头的神庙，贩卖4袋冰毒给同案人罗某（另案处理）。随后，罗某驾驶黑色摩托车载着该4袋冰毒准备送至陆丰市湖东镇贩卖给陈某（另案处理）。罗某途经陆丰市139县道某村路口被抓获，现场在其驾驶的摩托车座位下储物箱的黑色塑料袋内查获4袋结晶状物，共净重3326.0克。经鉴定，4袋结晶状物均检出甲基苯丙胺成分，且含量分别为68.2g/100g至76.8g/100g不等。

2. 2017年3月初，被告人吴某在陆丰市甲子镇某酒店附近的一个小巷中，以每包人民币24,000元的价格贩卖6包冰毒给同案人马某（另案处理）。2017年3月6日晚上，同案人马某驾驶粤B562R3黑色轿车载着该6包冰毒前往湖北黄石某高速公路服务区准备以每包人民币35,000元的价格与事先联系好的彭某（在逃）进行交易。马某途经江西省寻全高速时被寻乌县公安机关抓获，并现场查获疑似毒品的白色晶体6包，净重共计6097.3克。经鉴定6包疑似毒品的白色晶体均检出甲基苯丙胺成分，且含量分别为70.28g/100g至73.32g/100g不等。

本案中，罗某、马某均指认涉案冰毒是向吴某购买的，为证实上述事实，公诉机关还提交了物证、书证、证人证言、鉴定意见、现场勘验笔录、被告人的供述材料等证据。公诉机关认为，吴某贩卖毒品甲基苯丙胺数量大，构成贩卖毒品罪。

案件于2022年9月28日在某某市中级人民法院公开开庭审理，经过控辩双方在庭审中的激烈辩论后，公诉机关在审理过程中认为该案事实不清、证据不足，申请对吴某撤回起诉。

三、本案争议的焦点

1. 被告人吴某是否构成贩卖毒品罪？
2. 贩卖毒品案件事实清楚、证据充分的认定标准？

四、双方的意见

（一）控方意见

被告人吴某违反国家对毒品的管制，贩卖毒品甲基苯丙胺（俗称冰毒），数量大，其行为已触犯了《刑法》第347条第2款第1项之规定，犯罪事实清楚，证据确实、充分，应当以贩卖毒品罪追究其刑事责任。

（二）辩方意见

起诉书指控被告人吴某构成贩卖毒品罪事实不清，证据不足，依法不能成立。

五、辩护结果和理由

依照前述辩护意见，结合庭审情况，辩护人紧紧围绕在案证据没有形成完整的证据链条，没有达到确实、充分的证明标准进行论证，提出如下主要辩护理由：

1. 被告人一直否认参与贩卖毒品。

本案中，被告人吴某归案后，公安机关对其共进行了 10 次讯问，但其一直稳定供述没有贩卖毒品。

2. 本案虽然了查获毒品实物，但毒品及外包装上没有检测出被告人的 DNA 或指纹痕迹，案涉毒品与吴某没有关联性。

3. 被告人吴某身上并未查获到毒品或与毒品相关的物品，涉案查获的毒品不是在被告人吴某身上查获的，而是在罗某、马某身上起获的。而罗某、马某并不是同一宗交易的同案人，他们均不能证明除了自己那宗交易外还有其他贩毒事实的存在，可见，罗某、马某指认吴某均是孤证。

4. 马某、罗某的供述与证人证言相矛盾。

马某供述其上家是"老二""马辉"，但并无证据证明"老二""马辉"就是被告人吴某；马某强调其妻子陈某认识被告人吴某，但是陈某在辨认时却辨认不出被告人吴某，并陈述"我对该男子没有什么深刻的印象""没有认识的男子"。罗某供述其上家是"马辉"，年龄是 45 岁，但是被告人吴某在案发时才 32 岁，明显不是同一个人。

5. 公诉机关指控的毒品交易时间、交易地点无监控、视频等证据证实，犯罪时间不明确、犯罪地点模糊。

6. 无证据证明被告人吴某收取了涉案毒资。

侦查机关调查了被告人吴某所有银行账户，显示都没有钱，与有能力出售涉案大宗毒品的大毒枭的经济实力完全不相符，也可以证实被告人吴某不是贩卖毒品人员。

7. 没有被告人吴某与同案被告人罗某、马某之间为涉案毒品交易而通话联系的证据。

贩卖毒品犯罪，在毒品交易前，买卖双方都有进行毒品数量、价格、交易地点的商量，必然会有频繁的通讯联系，但本案没有证据证明被告人吴某与罗某、马某为了交易而通话联系。

综上所述，本案并无直接证据证明被告人吴某构成犯罪，在案证据只有同案被告人马某、罗某分别的供述指向被告人吴某，且无其他证据予以佐证，属于孤证，无法形成完整的证据链条，无法排除合理怀疑，不符合最高人民法院《关于适用〈中华人民共和国刑事诉讼法〉的解释》第140条"没有直接证据，但间接证据同时符合下列条件的，可以认定被告人有罪：（一）证据已经查证属实；（二）证据之间相互印证，不存在无法排除的矛盾和无法解释的疑问；（三）全案证据形成完整的证据链；（四）根据证据认定案件事实足以排除合理怀疑，结论具有唯一性；（五）运用证据进行的推理符合逻辑和经验。"规定的情况，由此可见，认定吴某构成贩卖毒品罪事实不清、证据不足，不应认定吴某有罪。

六、法院裁判意见

案件于 2022 年 9 月 28 日开庭审理，辩护律师向法庭提交了书面辩护意见和质证意见，在庭后审理过程中，公诉机关以事实不清、证据不足为由，向法院提起撤回起诉申请，2022 年 12 月 5 日，某某市中级人民法院作出《刑事裁定书》，准许某某市人民检察院对被告人吴某犯贩卖毒品罪的撤回起诉。

七、办案总结和意义

1. 贩毒案件属于刑法严厉打击的传统犯罪，不仅证据标准要求低，而且刑罚也很重，尤其是大宗毒品犯罪，被告人通常要付出生命的代价。本案公诉机关指控吴某贩卖冰毒两宗，一宗 3326 克，另一宗 6079 克，吴某如果被认定有罪，极可能被判处死刑。办理本案时，经办律师始终以证据为抓手，坚持无罪辩护，庭审时通过发问、质证、辩论，提出指控的两宗毒品买卖没有查获毒品现货、"下家"的毒品没有关联性、"下家"辨认不出（错误辨认）吴某、缺乏毒资及通话记录等证据，证据不足，应当判决吴某无罪的辩护意见。公诉机关最终以证据不足为由对吴某撤回起诉，吴某终于重获自由。

2. 经办律师在办理案件过程中，仔细查阅案卷材料，抽丝剥茧地寻找同案被告人与证人证言的矛盾及不合理之处，提出客观证据的缺失，无法形成完整的证据链条的观点，辩护律师的专业技术辩护起到了不可忽视的作用，其着力于辩护工作，赢得法院支持，最后公诉机关撤诉。辩护律师还及时向办案机关反映被告人是艾滋病严重患者，为被告人申请变更为取保候审的强制措施，使被告人从案件侦查阶段至审判阶段期间均获得治病的良好条件，不耽误病情治疗，切实维护被告人的权利。

3. 本案案发地在汕尾市，该市的博社村，一度被外界称为"中国冰毒第一村"。2013年12月29日凌晨，在广东省"雷霆扫毒"行动中，3000多名警力突击包围村庄，对盘踞在村内的多个制贩毒团伙展开集中收网行动，抓捕182名犯罪嫌疑人，捣毁制毒工厂77个，缴获冰毒2925千克。如今，博社村毒帽已摘，但禁毒工作关系国家安危、民族兴衰和人民福祉，厉行禁毒是党和政府的一贯立场和坚决主张，对毒品犯罪的打击应得到政府、社会和群众的全面支持，但是对被告人进行一场公平公正的审判，坚守程序正义的价值，保障被告人的诉讼权利，同样是国家保障人权，体现社会公平正义，维系社会长治久安的应有之义。本案中，对大宗毒品犯罪案件进行有效辩护，实属不易；司法机关亦恪守"事实为依据，法律为准绳"的原则，没有武断地将单一言词证据作为定案依据。

林某贩卖毒品被改变量刑建议获轻判案

王楚豪　黄昭湖

一、当事人和辩护人基本情况及案由

当事人：林某，男，汉族，住广东省，因本案于2020年某月某日被刑事拘留，同年被执行逮捕，同年被人民检察院以贩卖毒品罪提起公诉。

辩护人：王楚豪、黄昭湖，广东国智律师事务所律师。

案由：贩卖毒品罪。

二、案情介绍

林某偶有吸食毒品，公安机关认为其以贩养吸，经查看其手机微信聊天记录和转账记录，计算出自2020年1月至被抓获期间，林某通过微信收取毒资的方式先后多次向吸毒人员汤某贩卖10克冰毒、向宋某贩卖2克冰毒、向王某贩卖17克冰毒，共计29克冰毒。其中2克是经王某举报后，由侦查机关在快递柜查获。经鉴定，快递柜查获的毒品中检出甲基苯丙胺成分。

公安机关侦查后将案件移送人民检察院审查起诉，人民检察院根据起诉意见书，拟提出的量刑建议是：林某构成贩卖毒品罪，建议判处有期徒刑4年。

三、本案争议的焦点

1. 被告人林某是否构成贩卖毒品罪？
2. 贩卖毒品案件事实清楚、证据充分的认定标准？

四、双方的意见

（一）控方意见

被告人林某违反国家对毒品的管制，贩卖毒品甲基苯丙胺（俗称冰毒），数量大，其行为已触犯了《刑法》第347条第2款第1项之规定，犯罪事实清楚，证据确实、充分，应当以贩卖毒品罪追究其刑事责任。

（二）辩方意见

起诉书指控被告人林某构成贩卖毒品罪事实不清，证据不足，依法不能成立。

五、辩护结果和理由

辩护人认为，林某系代购行为，没有牟利目的，除了现场查获的2克冰毒外，其余的毒品数量不构成贩卖毒品罪。具体理由如下。

（一）林某系与其他3名吸毒人员"搭单"购买毒品，该行为本质上是代购行为

1. 其他吸毒人员向林某转账时间早于林某购买毒品或者放置毒品时间。如：举报人王某、A、汤某均分别在2020年1月4日前后向林某转账2000元、1000元、1000元，结合在案证据可知，他们是先凑钱再由林某联系上家发货的。

2. 结合林某与王某的微信聊天记录截图可知：因上家不卖散货，林某与王某等人"搭单"购买，林某仅存在代购行为，这一事实可从以下聊天记录直接或间接得知。

（1）

林：是啊，我在和他闲聊。

王：你下次拿的时候话我听！确实不错这次的。

林：你觉得快递靠谱吗？我不敢收快递。

王：放快递箱是可以的。

(2)

林：几钱啊

王：贵字，你不如问下 KK 啊

林：KK？边个啊

王：黄某某，跳肚皮舞过个啊

林：他翻左了咩

王：如果距有噶话我都搭你拿，距好似翻来了

林：我问问吧

(3)

王：这个你要不要拿？都是搭单的，那个乒乓粿回来了

林：嗯，他要我告诉你通过他加微信

(4)

王：少到啊

林：但不出散……

王：到时我搭你拿

林：你需要，可以参与搭单

王：对

(5)

林：在么

王：嗯，点呢？

林：有朋友从潮汕带上来，你要不要搭单

王：要，2 个

结合转账记录显示，A 与汤某于 2020 年 1 月 5 日各转账 1000 元"搭单"购买毒品。

3. 林某供述其只是代购用于吸食的毒品。林某曾于 2020 年 8 月 7 日和

8月28日供述称,其有将冰毒给过他人,但没有牟利,只是代为收取款项,再转给上家代购用于吸食的毒品,而上家发货时也会注明数量分配,如"2-2-3"字样,"2"表示林某要2克冰毒,其他两人分别2克和3克。上家发货有时按照他们各自地址,有时寄到林某住址再让其他人过去领取。

4. 虽然王某、汤某在《询问笔录》中均称毒品系从林某处购买,但是他们的供述中均省略了购买的原因,只是交代了案件事实的后半部分,两人并未交代这种所谓的购买其实是有前半部分原因的——他们转账给林某,林某为他们代购毒品。因此,由于上述两人的供述存在完整性的缺失,已极大地影响了本案的真实性。

(二)在案证据无法证明林某在代购过程中有牟利行为

1. 在案没有林某向上家"乒乓粿"购买毒品的转账记录和聊天记录,相反,却有林某与王某之间的聊天记录反映出林某属于无偿的代购行为。

2. 通过阅卷可以发现,林某与另外三人(王某、汤某、A)均是普通吸毒人员,由于上家"乒乓粿"对购毒有数量要求(5克起),而他们吸食量较少,根本不需要那么多,彼此间又是相识较长时间的朋友,因此就约好大家合资购毒,由于林某门路较多,且上家为了减少接触,因此购毒就由林某一人代劳,有时候直接由上家按照其提供的地址发货,有时候让林某统一接收后通知其他人领取。

(三)在案证据不足以证明林某与汤某等人之间的转账往来均用于购买毒品

本案不能仅仅通过转账记录便认定所有转账系用于购买毒品,据林某称,其与汤某之间也存在其他经济往来。退一万步讲,即使林某与他人的转账款项均系用于购买毒品,如前所述也只是一种代购行为。

(四)根据相关会议纪要,对于不以贩卖、牟利为目的的代购行为或接收毒品行为,不应以贩卖毒品罪论处

2008年印发的《全国部分法院审理毒品犯罪案件工作座谈会纪要》(大

连会议纪要）指出：有证据证明行为人不以牟利为目的，为他人代购仅用于吸食的毒品，毒品数量超过《刑法》第 348 条规定的最低数量标准的，对托购者、代购者应以非法持有毒品罪定罪。即不应以贩卖毒品罪论处。

以及 2015 年最高人民法院《全国法院毒品犯罪审判工作座谈会纪要》（武汉会议纪要）第 2 条第 1 款第 4 项指出：购毒者接收贩毒者通过物流寄递方式交付的毒品，没有证据证明其是为了实施贩卖毒品等其他犯罪，毒品数量达到《刑法》第 348 条规定的最低数量标准的，一般以非法持有毒品罪定罪处罚。代收者明知是物流寄递的毒品而代购毒者接收，没有证据证明其与购毒者有实施贩卖、运输毒品等犯罪的共同故意，毒品数量达到《刑法》第 348 条规定的最低数量标准的，对代收者以非法持有毒品罪定罪处罚。

（五）对于上述会议纪要，辩护人认为林某在不构成贩卖毒品罪的同时，亦不构成非法持有毒品罪

因非法持有毒品罪处罚的是同一时空状态下，行为人持有超过 10 克（含有甲基苯丙胺成分）冰毒，而明显在案证据无法证明这一点。本案除了 2020 年 4 月 30 日于快递柜查获的 2 克毒品外，并无其他毒品存在，关于涉案的毒品数量亦仅有林某和同案人的供述，但林某的口供又与同案人供述未能相互吻合、一一印证，彼此之间不能形成稳固的证据链，因此辩护人认为林某不构成非法持有毒品罪。

六、法院判决意见

本案由一开始公诉机关建议量刑有期徒刑 4 年，再到后来采纳辩护人的法律意见，建议量刑为有期徒刑 9 个月，法院最终判决林某犯贩卖毒品罪，判处有期徒刑 9 个月，并处罚金 3000 元。

七、办案总结和意义

1. 在实务工作中，对于贩卖毒品罪，除对犯罪嫌疑人客观行为、涉案毒品数量进行查明外，在认定犯罪时应严格遵守主客观相一致标准，对犯

罪嫌疑人的主观意图这一关键因素进行查明。

2. 在本案中审查起诉的最初阶段，检察机关保留侦查机关的起诉意见，指控林某构成贩卖毒品罪，涉案毒品数量达到 29 克，拟提出 4 年有期徒刑的量刑建议。辩护人经过多次会见、阅卷，结合本案毒品犯罪的特征，认为本案的辩护关键在于应当根据林某主观意图及实际客观行为，对涉案毒品进行归纳分类，厘清林某在所指控的 29 克毒品之中，其行为是否构成犯罪。通过查阅在案微信聊天记录、转账记录等关键证据，辩护人认为，在案证据无法证明林某存在贩卖毒品行为，相反地，在案证据足以证明林某仅存在拼单、无偿代购毒品的行为，其在主观上并无贩卖毒品或通过代购牟利的目的。

3. 辩护人从案件事实证据出发，通过适用毒品犯罪会议纪要、引用刑事审判参考指导案例，积极与检察机关保持沟通、提出辩护意见，促使检察机关采纳辩护意见，且当事人对辩护效果亦表示认可，自愿作出认罪认罚，检察机关顺利变更量刑建议，以 9 个月有期徒刑的量刑建议提起公诉，最终法院亦判决 9 个月有期徒刑，本案最终实现各方满意的良好辩护效果。

4. 辩护人除了将以上法律意见汇总递交给经办单位的同时，也将《刑事审判参考指导案例》中一篇与本案情节高度类似的案例递交经办人参考。该指导案例中对本案最有利的是：将林某是否属于代购行为以及是否具有牟利目的的举证责任归于控方。

5. 本案所取得的辩护效果，既源于辩护人对案件事实的充分把握、在刑事诉讼专业知识方面的扎实基础，也源于辩护人在经办过程中与经办单位工作人员的积极沟通以及经办单位对辩护人地位及辩护权的尊重、保障。刑事审判的目的在于"让无罪的人免予起诉、让有罪的人得到公正审判"，在刑事审判实务中，控辩审三方时刻保持良好、常态化的沟通机制，构建相互尊重、平等对待的法律共同体，有利于实现上述目的，提升司法公信力，实现"让人民群众在每一个司法案件中感受到公平正义"。辩护律师作为法律共同体的一员，在经办每一个具体案件时，应充分发挥专业素养，从辩护人角度出发，在依法履行辩护职责时为实现司法公正贡献力量。

朱某涉嫌敲诈勒索罪，行贿罪，非法转让、倒卖土地使用权罪等罪获轻判案

徐顺源

一、当事人和辩护人基本情况及案由

当事人：朱某。

辩护人：徐顺源，广东一粤律师事务所律师；郑伟鸿，广东一粤律师事务所实习律师。

案由：敲诈勒索罪，行贿罪，非法转让、倒卖土地使用权罪等罪。

二、案情介绍

江门市江海区人民检察院指控朱某犯罪事实如下。

（一）敲诈勒索罪

2015年至2016年，赵某德承接了高新区公共码头建设的填土和吹填工程后向外分包填土工程，经两次转手后被害人杨某俊欲接手，但杨某俊与赵某德谈好后，被告人朱某与区某找到赵某德表示要接工程，后由区某打电话给杨某俊，以陈某来要做工程的名义威胁其退出。再几经更换施工方，该项目至2016年9月又找到杨某俊实施剩余填土工程。杨某俊进场施工后不久，被告人朱某和刘某明（另案处理）先后找到杨某俊，称该地块征收时有补偿鱼塘主，要求杨某俊出补偿款。因前期赵某德施工时已完成对鱼塘主的补偿，杨某俊未予理会，之后施工工地被被告人朱某及陈某庆等人带多人堵塞3天无法开工。杨某俊联系刘某明表示答应补偿的要求，最终以

刘某明的老表谭某棚（另案处理）出面以之前欠杨某俊40万元的工程欠款相抵消。后谭某棚分两次共交20万元给被告人朱某。

（二）行贿罪，非法转让、倒卖土地使用权罪

2004年，朱某伙同朱某1、陈某安等人经过商议，共同出资在江门市高新技术工业园有限公司（以下简称高新区工业园公司）购买土地进行投资，并于当年12月与高新区工业园签订项目用地协议书，购买201.914亩的土地，出让价格每亩80,000元。2006年5月，朱某以陈某安的妻子陈某荷的名义注册了江门市某五金制品有限公司（以下简称五金公司），随后以五金公司（未实际经营）的名义与高新区工业园公司重新签订购买土地使用协议书并交付定金。2007年7月后，由于新的国土政策规定不能通过协议出让土地，必须经公开招标、项目申报及准入评审才能安排用地指标，高新区工业园公司一直无法按照原来协议履行交付土地给朱某。至2012年下半年，经原江门市江海区外海街道办主任马某介绍，被告人朱某找到时任高新区管委会主任的梁某寻求帮忙，梁某遂安排高新管委会招商办、规划建设办的相关领导干部处理五金公司用地问题。其后，被告人朱某按照高新工业园公司的要求重新对五金公司以节能厨具项目进行包装，获得安排用地（高新区7-7号地）。2013年6月，在明确可以获得用地安排后，朱某以股权转让的形式将五金公司及获取的用地指标以19,913,200元（土地权益转让价：每亩54.5万元）一并售卖给需要用地拓展五金生意的徐某华，并约定后续竞拍购得该项目用地需要支付给政府的钱款从上述款项中扣除。2014年1月，被告人朱某以五金公司名义以1082万元的价格竞拍得到高新区7-7号（24,347.6平方米）的土地使用权。扣除竞拍款及税费后之后，被告人朱某将900万元的土地差额利润小部分给朱某1、陈某荷，其本人分得600万元。另在2014年，高新区工业园公司返还五金公司土地出让补偿款390万元及赔偿对方因此所受的损失220万元被被告人朱某据为己有。2015年3月，梁某前往中国香港地区参加春茗活动时，被告人朱某在梁某下榻的酒店里送给其港币10万元。

三、本案争议的焦点

朱某是否构成敲诈勒索罪及非法转让、倒卖土地使用权罪？

四、辩护意见

一审期间：

（一）朱某不构成敲诈勒索罪

1. 谭某棚明确供述本案与朱某无关，没有支付朱某20万元。

2. 涉案鱼塘没清空，谭某棚接受杨某俊的请托帮忙清理鱼塘，符合客观事实。

3. 本案是刘某明实施敲诈勒索，与朱某无关。

杨某俊笔录指认，两次阻拦施工，杨某俊均是打电话给刘某明解决，杨某俊与刘某明在电话里谈好，阻拦施工的人就离开。况且，刘某明让谭某棚过来找杨某俊签协议。杨某俊和谭某棚谈按20万立方米计算，谭某棚当时也问了刘某明，刘某明也同意按20万立方米计算，协议支付款项40万元。

另外，杨某俊称其不知朱某和刘某明的关系，朱某在电话也说不认识刘某明。朱某、刘某明两人口供称相互不认识。杨某俊指认朱某敲诈勒索是孤证。

4. 无证据证明杨某俊实际支付40万元。

（二）朱某不构成非法转让、倒卖土地使用权罪

1. 朱某不具备非法转让、倒卖土地使用权罪的客观要件。本罪客观要件是行为人必须客观上持有一定土地的使用权，但五金公司与徐某华签订合同时并未取得涉案7-7号地的使用权，且徐某华明知。

2. 在朱某操作下，陈某荷将其持有的五金公司股权转让给买方徐某华，系合法有效行为，不能将《公司法》《合同法》明确允许的股权转让认定为实现所谓非法目的的"形式"。

3. 陈某荷转让五金公司股权给徐某华，朱某个人获利并非 600 万元。高新区工业园公司退回五金公司已付土地款 3,900,888 元并支付利息 2,201,915.83 元，合法有效，但与本案无关联。

二审期间：

朱某不构成非法倒卖土地使用权罪。

1. 一审判决认定"被告人朱某遂亲自操作，于 2013 年 6 月将五金公司获取的高新区 7-7 号地块工业用地指标转卖给徐某华"错误。朱某不具备非法倒卖土地使用权罪的客观要件。

2. 在朱某操作下，陈某荷将其持有的五金公司股权转让给买方徐某华，系合法有效行为，不能将《公司法》《合同法》明确允许的股权转让认定为实现所谓非法目的的"形式"。

3. 差额 900 万元可视为服务费，根据《合同法》的规定，该服务费合法、有效。

4. 无充分证据证明朱某个人获利 600 万元，且 600 万元并未扣除合伙人朱某 1 出资和获利的部分。

五、法院判决意见

一审法院认为：公诉机关指控被告人朱某犯敲诈勒索罪的事实不清，证据不足，依法不予认定。被告人朱某无视国家法律，以牟利为目的，违反土地管理法规，非法倒卖土地使用权，情节特别严重，其行为已构成非法倒卖土地使用权罪。公诉机关指控的罪名有误，应予纠正。判决如下：被告人朱某犯非法倒卖土地使用权罪，判处有期徒刑 5 年，并处罚金人民币 100 万元；犯行贿罪，判处有期徒刑 1 年 6 个月。

二审法院评判朱某的行为是否构成非法倒卖土地用权罪的问题，认为：在案证据项目用地协议书、股权转让合同等书证，证人梁某、陈某强、陈某荷、徐某华等人的证言，上诉人朱某的供述等证据可以相互印证，足以证实，朱某等人以五金公司的名义，通过虚构用地项目的方式，获得政府工业用地安排，在尚未实际取得土地使用权的情况下，以股权转让的形式，将涉案工业用地指标予以倒卖，实质是以合法的形式掩盖非法的目的，其主观上具有非法倒卖土地使用权的故意，客观上也实施了涉案行为，其行为符合非法倒卖土地使用权的犯罪构成要件，应认定构成非法倒卖土地使用权罪。根据涉案的数额，应认定属于情节特别严重。判决如下：驳回上诉，维持原判。

六、办案总结和意义

辩护基础：辩护应反复阅读案卷、充分了解案情、仔细研究证据、熟悉案件所涉法律、制定周密的辩护思路。

本案属疑难复杂案件，辩护应有所取舍，突出重点。以本案为例，辩护人将敲诈勒索罪和非法转让、倒卖土地使用权罪作为辩护重点，行贿罪的辩护放在次要位置。

刑事定罪要求证据确实、充分，抓住证据矛盾点，攻破公诉人的证据链。以本案为例，敲诈勒索罪相关证据矛盾重重，证据链断裂，法院不予采信。

刑事律师要善于沟通。善于跟当事人和家属沟通；善于跟办案单位进行有利、有礼、有节、有效的沟通。

关于本案非法转让、倒卖土地使用权罪，朱某不具备该罪的客观要件且其公司股权转让符合《公司法》《合同法》规定，未能成功无罪辩护，本律师内心十分遗憾。感谢当事人朱某及家属对本律师的信任、认可和对本案的坚持，目前本律师仍继续代理本案刑事申诉。

目前类似转让股权而被认定实质转让了土地使用权的情形，全国各地判例不一。希望刑法理论对该罪有充分的讨论、论证、展开，不要让非法转让、倒卖土地使用权罪沦为口袋罪。

肖某掩饰、隐瞒犯罪所得获轻判案

——掩饰、隐瞒犯罪所得罪"情节严重"的认定及作案工具的处理

朱洁清

一、当事人和辩护人基本情况及案由

当事人：肖某，男，1981年出生，因涉嫌走私普通货物、物品罪，于2021年8月6日被逮捕。

辩护人：朱洁清，广东法制盛邦律师事务所律师；李桂兰，广东君直律师事务所律师。

案由：掩饰、隐瞒犯罪所得罪。

二、案情介绍

惠州市惠城区人民法院经公开审理查明：被告人肖某自2019年开始经营广州某机械租赁公司，其本人也为吊车司机。2020年年底某日，吴某（另案处理）通过微信联系被告人肖某，以每次5000元的价格向被告人肖某租赁吊车前往指定码头吊运货物。被告人肖某明知吴某所吊运的货物系犯罪所得，仍根据吴某的指示驾驶吊车前往惠州市某废弃码头处，在当晚23时许将冻品货物从飞艇转吊到吴某安排好的货车上，当场被公安机关抓获并缴获涉案冻品货物一批、货车两辆、吊车一辆等。

经检验鉴定，现场查获的冻品货物分别是来自阿根廷、巴西的冻牛肚和冻去骨牛肉，总价值228,562.8元。该批冻肉来源地均无法判断是否属于疫区，但均为不准入境的冻肉。经核计，偷逃税款合计103,096.55元。

另查明，案发前被告人肖某已成功吊运货物两次，非法获利10,000元。扣押的吊车系广州某机械租赁公司所有。

三、本案的争议焦点

1. 掩饰、隐瞒犯罪所得罪中"情节严重"的认定？
2. 用于吊运走私冻品货物的吊车是否应当予以没收？

四、双方的意见

本案中，被告人肖某明知是他人犯罪所得的货物而予以转移，其行为触犯掩饰、隐瞒犯罪所得罪。但对于被告人肖某的行为能否认定为"情节严重"，以及被告人肖某用于吊运走私冻品货物的吊车能否认定为"供犯罪所用的本人财物"，控辩双方之间产生了分歧。

控方意见认为，被告人肖某将冻品货物从飞艇转吊到货车上，而涉案货物偷逃税款合计103,096.55元，其行为符合最高人民法院《关于审理掩饰、隐瞒犯罪所得、犯罪所得收益刑事案件适用法律若干问题的解释》（法释〔2021〕8号）第3条第1款规定的"掩饰、隐瞒犯罪所得及其产生的收益价值总额达到十万元以上"的情形，应当认定为《刑法》第312条第1款规定的"情节严重"。

关于扣押在案的吊车，控方意见则认为，吊车虽非专门为了作案而购买，但确系被告人肖某供本次作案所用，且被告人肖某经营广州某机械租赁公司期间对涉案的吊车拥有控制权，应当对吊车予以没收。

辩方意见认为，被告人肖某转吊涉案冻品货物的行为，属于上游走私犯罪的事后帮助犯，其社会危害性比上游走私普通货物罪更小，从上下游犯罪量刑平衡考虑，被告人肖某的行为不应当认定为"情节严重"。

关于扣押在案的吊车不属于被告人肖某本人所有，依法不能没收。

五、辩护理由和结果

（一）辩护理由

1. 被告人肖某的行为不应当认定为"情节严重"。

公诉机关认定涉案冻品货物偷逃税款合计 103,096.55 元，并以此指控被告人肖某所犯掩饰、隐瞒犯罪所得罪达到"情节严重"的情形，但涉案冻品货物的扣押程序存在无法补正的瑕疵，导致无法核实确认涉案冻品货物的数量和特征，故税款的计核基础本身存在严重的瑕疵，本案指控被告人肖某"情节严重"并未达到证据确实、充分的证明标准。

此外，本案系以上游犯走私普通货物罪为前提。根据《刑法》第 153 条、《关于办理走私刑事案件适用法律若干问题的解释》第 16 条关于走私普通货物罪的规定，上游的走私普通货物犯罪偷逃税款 103,096.55 元，属于"偷逃应缴税额较大"的情形，依法应处"三年以下有期徒刑或者拘役，并处偷逃应缴税额一倍以上五倍以下罚金"。而根据《关于审理掩饰、隐瞒犯罪所得、犯罪所得收益刑事案件适用法律若干问题的解释》第 3 条第 1 款之规定，"掩饰、隐瞒犯罪所得及其产生的收益价值总额达到十万元以上的"，应当认定为《刑法》第 312 条第 1 款规定的"情节严重"，则按照公诉机关之指控，被告人肖某将要面临的法定刑幅度为"三年以上七年以下有期徒刑，并处罚金"。

辩护人认为，被告人肖某作为走私普通货物罪的下游犯罪参与者，没有上游走私冻品的行为，就不会有被告人肖某操纵吊车转移走私冻品的行为。在本案与上游犯罪指向同一批走私冻品的情况下，对被告人肖某掩饰、隐瞒犯罪所得的行为的量刑应当比上游犯罪的量刑更轻，此亦符合《关于审理掩饰、隐瞒犯罪所得、犯罪所得收益刑事案件适用法律若干问题的解释》第 1 条第 2 款规定的"人民法院审理掩饰、隐瞒犯罪所得、犯罪所得收益刑事案件，应综合考虑上游犯罪的性质、掩饰、隐瞒犯罪所得及其收益的情节、后果及社会危害程度等，依法定罪处罚"之原则。因此，本案对"情节严重"的认定不能唯数额论，在对被告人肖某量刑时，合议庭应考虑到上游犯罪的法定刑幅度为"三年以下有期徒刑或者拘役"，从合理量刑的角度，不应对被告人肖某科处更重的刑罚，而应对被告人肖某亦判处"三年以下有期徒刑或者拘役"，且综合考虑被告人肖某在本案中的认罪悔罪态度，对其宣告缓刑。

2. 涉案吊车不属于被告人肖某本人财物，依法不应没收。

《刑法》第64条规定"供犯罪所用的本人财物，应当予以没收"。《〈打击非设关地成品油走私专题研讨会会议纪要〉的理解与适用》亦指出"没收走私犯罪运输工具，仅限于犯罪分子本人所有，对不属于犯罪分子本人所有的走私运输工具，依法不能没收。但是，对于行为人明知他人实施走私犯罪而提供自己所有的运输工具，或者名为他人所有，实为犯罪分子本人所有的运输工具，应当依法予以没收；对于平时主要用于正常生产、生活，只是偶尔用于走私被查获的，可以基于司法人道主义的原则，考虑适用替代没收。"据此，对于虽用于犯罪但不属于被告人所有的财物，依法不能没收。

扣押在案的吊车正符合上述情形。辩护人所提交的《民事判决书》足以证实涉案吊车系广州某机械租赁公司于2019年11月向某销售有限公司购买，并登记在广州某机械租赁公司名下。自购买该吊车后，广州某机械租赁公司持续地履行《融资租赁合同》，并未因被告人肖某被抓获、吊车被扣押而中断租金给付义务。在法庭调查阶段，被告人肖某亦称，广州某机械租赁公司还雇有贾某、彭某、黄某等吊车司机负责公司平时所正常承接的吊货及卸货业务，并非将吊车专属于被告人肖某个人所用。本案被扣押的该辆吊车只是被告人肖某出于个人意志极为偶尔地参与到涉案犯罪被查获的，依法不能没收。

（二）判决结果

法院认为，辩护人辩称被告人肖某转移他人犯罪所得的货物达不到"情节严重"的标准，扣押在案的吊车不属于被告人肖某的本人财物，均与查明事实相符。综合考虑被告人肖某具有坦白、初犯、偶犯的从轻量刑情节，本案判决如下：

1. 被告人肖某犯掩饰、隐瞒犯罪所得罪，判处有期徒刑8个月，并处罚金人民币 2000 元。

2. 涉案扣押的吊车由公安机关依法返还广州某机械租赁公司。

六、法院判决意见

针对本案是否应当认定为"情节严重"的争议焦点，法院认为，被告人肖某在本案中是转移他人犯罪所得的货物，并不是直接偷逃税款，其非法所得款为 10,000 元，不能以上游偷逃税款 103,096.55 元而认定其犯罪情节严重。

七、办案总结和意义

《关于审理掩饰、隐瞒犯罪所得、犯罪所得收益刑事案件适用法律若干问题的解释》（法释〔2021〕8号）对 2015 年的司法解释进行修改，取消了入罪的数额规定，进而规定"人民法院审理掩饰、隐瞒犯罪所得、犯罪所得收益刑事案件，应综合考虑上游犯罪的性质、掩饰、隐瞒犯罪所得及其收益的情节、后果及社会危害程度等，依法定罪处罚"。但该罪仍保留法定刑升格的量刑规则，即"情节严重的，处三年以上七年以下有期徒刑，并处罚金"，此情形一定程度上造成罪刑不相协调的情况——比如在上述转移走私冻品案件中，上游行为被认定为走私普通货物罪时，作为下游犯罪的掩饰、隐瞒犯罪所得罪，其加重档的数额标准明显低于上游犯罪，这就出现了上下游犯罪"量刑倒挂"的问题，导致上下游对同一财物实施犯罪时，下游犯罪的基准刑要高于其上游犯罪，这不利于体现罪责刑相适应的刑法原则，也给辩护工作带来挑战。司法实践中，上游涉嫌走私普通货物罪、非法采矿罪、职务侵占罪、盗窃罪等犯罪均有可能出现这种量刑失衡的问题。

当司法解释在个案法律适用中不相协调时，笔者认为，厘清掩饰、隐瞒犯罪所得罪和上游犯罪的界限，进而对上下游两罪进行法定刑的清晰比较，是促成个案有效辩护的方式之一。在立法解释、司法解释尚未及时跟进的情况下，通过指导案例、参考案例的方式解决掩饰、隐瞒犯罪所得罪中"量刑倒挂"的问题，在实务中也具有较高参考价值。

此外，作案工具的处理也是参与走私冻品下游犯罪的被告人关注的重点之一。实践中此类犯罪常见的作案工具为轿车、货车、吊车、船舶等特殊动产，不仅具有较高价值，也可能是被告人正常生活生产中的重要工具。辩护人在提供法律服务过程中可就"对涉案财物的制裁措施"进行深入辩护，以保护被告人合法的财产权益。

杨某某涉嫌帮助信息网络犯罪活动罪获轻判案

——浅析帮助信息网络犯罪活动罪的核心问题与辩护思路

苏丽云

一、当事人和辩护人基本情况及案由

当事人：杨某某。

辩护人：苏丽云、黎杰豪，上海兰迪（广州）律师事务所律师。

案由：帮助信息网络犯罪活动罪。

二、案情介绍

2019年8月以来，被告人杨某某、李某某租用国内阿里云服务器、海外谷歌云服务器，共同投资开发IPA365平台，做苹果手机iOS超级签名，即使用苹果开发者账号，上传苹果IPA文件生成App下载链接的技术，对于违法App则通过租用的海外服务器上传，从中获取非法利润。

被告人杨某某等人在客户上传App前未进行严格审核，将违规App通过海外后台上传到IPA365平台后台做加签业务，使大量违法App违规上架运行，使他人因使用上述App而被诈骗。其中，杨某某负责经营管理，李某某负责后台技术维护，二人利润均分；同时组织被告人王某等人负责注册苹果手机开发者账号，并上传到杨某某、李某某开发的IPA365平台后台，为客户App软件的上传、下载提供条件，并从杨某某、李某某处获取相应报酬的非法利润；李某某等人负责IPA365平台的后台技术维护，使用已上传的开发者账号，为客户上传的"新葡京娱乐""澳门新葡京""欢喜

麻将""真金大作战""至尊棋牌"等违法 App 的苹果手机用户下载提供技术支持。

三、本案争议的焦点

1. 被告人杨某某的涉案行为是否构成帮助信息网络犯罪活动罪；

2. 本案证据是否确实、充分，是否达到认定杨某某构成帮助信息网络犯罪活动罪中"明知他人利用信息网络实施犯罪"的证明标准。

四、双方的意见

（一）公诉机关意见

公诉机关指控，2019 年 8 月以来，被告人杨某某、李某某租用国内阿里云服务器、海外谷歌云服务器共同投资开发出 IPA365 平台，并招聘其他被告人使用上传的开发者账号对客户上传的违法 App 提供超级签名。2019 年 8 月以来，客户上传到 IPA365 平台后台的 App 共 15,924 个，其中使用超级签名的 App 共 13,452 个，在 13,452 个使用超级签名的 App 中，涉及违法 App 共 563 个、充值量是 234,868 个，非法获利共计 176,151 元。

公诉机关认为，应当以帮助信息网络犯罪活动罪追究被告人杨某某的刑事责任，建议对被告人杨某某判处有期徒刑 1 年，并处罚金。

（二）辩护人意见

1. IPA365 平台后台涉及违法 App 仅有 563 个，只占使用超级签名的 App 个数的 4.2%，显属犯罪情节轻微，且没有造成严重后果。第一，提供超级签名的操作方式公开合法；第二，IPA365 平台的开发运营并非专门为违法 App 提供推广上架服务，杨某某等人的主观恶性较小；第三，IPA365 平台后台涉及违法 App 仅有 563 个，充值量是 23.4868 万个，只占使用超级签名的 App 个数的 4.2%，显属犯罪情节轻微，且没有造成严重后果。

2. IPA365 平台提供超级签名服务的时间短、获利微薄、受影响范围有限，且其在服务期间已尽到相应提醒义务。

3. 杨某某是初犯、偶犯，不存在再犯的可能性，且相关违法所得已主动退缴。

五、辩护结果和理由

（一）本案难点

1. 被告人杨某某为主犯，为辩护律师在本案中为其争取较低的量刑增加了难度。杨某某在本案中实施了投资开发 IPA365 平台，做苹果手机 iOS 超级签名等行为，并主要负责涉案平台的经营管理，组织其他被告人注册苹果手机开发者账号，为客户 App 软件的上传、下载提供条件等行为，在案件中起主要作用。

2. "明知"的认定是帮助信息网络犯罪活动罪的要点问题，主要涉及明知的内容为"他人利用信息网络实施犯罪"以及"明知的程度"的问题。本案审查起诉阶段中，办案人员仍以"应当知道"作为"明知"认定的下限，并用经验进行"明知"的主观推定，使帮助信息网络犯罪活动罪的"明知"落入违反审查注意义务的误区。

（二）律师辩护重点

本案的证据及证明标准是本案辩护工作开展的重点。

辩护人针对行为人的行为性质、案件证据等问题与公诉机关进行多次沟通，并在审查起诉阶段向公诉机关提交多份法律意见书，指出杨某某主观上不存在明知、本案证据无法证明存在信息网络犯罪行为，因此杨某某客观上不存在帮助信息网络犯罪活动的行为活动，认定本罪的证据不足。如：本案证据未查实涉案的 App 是否涉嫌违法犯罪，更无法证明报案人所使用的 App 使用了 IPA365 平台提供的苹果超级签名；在案证据没有对 IPA365 平台的后台数据进行合法、违法 App 的区分，也未提供杨某某人因涉案行为的盈利计算方式及证据等。

（三）案件结果

公诉机关充分考虑辩护人在审查起诉阶段的法律意见，并结合在案证据情况，最终对涉案 App 的性质及相关营利充值数据进行合法与违法的梳理和区分，针对主犯杨某某提出以帮助信息网络犯罪活动罪判处有期徒刑 1 年，并处罚金的量刑建议。法院最终判决认定杨某某犯帮助信息网络犯罪活动罪，并在此基础上判处杨某某有期徒刑 1 年，并处罚金人民币 3 万元，实现基本量刑幅度内从轻判处的良好效果。

六、办案总结和意义

随着信息技术的快速发展，犯罪活动的网络化特性日益凸显，出现了许多新技术伴生的新型犯罪。基于此背景，《刑法修正案（九）》增设帮助信息网络犯罪活动罪，调整刑法惩处网络犯罪帮助行为的策略。但是，自 2020 年 10 月 "断卡" 专项行动开展以来，帮助信息网络犯罪活动罪案发量激增，并大有成为网络犯罪中的 "口袋罪" 的态势。2017 年至 2021 年全国涉信息网络犯罪案件中，帮助信息网络犯罪活动罪案件量高居第二，占比为 23.76%，且该占比在 2021 年出现激增的态势[1]。帮助信息网络犯罪活动罪近年来在司法实践中的适用程度之高，令人关注。该罪的犯罪行为往往手段多样化且具有较强技术性和专业性，但与此同时，司法实践中对于帮助信息网络犯罪活动罪的入罪标准却并未统一，尤其在行为人 "明知" 的认定、被帮助对象实施的行为性质的判断等问题上仍存在较多的争议。

本文选取的杨某某帮助信息网络犯罪活动罪案，行为人实施的提供超级签名等技术帮助行为系网络背景下的新兴技术手段，该案涉及帮助信息网络犯罪活动罪认定过程中的一些关键问题的讨论，如行为人构成 "明知" 的认定、帮助信息网络犯罪活动罪是否应以被帮助对象实施犯罪行为为前提等。因此，本文对该案展开评析，梳理案例中涉及帮助信息网络犯罪活动罪的核心问题，提出该罪的几点办案思路和辩护方向，以供读者共同学习与探讨。

---

[1] 参见最高人民法院：《涉信息网络犯罪特点和趋势司法大数据专题报告》，载最高人民法院网 2022 年 8 月 1 日，https://www.chinacourt.org/article/detail/2022/08/id/6826831.shtml。

（一）梳理案件中"提供技术支持或者帮助"的行为逻辑，是办好帮助信息网络犯罪活动罪案件的必要前提

依据《刑法》第287条之二的规定，"明知他人利用信息网络实施犯罪，为其犯罪提供互联网接入、服务器托管、网络存储、通讯传输等技术支持，或者提供广告推广、支付结算等帮助，情节严重的，处三年以下有期徒刑或者拘役，并处或者单处罚金"，该条列举了帮助信息网络犯罪活动罪的主要行为模式。实质上，在司法判决中对于该罪"提供技术支持或者帮助"的认定，并不限于条文中列举的行为模式，只要行为人的行为实质上为他人的犯罪行为起到了帮助作用，就有可能被认定为帮助信息网络犯罪活动的行为，以适应信息技术的快速发展。由此，办好帮助信息网络犯罪活动罪的案件，首先需要办案律师对新兴技术手段、网络技术领域的专业术语有基本的了解，从而把握涉案行为的逻辑。

在杨某某帮助信息网络犯罪活动罪案中，辩护人经过多方面收集App Store应用商店关于App上传相关协议、规则，公开的文章介绍，以及多次对被告人的询问，最终梳理出"提供超级签名"这一技术和IPA365平台的操作逻辑，并从中挖掘该技术、服务的合法性和合理性所在，作为开展辩护工作的基础：

1. 提供超级签名的操作方式公开合法。超级签名是苹果公司及其内测机制允许的合法公开分发测试的操作方式，其是iOS开发者对App进行测试时常用的合法手段。

超级签名是基于苹果个人开发者账号为安装到苹果手机中的应用IPA文件提供签名认证的操作方式。苹果公司的内测机制设定了App应用在官方App Store审核上架前，可以通过个人开发者账号在苹果手机上进行签名分发测试。通过这种分发方式，某款未上架的App应用就可以绕过App Store应用商店，直接以链接下载方式在苹果手机上安装使用。

2. IPA365平台的开发运营并非专门为违法App提供推广上架服务。

被告人杨某某经过对同行业的了解，发现App应用在苹果公司官方App Store审核上架期间，都会遇到技术调整难度大、时间成本高等问题，

于是便尝试对超级签名进行系统化升级，最终调整成型为 IPA365 平台并对外提供服务。因此，在提供超级签名的操作方式属公开合法的前提下，杨某某等人开发运营 IPA365 平台并向正常的 App 开发者提供超级签名服务的行为合法正当。

（二）紧抓帮助信息网络犯罪活动罪的"帮助犯"本质，以正犯构罪为本罪的入罪前提，实现证据之辩

关于帮助信息网络犯罪活动罪的性质理论存在较大争议。对此，有学者指出，该罪系对帮助行为正犯化的立法设置，并持积极态度，认为帮助信息网络犯罪活动罪的设立将所有网络犯罪的 3 种帮助行为集中设置为一个罪名，完成了对这些网络帮助行为从网络犯罪的剥离，对于惩治网络犯罪的帮助行为具有重要作用[1]；也有学者指出，《刑法》所规定的帮助信息网络犯罪活动罪，并不是将帮助犯正犯化，只是对特定的帮助犯规定了量刑规则[2]；另外有一种观点认为，《刑法》对于帮助信息网络犯罪活动罪的增设是遵循共犯从属性原则下的帮助行为正犯化的规定[3]，换言之，行为人自身的行为本身不具有独立的违法性，"确认被帮助对象实施的犯罪行为"是本罪的入罪条件之一。

笔者更加赞同最后一种观点，帮助信息网络犯罪活动罪的罪状描述中，要求行为人的"技术支持"只能是针对"他人的犯罪"，强调帮助行为与正犯法益侵害的关联性。而回归到杨某某帮助信息网络犯罪活动罪案中，辩护人则具体从以下角度考察公诉机关关于被帮助对象实施犯罪（本案中确认需求客户在 IPA365 平台客户端上传的 App 实施了犯罪行为）的相关证据，展开证据之辩：

1. 在案证据无法证明涉案 App 涉嫌违法犯罪，以及报案人所使用的 App 与服务器端上的"相似"App 具有同一性，更无法证明报案人所使用

---

[1] 参见陈兴良：《共犯行为的正犯化：以帮助信息网络犯罪活动罪为视角》，载《比较法研究》2022 年第 2 期。

[2] 参见张明楷：《论帮助信息网络犯罪活动罪》，载《政治与法律》2016 年第 2 期。

[3] 参见黎宏：《论"帮助信息网络犯罪活动罪"的性质及其适用》，载《法律适用》2017 年第 21 期。

的 App 使用了 IPA365 平台提供的苹果超级签名；

2. 在案证据没有对 IPA365 平台的后台数据（包括使用 IPA365 平台提供超级签名的 App 个数、超级签名的充值量等）进行合法、违法 App 的区分，也没有提供杨某某等人因涉案行为的盈利计算方式及证据；

3. 如果在案证据只能确认 5 名报案人所用的 4 款 App 使用了 IPA365 平台提供的超级签名并有证据证明其存在违法犯罪行为，则杨某某等人只应对该 4 款 App 承担责任。

（三）考察行为人对他人利用信息网络实施犯罪的行为是否"明知"，是帮助信息网络犯罪活动罪案件辩护的重要切入点

依据《刑法》规定，构成帮助信息网络犯罪活动罪，以明知他人利用信息网络实施犯罪为前提。而《关于办理非法利用信息网络、帮助信息网络犯罪活动等刑事案件适用法律若干问题的解释》（以下简称《解释》）中总结归纳了可以推定行为人主观明知的 6 种情形，并规定了兜底条款，同时规定，有相反证据证实不存在"明知"情形的可以认定"不明知"。由此，在杨某某帮助信息网络犯罪活动罪案中，辩护人从以下角度对行为人"不明知"展开论证：

1. 行为人不存在《解释》中规定可以推定主观明知的情形。

尤其针对《解释》中的"提供专门用于违法犯罪的程序、工具或者其他技术支持、帮助的""为他人逃避监管或者规避调查提供技术支持、帮助"等推定情形，可以从论证涉案技术、服务的中立性，技术设计目的的合理性层面入手，佐证行为人不存在明知。在杨某某帮助信息网络犯罪活动罪案中，辩护人亦从以上角度，提出提供超级签名的操作方式公开合法、IPA365 平台的开发运营并非专门为违法 App 提供推广上架服务，杨某某等人的主观恶性较小等辩护观点。

2. 本案中，辩护人还采用"模拟实验"等方式以证明 IPA365 平台及其运营维护人员无法判断识别客户端上传的 App 是否违法。

辩护人通过下载试玩了类似于上述"大掌柜""澳门新葡京""至尊棋牌"3 款 App，指出该 3 款 App 的玩法内容确实存在诱赌行为，包括充值下

注、以小博大、诱导客户充值消费、设置提现功能等，但是功能是否能不加阻碍地客观实现，App 内各种涉嫌违法犯罪的诱导行为是不是 App 经营管理者所为或授意他人所为，均无法得知。IPA365 平台及其运营维护人员事实上也无法通过客户端上传的 App 的代码、描述文件甚至是文字、图标判断识别是否为违法 App。

综上所述，帮助信息网络犯罪活动罪自增设以来便引起较大的关注，并且案件数量增长较快，需要认真对待。同时，要求办案律师在办理帮助信息网络犯罪活动罪的过程中，对该构成要件进行严格把握，开展有针对性的辩护工作，避免帮助信息网络犯罪活动罪成为容纳线上线下违法犯罪行为的"口袋"。